高职高专"十三五"物业管理专业系列规划教材

物业管理法规

WUYE GUANLI FAGUI

主 编 赵琴

副主编 洪 媛 陈 芸

西安交通大学出版社
XI'AN JIAOTONG UNIVERSITY PRESS

内 容 提 要

本书以《物业管理条例》及最新颁布的有关配套法规及规章为准绳，以物业管理法规的实务层面的知识为重，突出在处理物业纠纷中的应用性、针对性、操作性。物业管理法规的理论层面的知识以必需、够用为度。

本书分为九个学习情境，主要内容包括：物业管理法规概述，物业权属法律制度，业主自治管理法律制度，物业管理招投标法律制度，物业服务企业法律制度，物业服务合同法律制度，物业服务费用法律制度，物业管理实务法律制度以及物业交易法律制度等。每个情境配有学习目标、情境导入、案例、情境小结、学习检测等，有利于学生思维能力的提高。

本书在编写过程中采用了大量来自物业公司的具体案例，集实用性、可读性、多样性和灵活性于一体，既可作为高职高专院校物业类专业课程的教材，也可作为各类、各层次学历教育和短期培训的选用教材，同时也适合广大物业从业人员作为自学参考用书。

前言
Foreword

中国物业管理发展 20 多年来，不仅推进了中国城市的文明化进程，推动了改革和经济建设，更重要的是为中国人带来了一种全新的生活方式。这一切均让人有充足的理由相信物业管理的前景会更加美好。随着社会的不断发展，各种层面上的因素日趋成熟，物业管理行业也将进入健康而有序的发展阶段。作为物业管理人员，应该具备掌握并灵活运用物业管理相关法律规定的基本能力。本书就是为培养、提高高职学生和物业管理服务一线从业人员掌握并运用物业管理相关法律规定的能力而编写的。

本书立足于物业管理市场现状，着眼于物业管理行业发展的未来，紧扣我国物业管理行业的特点，依据国家相关职业标准和物业管理行业的相关法律法规，参照高职高专物业管理专业的教育标准、培养方案和教学大纲组织编写，将物业管理法律法规与实践有机结合。根据物业管理工作过程，全书分为九个学习情境，主要内容包括：物业管理法规概述，物业权属法律制度，业主自治管理法律制度，物业管理招投标法律制度，物业服务企业法律制度，物业服务合同法律制度，物业服务费用法律制度，物业管理实务法律制度以及物业交易法律制度等。

本书既可作为高等职业教育物业管理专业的教材，也可作为物业管理行业从业人员的岗前培训和参考读物。

本书由中山大学新华学院赵琴任主编，长江职业学院洪媛和珠海华发物业管理服务有限公司陈芸任副主编，具体编写分工如下：学习情境一、二、四、六、八、九由赵琴编写，学习情境三和七由洪媛编写，学习情境五由陈芸编写。

本书在编写过程中参阅了大量国内外学者的有关著作，浏览了多个网站，吸取了许多精华，在此表示衷心的感谢。书中存在许多不足之处，欢迎同行、专家和广大读者批评指正。

编者
2018 年 1 月

目 录
Contents

学习情境一
物业管理法规概述

学习目标

【知识目标】

1.了解物业管理法律规范、物业管理法律关系、物业管理法律责任的基本概念,了解我国物业管理法规的建设现状。

2.理解物业立法的渊源、物业管理立法的重要性。

3.掌握物业管理法律责任的构成及归责原则、各类物业管理法律责任的免责条件及承担方式。

【技能目标】

1.能够对物业管理法律关系的产生、变更和终止进行分析。

2.能够熟悉物业管理法律责任构成要件。

情境导入

2016年12月12日凌晨三点左右,家住珠海某小区的刘先生夫妇被室内的响动所吵醒,两人立即起床并发现有人已经走到客厅和卧室的过道处,此人自称是物业服务公司的保安。刘先生夫妇无法接受保安的这一行为,于是将物业服务公司告上法庭,要求物业服务公司对其保安私入民宅的行为进行书面道歉并赔偿精神损失费5万元。

物业公司称,其与宜家小区业委会签订的物业服务合同中规定:"保安员在社区内作24小时巡逻,如遇紧急情况,应按登记的电话号码联系有关住户并立即通知公安部门或消防队等部门,如无法联系有关住户,即邀请公安人员或消防人员开启正门,进入单元审查事故情况,并作适当处理。"其保安人员是由于在深夜值班时发现刘先生家的门虚掩,在按门铃后发现房内没有任何反应的可疑情况下,才进入房内进行查看的,完全是履行职责、对业主的安全负责任的行为,并且刘先生没有任何的物品丢失,也无门锁及其他物品损坏的后果,拒绝赔偿精神损失费。

请问:保安员的做法对吗?

学习单元一　物业管理法律规范

一、物业管理法律规范的含义与构成

(一)物业管理法律规范的一般含义

法律规范是由国家权力机关制定或认可,并由国家强制力保证其实施的行为准则。法律

规范是基本的法律单位,在所有的社会行为规范中,是一种特殊的行为规范。

物业管理法律规范是指由国家制定或认可,并具有普遍约束力,以国家强制力保证对物业管理中某一类具体关系或某一具体活动进行调整的行为规范。物业管理法律规范是法律规范的一种。

(二)物业管理法律规范的构成

1. 假定

假定就是物业管理法律规范中指出的适用该规范的条件和情况,是只有合乎哪种条件,出现哪种情况,才能适用该规范的有关规定。即指出在什么情况下这一规范生效。例如《物业管理条例》第四十五条规定:"对物业管理区域内违反有关治安、环保、物业装饰装修和使用等方面法律、法规规定的行为,物业服务企业应当制止,并及时向有关行政管理部门报告。有关行政管理部门在接到物业服务企业的报告后,应当依法对违法行为予以制止或者依法处理。"其中的"物业管理区域内违反有关治安、环保、物业装饰装修和使用等方面法律、法规规定的行为",就是该项法律规范的假定部分,只要出现这种假定情况,该项法律规范就会发生作用。如果不符合这种假定情况,则不适用该项法律规定。

2. 处理

处理就是法律规范中规定的具体行为规则,即物业管理法律规范中规定的法律关系主体应当做什么,不应当做什么,允许做什么,禁止做什么,或者要求做什么。这是物业管理法律规范中最基本、最核心的部分。如果没有它,法律关系主体的作为或不作为、合法与违法就失去了衡量的尺度。例如《物业管理条例》第四十五条规定"物业服务企业应当制止,并及时向有关行政管理部门报告",就是物业服务企业在符合该项法律规范的假定条件和情况(即"物业管理区域内违反有关治安、环保、物业装饰装修和使用等方面法律、法规规定的行为")出现后,物业服务企业所应当做的。

3. 制裁

制裁就是指法律规范中规定的违反该法律规范所带来的法律后果、法律责任,即对违反该法律规范行为的处置。它说明了违反法律规范时必须承担什么样的法律后果,该法律后果是国家的强制措施,是法律规范得以实现的根本条件。例如《物业管理条例》第四十五条第二款规定"有关行政管理部门在接到物业服务企业的报告后,应当依法对违法行为予以制止或者依法处理"中的"予以制止或者依法处理"就是制裁部分。这是国家强制力的具体体现,也是法律规范作为一种特殊的社会行为规范的威慑力所在。

法律规范的制裁部分在法律条文中有的作了明确规定,有的未作直接规定,还有的是规定在其他法律文件中,但假定、处理和制裁这三要素是任何一个法律规范在逻辑上都必须具备的。制裁部分在法律规范中的具体形式不尽相同,有的是单独设立一章法律责任或罚则,有的是与假定、处理合写在同一条文中,也有的是分写在不同的法律或规章中。

总之,假定、处理、制裁这三要素在物业管理法律规范中是密不可分的。假定是物业管理法律规范适用的前提,不具备假定中所规定条件的,该物业管理法律规范就不能被使用;处理是物业管理法律规范的核心部分,没有它,物业管理法律规范就失去了尺度作用;制裁是物业管理法律规范的保证,只有通过它,才能保证合法权益不受侵害,纠正违法行为。

二、物业管理法律规范的依据

(一)宪法

宪法是我国具有最高法律效力的根本大法。一切法律、行政法规、地方性法规、自治条例、规章都不得同宪法相抵触。宪法中规定的国家的社会制度和国家制度是制定物业管理法的基础和依据。宪法中关于住宅、城市管理、经济管理、公民权利和义务、社会主义精神文明等方面的规定和原则,既是我国物业管理法律渊源的最重要组成部分,也是物业管理立法应遵循的主要原则以及立法的根本依据和指导思想。

(二)法律

法律是由国家最高权力机关全国人民代表大会及其常务委员会根据宪法颁布的法规性文件,其效力仅次于宪法。

目前我国没有物业管理法律的整体规范性文件,只有含有物业管理法律的直接和密切相关内容的适用法律。如《中华人民共和国民法通则》,它调整平等主体的自然人之间、法人之间、自然人和法人之间的财产关系和人身关系,其中包含着有关适用物业管理的一些相关法律规定。其他的还有《中华人民共和国合同法》《中华人民共和国公司法》《中华人民共和国土地管理法》《中华人民共和国城市规划法》《中华人民共和国城市房地产管理法》《中华人民共和国建筑法》《中华人民共和国招标投标法》等。

(三)行政法规

行政法规专指国家最高行政机关国务院在法定职权范围内可以根据宪法、法律和全国人民代表大会常务委员会的授权,为实施宪法和法律规定、批准和发布有关国家行政管理的规范性法规文件。《中华人民共和国立法法》第六十五条明确规定:"国务院根据宪法和法律,制定行政法规。"在我国,行政法规是一种重要的法律渊源,其效力仅次于宪法和法律,高于行政规章和地方性法规。依据宪法和组织法的规定,国务院还有权发布决定和命令,其中具有规范性内容的,也是法的渊源,与行政法规具有相同效力。如《物业管理条例》《城市绿化条例》《城市市容和环境卫生管理条例》《住房公积金管理条例》《国有土地上房屋征收与补偿条例》等。

(四)部门规章

部门规章是由国务院部、委、办、署在权限范围内发布的规范性命令、指示、规章。与物业管理相关的法规多由住房和城乡建设部发布。

国务院所属各部委在其职权范围内,有权发布行政规章,通常称为"部门规章或部委规章"。这类行政规章所规定的事项应当属于执行法律或国务院的行政法规、决定、命令的事项。其效力低于宪法、法律和行政法规。

(五)地方性法规

地方性法规是由省、自治区或直辖市以及省、自治区人民政府所在地的市和经国务院批准的较大的市的人民代表大会及其常务委员会制定和发布的,在不与宪法、法律、行政法规抵触的情况下有效。其法律效力低于宪法、法律、行政法规和规章制度,地方性法规的法律效力高于本级和下级地方政府规章。

省、自治区、直辖市的人民政府可以制定规章,这些规章在实践中通常称为地方政府规章,以区别于国务院部委制定的部门规章,如《广东省物业管理条例》《上海市居住物业管理条例》。

(六)司法解释

司法解释是最高司法机关对司法工作中具体应用法律、法规问题所作的解释。司法解释分为最高人民法院的司法解释、最高人民检察院的司法解释和两个机关联合作出的审判-司法共同解释。虽然司法解释原则上不是法的渊源,但这些司法解释也是法律的重要表现形式,对各级人民法院、各级人民检察院办理案件具有法律效力和指导作用。

目前在物业管理方面没有直接的司法解释,却有大量的与物业管理活动相关的司法解释,如民法通则的司法解释、合同法的司法解释、诉讼时效的司法解释、精神损害赔偿的司法解释以及许多具体案例审判中的司法解释等,都直接影响着物业管理活动,尤其是进入司法诉讼程序中,这些司法解释往往会起到关键性的作用。

学习单元二　物业管理法律关系

一、物业管理法律关系的含义和特征

(一)含义

法律关系是法律规范在调整一定社会关系过程中所形成的人们相互之间的权利与义务关系。

物业管理法律关系是指由物业管理法律规范调整人们在物业管理及相关活动过程中所形成的相互之间的权利与义务关系。

物业管理法律规范是调整物业管理关系的法律规范的总称。物业管理关系是人们在物业管理过程中形成的社会关系。

物业管理法律关系是法律关系的一种,它包括以下几层含义:

1.物业管理法律关系是在物业管理法律规范调整之下的社会关系

这种社会关系总是与现行的物业管理法律规范紧密关联,是受物业管理法律规范制约而形成的社会关系。这些关系有业主与物业服务公司、业主委员会与物业服务公司、业主与业主、业主与业主委员会等关系。

2.物业管理法律关系是以确定的权利和义务为内容的社会关系

物业管理法律关系是以物业管理参与各方确定的权利和义务为内容的,并不是以物业管理行为与物业管理行为产生的结果为内容,它只对法律关系各方产生法律约束力。如某物业服务公司与某房地产开发公司签订了前期物业管理服务合同。合同签订后,物业服务公司履约提供了物业管理整体策划等服务,房地产开发公司也履约给付了双方合同中约定的物业管理费。这其中,双方签订合同行为、物业服务公司提供的策划服务行为和房地产开发公司给付物业管理费行为,都不是物业管理法律关系的内容,只有双方在合同中约定应该享有的权利与承担的义务,才是物业管理法律关系的内容。

3.物业管理法律关系是物业管理法律规范调整物业管理活动的结果

物业管理法律关系的形成是通过物业管理法律规范对物业管理参与各方的具体活动进行调整后的结果,其内容是符合物业管理法律规范要求的各项权利和义务,这种关系所确定的权利和义务是以合同关系体现的,任何一方不得擅自更改,一旦违约,将承担法律责任。

(二)特征

1.物业管理法律关系主体的多样性

物业管理法律关系主体包括自然人、法人、国家和其他组织。自然人中又有中国公民和外国人,产权人和非产权人;法人中有建设单位,也有物业服务企业和其他物业专营服务企业;国家主要指房地产行政主管部门及物价、公安、税务等其他部门;其他组织如基于物业管理行业特殊性而产生的特殊主体,如业主大会和业主委员会以及物业管理协会。

2.业主意志的多元化和代表性

现代物业管理所体现的建筑物区分所有权制度,要求将多元化的产权主体意志有效地集中统一行使。作为物业管理法律关系一方的业主,具有个体业主分散和意志多样的特征,使得组成一个统一代表全体业主利益和意志的机构成为必要,而业主大会及其常设机构业主委员会就是这种代表机构。这一特征体现了业主意志的多元化与业主大会代表性的统一。

3.多重法律关系交错的统一体

物业管理法律关系是由多重关系共同组成的统一体,物业管理法律关系并非仅指某一对主体之间的关系,而是人们在取得、利用、经营和管理物业的过程中形成的多重关系的组合。在这多重关系中,物业管理法律关系的内容即主体间的权利、义务既有平等主体间的民事关系,又有不平等主体间的行政管理关系。如物业服务公司与业主委员会的关系是平等主体之间的民事关系,在物业管理过程中,双方的权利义务体现在物业管理服务合同中;政府行政主管部门或司法机关为维护物业管理的规范、有序运作,就要对物业管理法律关系主体在物业使用、维护、监控等方面进行监督,这就是行政管理关系。

二、物业管理法律关系的构成要素

在法学上,通常把法律关系主体、客体和内容称为法律关系构成的三要素。物业管理法律关系也由三要素构成,即主体、客体和内容。

(一)物业管理法律关系的主体

物业管理法律关系的主体是物业管理法律关系的参加者,是物业管理法律关系中权利的享有者和义务的承担者。我国物业管理法律关系的主体主要有以下几种:

1.业主

业主是房屋的所有权人。业主是物业管理法律关系中的重要主体。由于现代建筑存在着复杂的异产毗连关系,各业主的权利形态一般表现为建筑物区分所有权,于是在物业管理法律关系中,业主大会及其执行机构业主委员会成为代表全体业主的法律关系主体。在物业管理过程中,业主的权利和义务需要通过召开业主大会、选举业主委员会实施自治管理的形式来实现。

2.使用人

使用人也称非业主使用人,是指物业的承租人和其他实际使用物业的人。使用人不是物业区域的建筑物区分所有权人,不具有成员权,一般不能参加业主大会与业主委员会。使用人与业主有直接的法律关系,与开发商、物业服务企业没有直接的法律关系。为约束使用人独立存在的地位,使用人在物业管理中的权利和义务不仅受其与业主的法律关系的制约,而且受相关法律法规及管理规约的制约。如《物业管理条例》第四十七条规定:"物业使用人在物业管理活动中的权利义务由业主和物业使用人约定,但不得违反法律、法规和管理规约的有关规定。物业使用人违反本条例和管理规约的规定,有关业主应当承担连带责任。"《物业管理条例》第四十一条第一款规定:"业主应当根据物业服务合同的约定交纳物业服务费用。业主与物业使用人约定由物业使用人交纳物业服务费用的,从其约定,业主负连带交纳责任。"

3.开发商

开发商即房地产开发企业,是指以营利为目的,从事房地产开发和经营的企业。开发商作为物业的投资建设单位,原始取得物业所有权,在物业销售前,是物业唯一的所有权人,也称大业主。根据有关规定,开发商在法定或约定的期限内,对其销售的物业承担保修责任;物业销售前,实施前期物业管理时,开发商有权选聘物业服务企业。

4.物业服务企业

物业服务企业是指按照物业服务合同的约定,专门进行房屋及配套的设施设备和相关场地的维修、养护、管理,维护物业管理区域内的环境卫生和秩序,为业主和使用人提供服务的企业。从事物业管理活动的企业应当具有独立的法人资格,自主经营,独立核算,自负盈亏,独立承担民事责任。物业服务企业除须经过工商行政管理部门核准登记并颁发营业执照外,还须经政府房地产行政主管部门审核资质。

5.政府行政管理部门

为维护物业管理的规范、有序运作,保护物业管理法律关系各主体的合法权益,政府行政管理部门如房地产行政主管部门、建设行政主管部门以及公安、消防、环保等政府有关部门,就要介入物业管理活动中,对物业管理法律关系各主体进行指导、监督,行使行政权。《物业管理条例》第五条规定:"国务院建设行政主管部门负责全国物业管理活动的监督管理工作。县级以上地方人民政府房地产行政主管部门负责本行政区域内物业管理活动的监督管理工作。"《物业管理条例》第四十五条规定:"对物业管理区域内违反有关治安、环保、物业装饰装修和使用等方面法律、法规规定的行为,物业服务企业应当制止,并及时向有关行政管理部门报告。有关行政管理部门在接到物业服务企业的报告后,应当依法对违法行为予以制止或者依法处理。"

【案例 1-1】

2017 年 1 月,张三入住珠海市和平区三好街三好家园一套住房。此后张三以"房屋存在质量问题,小区围墙距离房屋过近,巨龙公司没有尽到物业管理服务义务,物业费与服务标准不相符"为由,从 2017 年 1 月 1 日到 2017 年 12 月 1 日一直未交物业管理费。本案中涉及的法律关系有哪些?张三的做法对吗?为什么?

(二)物业管理法律关系的客体

从我国物业管理的实践来看,物业管理法律关系的客体包括物、行为、非物质财富。

(1)物。作为物业管理法律关系的客体,物专指物业,包括物业管理辖界范围内的全部物业之实物体和所包容的空间环境,这是主要的、基本的客体。

(2)行为。行为是指物业管理法律关系主体各方行使权力和履行义务的活动,包括作为和不作为。作为是指主体积极实施的某种行为;不作为是指主体消极不实施的某种行为。如物业服务公司履约进行的保洁、保安等活动。

(3)非物质财富。非物质财富是指物业管理中产生的荣誉、发明专利等精神文化财富。如小区、大厦的荣誉称号及管理方案、规划设计等。

(三)物业管理法律关系的内容

物业管理法律关系的内容是指物业管理法律关系主体享有的权利(或职权、权力)和承担的义务(或职责)。

物业管理法律关系包含七个方面的内容:一是业主、非业主使用人的权利与义务,即建筑物区分所有权人及占有人、使用人所享有的专有部分所有权、共用部分持分权和成员权的权利与应承担的义务;二是作为区分所有建筑物管理人的业主大会及业主委员会的权利与义务;三是作为区分所有建筑物管理服务的物业服务公司,从事物业管理活动中的权利与义务;五是各级政府主管部门在物业管理活动中作为政府主管部门的行政监督和管理的基本权利与义务;六是政府相关部门的基本权利与义务;七是物业管理协会的基本权利义务。

三、物业管理法律关系的种类

(一)平等主体之间在物业管理法律关系中的平权关系

法律关系主体之间是平等的,没有相互隶属关系,是一种民事法律关系,当事人在法律地位上平等,相互之间可以协调和选择。如业主和物业服务企业间的法律关系,是平等的聘用和被聘用的合同关系。业主委员会有权代表全体业主选聘、解聘物业服务企业,物业服务企业也有权选择业主,有权拒绝聘用,二者地位平等,互不隶属。

(二)不平等主体之间在物业管理法律关系中的隶属关系

法律关系主体之间是相互隶属的,不平等主体之间法律关系是一种行政法律关系,当事人在法律地位上的不平等,决定了相互之间是一种领导和服从关系。如房地产行政主管部门享有指导、监督的行政权,有权对物业服务公司实行资质管理,确定物业服务公司的市场准入资格;对物业服务公司的专业工作、日常工作实施监督管理;对物业服务公司与业主之间的纠纷作出行政裁决。

按照物业管理法律关系的具体化程度不同,物业管理法律关系可以划分为一般的物业管理法律关系和具体的物业管理法律关系;物业管理法律关系依据主体是单方具体化还是双方具体化,还可以划分为绝对物业管理法律关系和相对物业管理法律关系等。

四、物业管理法律事实

(一)物业管理法律事实的概念

物业管理法律事实是指物业管理法规所规定或认可的,能够引起物业管理法律关系产生、变更和终止(或消灭)的客观现象或原因条件。

物业管理法律事实具有客观性、能动性、法定性等特点。即物业管理法律事实不是主观想象的"事实";它能够影响当事人之间法律关系的产生、变更和终止状态;何种客观现象为法律事实,何种法律事实引发何种法律效果,是由法律规定的。

物业管理法律关系不是自然而然地产生的,也不会仅因法律规范存在就可以发生。具体的物业管理法律关系,只有在一定的法律事实发生以后,才能在当事人之间发生一定的法律关系。物业管理法律规范只是认定物业管理法律事实的依据,物业管理法律事实才是引起物业管理法律关系产生、变更和终止的原因,而物业管理法律关系则是物业管理法律规范的规定与实际发生物业管理法律事实的共同结果。

物业管理法律事实引起法律关系的变动,包括法律关系的产生(指在原无法律关系存在的当事人之间形成新的法律关系)、变更(指既存法律关系中的主体、客体、内容三要素或任一要素发生变化)、终止(指当事人之间的权利义务关系消灭,包括绝对消灭和相对消灭)三种情况。如业主与物业服务公司因签订物业管理服务合同的行为而产生合同法律关系;合同履行过程中,双方协商在原合同基础上补充增加了新的物业管理服务项目,使原合同法律关系的客体发生相应变更;合同期满,双方合同法律关系终止。

物业管理法律事实具体种类很多。根据法律事实与物业管理法律关系主体的意志是否有关,可以划分为自然事实与行为事实两大类。

(二)物业管理法律事实的分类

物业管理法律事实根据其发生是否与物业管理法律关系主体的意志有关而划分为法律事件和法律行为两大类。

1.法律事件(自然事实)

自然事实是指与物业管理法律关系主体的意志无关,并能引起物业管理法律关系产生、变更和终止的客观现象。自然事实又可分为事件与状态两种客观情况。

①事件。事件是指偶发的客观现象。它分为不可抗力事件和社会意外事件两种情况。

不可抗力事件,根据《中华人民共和国民法通则》第一百五十三条、《中华人民共和国合同法》第一百一十七条第二款规定,不可抗力"是指不能预见、不能避免并不能克服的客观情况"。不可抗力事件通常指自然灾害性的事件(如地震、风暴等)和社会性的战争等。

社会意外事件虽然也具有不以法律关系当事人意志为转移的性质,但并不当然地免除受该事件影响而给对方当事人或他人造成损害所应负的合理赔偿或补偿法律责任。

②状态。状态是指某种客观情况的持续。如业主的下落不明,约定或法定的时间已过。某物业服务公司经租房屋遇到承租人拒付租金情况,经过1年后才行使起诉权,又不符合法定诉讼时效中止或中断规定,根据《中华人民共和国民法通则》第一百三十六条规定,延付或者拒付租金的诉讼时效期间为1年,该物业服务公司一般就会丧失胜诉利益。其原因是经过1年行使起诉权的状态造成诉讼时效过期。

2.法律行为(行为事实)

行为事实是指以物业管理法律关系主体的意志为转移,并能引起物业管理法律关系产生、变更和终止的客观现象。根据行为是否与当事人的意志有关,可以分为当事人行为与他人行为两种。

①当事人行为。当事人行为是指由一定法律关系当事人实施的能引发法律关系产生、变更和终止的行为。如业主拒缴物业管理费的行为,可产生物业服务企业与业主之间的诉讼法律关系。

②他人行为。他人行为是指由非当事人实施的而能使当事人之间发生一定法律关系产生、变更和终止的行为。如法院的裁决、行政机关的行政处理决定即属于他人行为。

行为事实依其合法性可分为合法行为和违法行为(包括违约行为、侵权行为等)。

【案例1-2】

某日,北京市西城区一小区内一棵高达10余米的大树被大风连根拔起,砸坏了停在树旁的一辆轿车。事发后,平安保险公司依据保险合同为车主陈先生理赔了 3.3 万元。5 个月后,平安保险公司在西城区人民法院起诉,要求物业公司承担原告理赔给客户的 3.3 万元经济损失。其理由是,大树被风刮倒前已有歪斜,该小区物业服务公司应预见到后果并事先采取措施。被告物业服务公司则认为,大树倾倒属不可抗力,不应承担责任。

法院经审理后,判决该物业服务公司承担赔偿责任。其法律依据是,《中华人民共和国民法通则》第一百五十三条规定,不可抗力是指"不能预见,不能避免并不能克服的客观情况",包括台风、洪水、地震等自然原因和战争等社会原因;第一百零七条还规定,因不可抗力不能履行合同或者造成他人损害的,不承担民事责任,法律另有规定的除外。《物业管理条例》第三十五条规定:"物业服务企业应当按照物业服务合同的约定,提供相应的服务。物业服务企业未能履行物业服务合同的约定,导致业主人身、财产安全受到损害的,应当依法承担相应的法律责任。"

案例评析

本案中的大风,是否属于不可抗力,是本案的关键。一般认为,不可抗力独立于人的行为之外,不受人的主观意志所支配。如属正常的刮风下雨,即使程度强烈也不能视作不可抗力;而对于台风、闪电,气象台未能预先预报,或者虽已预报但当事人已经采取必要措施却仍不能避免损害后果发生的,则当属不可抗力。本案中正常的刮风现象并不是不可预见的。大树被大风刮倒之前已出现倾斜,物业服务公司则应预见到损害后果的发生,理应采取相应的防护措施。但该物业服务公司未能履行物业服务合同的约定,没有作为,其假定完全不适用于不可抗力免责条款。因此,该物业服务公司应该承担赔偿责任。

学习单元三 物业管理法律责任

一、物业管理法律责任的一般含义

(一)物业管理法律责任的概念

法律责任也称违法责任,是指自然人、法人或国家工作人员因其违法或违约行为应承受某种不利的法律后果。违法行为是指违反物业管理法律规章的行为;违约行为是指当事人违反物业服务合同或有关管理制度、规定的行为。

法律责任是法律规范的有机组成部分,一旦法律关系主体符合法律责任的构成要件就必然受到法律的处理和制裁。法律责任具有国家强制性,并以法律的规定为最终依据。

物业管理法律责任,是指物业管理活动的民事主体、行政主体和行政相对人对自己违反物业管理法规的行为所应依法承担的具有国家强制性和不利性的法律报应(法律后果)。

(二)物业管理法律责任的主要特征

1.法定责任与协议责任相结合

物业管理活动基于业主与物业管理公司的委托合同而发生。自法国民法典开创"合同即为当事人之间的法律"之民法传统之始,合同的法律效力就来源于国家对当事人之间的合同的认可和予以国家强制力保护。因此,物业管理中发生的法律责任确定,除依据法律相关规定外,也要以合同或契约为根据。

2.技术规范确定的责任分量大

物业管理业务工作大部分涉及物业维护、房屋修缮、机电设备和市政设施维修养护、人居环境和工作环境改良、白蚁防治、危房管理和鉴定等许多专业性技术，国家往往有相关技术标准和技术规程，业主方也会提出技术标准方面的要约而被物业管理公司承诺。因此，在确定物业管理技术操作活动后果的法律责任时，必须充分注意有关法定技术规范和约定技术规范中关于技术问题和法律责任的规定。

3.法律责任的复杂性

与物业管理活动有关的法律责任种类繁多，民事责任、行政责任和刑事责任在物业管理法律责任制度中合并存在，并且出现"法律责任复合"的现象非常普遍，不少违反物业管理法规的行为都要依法由违法行为人承担多种责任。这种法律责任的复杂性决定了在确定物业管理法律责任时，要周全考虑相关法律法规对某一种行为从不同角度所设定的责任规范。

二、物业管理法律责任的构成

一般情况下，法律责任的归责条件由下列四要素构成：

1.行为违法

法律责任一般是由违法行为的发生而引起的，因此，违法本身的构成条件，自然应当成为法律责任构成的基础和必要的前提条件。如物业服务公司乱收费、业主违章搭建或违章装修等。

2.损害结果

损害是指给被侵害方造成的利益损失和伤害。损害的形式主要有人身的损害、财产的损害、精神的损害和其他利益方面的损害。损害的范围包括直接实际损害和丧失预期可得利益的间接损害。行为具有一定程度的社会危害性，给社会特定利益关系造成了危险或损害，并且危害结果达到了法律规定应追究相应法律责任的程度，是构成物业管理法律责任的一个必要条件。在有些法律责任中，损害结果不是必要要素。如违章装修损害房屋的结构所造成的房屋质量的破坏，对公民的生活与安全带来了隐患；房屋装修时堵塞或改变给排水管道，妨碍相邻他人正常给排水等行为。

3.因果联系

违法行为与损害结果之间应当存在因果联系。法律上的因果联系不是一般的因果关系，而是指某种事实上的行为与特定损害结果之间的必然联系。如果某项损害结果不是因某人的行为所必然引起的，则该行为人就不对该项结果负责。由于行为与结果之间的联系多种多样，有必然联系和偶然联系之分，有直接联系和间接联系之分，有一果多因和一因多果之分，因此在把物业管理法律责任归于某一违法行为时，必须搞清楚违法行为与特定的损害结果之间的联系，这对于行为定性、确定法律责任种类和大小具有重大影响。

例如某栋高层楼宇突然停电，造成一些搭乘电梯业主被困于电梯中数小时，甚至影响了个别业主业务完成的利益。这就要查清停电是由于本楼内某业主违章用电使电路突然短路造成的，还是电缆铺设时遗留下来的电路短路问题，或是物业管理公司职工、外来人员有意破坏造成的，或是供电部门已事先通知物业管理公司暂停供电时间而由于公司疏忽未采取停电前停开电梯措施造成的。在查清停电原因或违法行为与停电损害结果之间因果关系之前，是不能确定责任归属的。

4.行为人心理主观过错状态

过错是指行为人实施行为时对自己的违法行为及其后果的一种心理认识状态,分为故意和过失两种表现形式。直接和间接故意的违法行为应负法律责任,重大过失的违法行为一般要负民事责任或行政责任,在法律有明文规定下才需负刑事责任。对物业管理中的民事侵权行为、行政违法行为和刑事违法行为的归责,大多数是采取过错责任归责原则。

除上述一般归责四要素外,在确定物业管理法律责任实务中,还应考虑行为人的责任能力即违法行为人承担法律责任的资格和条件。行为人有无责任能力,主要是指他能否通过自己的意志或意识来理性地理解法律的要求,辨认自己行为的目的、性质和后果,并能够最终支配、控制自己行为并承认不利的行为后果的能力。无民事行为能力和限制民事行为能力的自然人通常不具有或不完全具有责任能力,因而其对自己所实施的违法行为就依法不负责任或不负完全责任,但其行为引发的民事损害赔偿责任依法转由其法定监护人承担。无论什么人只要损害了他方的合法权益,一律应依法承担相应的法律责任,这是法律面前人人平等原则的具体表现和要求。

三 物业管理法律责任的免责

"免责"同"无责任"或"不负责任"在内涵上是不同的。免责以法律责任的存在为前提,是指虽然违法者事实上违背了法律,并且具备承担法律责任的条件,但由于法律规定的某些主观或客观条件,可以被部分或全部地免除(即不实际承担)法律责任。

(一)时效免责

时效免责即违法者在其违法行为发生一定期限后不再承担强制性法律责任。例如,《中华人民共和国刑法》规定,犯罪经过下列期限不再追诉:法定最高刑为不满五年有期徒刑的,经过五年;法定最高刑为五年以上不满十年有期徒刑的,经过十年;法定最高刑为十年以上有期徒刑的,经过十五年;法定最高刑为无期徒刑、死刑的,经过二十年。

【案例1-3】

2014年,杨二在珠海市沈河区购得一处住宅,并与某物业管理公司签订物业管理协议。杨二在交纳了2014年9月至2014年12月的物业管理费、采暖费、水费后,不再交纳任何费用。2016年12月19日,该物业管理公司诉至沈河区法院,请求法院判令杨二给付2015和2016年的物业管理费、采暖费、水费。

问:法院该如何判决?

(二)不诉免责

不诉免责即所谓"告诉才处理""不告不理"。在我国不仅大多数民事违法行为是受害者或有关人告诉才处理,而且有些刑事违法行为也是不告不理。不告不理意味着当事人不告,国家就不会把法律责任归结于违法者,亦即意味着违法者实际上被免除了法律责任。例如,我国刑法规定,以暴力干涉他人婚姻自由的犯罪、虐待家庭成员的犯罪、侮辱罪、诽谤罪等都是告诉才处理的违法犯罪行为。

(三)自首、立功免责

自首、立功免责即对那些违法之后有立功表现的人,免除其部分或全部法律责任。例如,《中华人民共和国刑法》第六十七条第一款规定:"犯罪以后自动投案,如实供述自己的罪行的,是自首。对于自首的犯罪分子,可以从轻或者减轻处罚。其中,犯罪较轻的,可以免除处罚。"《中华人民共和国刑法》第六十八条规定:"犯罪分子有揭发他人犯罪行为,查证属实的,或者提供重要线索,从而得以侦破其他案件等立功表现的,可以从轻或者减轻处罚;有重大立功表现的,可以减轻或者免除处罚。"

(四)补救免责

补救免责即对于那些实施违法行为,造成一定损害,但在国家机关归责之前采取及时补救措施的人,免除其部分或全部责任。这种免责的理由是违法者在归责之前已经超前履行了义务。

(五)协议免责

协议免责即基于双方当事人在法律范围内的协商同意的免责。这种免责一般不适用于犯罪行为和行政违法行为,仅适用于民事违法行为。

(六)无能力免责

权利是以权利相对人即义务人的实际履行能力为限度的。在权利相对人没有能力履行部分责任或全部责任的情况下,有关国家的机关可以出于社会主义人道主义考虑免除或部分免除他的法律责任。

四、物业管理法律责任的分类

(一)民事法律责任

1.概念和特征

民事法律责任指民事主体因违反民事法律义务而按照民法(包括合同法)规定必须承担的民事法律后果。民事法律责任与其他法律责任不同的主要特点是它主要表现为一种财产责任,而且民事责任的内容可以由当事人自行约定。

2.分类

民事法律责任可划分为违约责任和侵权责任两大类。

(1)违约责任。

违约责任是指当事人一方不履行合同义务或者履行合同义务不符合约定的,依法应当承担的继续履行、采取补救措施或者赔偿损失等财产性法律责任。

违约责任的基本法律特征有二:一是基于能以金钱来衡量、计算的合同当事人一定经济利益而产生的财产责任;二是可由当事人在法律允许的范围内自行约定,这也是合同自愿(自由)原则的基本要求。其他由法律直接规定的民事责任如侵权责任、缔约过失责任、因无因管理债务产生的民事责任等原则上不允许当事人自由约定。

在合同法领域,违约责任居于核心地位,它实质上是债务人所负合同债务的转化形态,是当事人不履行或不正确履行合同债务的法律后果,其目的在于督促当事人遵守自己作出的承诺。基于合同相对性原则,合同产生的债权是相对权,在一方违约时,债权人仅能向债务人请求损害补救或赔偿,债务人亦仅对债权人承担责任。违约责任与合同责任不能混同,合同责任包括因合同而产生的各种责任,如因合同无效可能产生的行政责任,因合同诈骗而产生的刑事责任等。

物业管理活动是建立在物业委托管理合同、服务合同和管理规约基础上的,因而违约责任是物业管理活动最容易引致的法律责任。关于物业管理违约行为和违约责任的具体分析见本书后面关于物业服务合同法制的专论。

(2)侵权责任。

侵权责任指在物业管理活动中,民事主体因违法实施侵犯国家、集体、公民的财产权和公民人身权的行为而承担的不利后果。侵权责任是任何人都对他人承担这样一种义务,即不因为自己的错误(过错)行为而侵害了他人的合法权益,否则即构成侵权行为,要对受害方承担责任。侵权行为基本上都是违法行为。侵权责任分一般侵权责任和特殊侵权责任。

一般侵权责任,又称直接侵权责任,是指直接因行为人的故意或者过失侵害他人权利的不法行为和故意违背公共秩序、道德准则而加害于他人的不当行为造成他人损失而所应承担的民事责任。

特殊侵权责任,是指当事人基于与自己有关的行为、物件、事件或者其他特别原因致人损害,依照民法上的特别责任条款或者民事特别法的规定应对他人的人身、财产损失所应当承担的民事责任。

3. 承担方式

承担民事责任的方式,《中华人民共和国民法通则》第一百三十四条规定了 10 种形式,这些形式可以单独适用,也可以合并适用。

(1)停止侵害。这是指对行为人正在实施的侵权行为,受害人有权请求其停止实施或请求人民法院制止实施。

(2)排除妨碍。这是指权利人行使其权利受到他人不法阻碍或妨害时,有权请求行为人排除或请求人民法院强制排除妨碍。

(3)消除危险。这是指在造成财产或人身损害时,权利人有权请求行为人消除或请求人民法院强制其消除。

(4)返还财产。这是指权利人的财产被行为人非法侵占时,权利人有权请求返还该财产。

(5)恢复原状。这是指在财产被不法损害或性能状态被改变而有复原的可能时,受害人有权请求恢复到财产未受损坏或未改变时的状态。

(6)修理、重作、更换。

(7)赔偿损失。这是指行为人以其财产填补受害人的损失。

(8)支付违约金。这是指依法律规定或当事人约定,违约方向对方支付一定数额的金钱。

(9)消除影响、恢复名誉。这是指公民或者法人的人格权受到不法侵害时,有权通过人民法院要求行为人以公开形式承认过错,澄清事实,或者辟谣,消除所造成的不良影响,以恢复未受损害时社会对其品行、才能或信用的良好评价。

(10)赔礼道歉。这是指公民或法人的人格权受到不法侵害时,权利人可请求行为人当面承认错误,表示歉意,以保护其人格尊严。

4. 免责条件

(1)正当理由。正当理由指据以主张被诉行为有合法根据或正当性,因而不应承担民事责任的事由。具体包括:依法执行职务、正当防卫、紧急避险、自助行为、受害人同意。

【案例 1-4】

张先生是某处住宅小区四楼的住户,因工作关系,经常出差在外。前几天,张先生家突然漏水,使楼下王小姐家的天花板、家具、衣被受到损害。因为水流不止,王小姐便请求物业公司前去维修,但物业公司却将张先生家的房门撬开,入内维修。张先生认为,物业公司未经他同意便擅自将他的房门撬开,属于私闯民宅的行为,是犯罪行为,张先生要求物业服务公司赔偿损失。

问:物业服务公司的做法是否正确?谁应对张先生进行赔偿?

(2)外来原因。外来原因指行为人主张构成损害发生的全部或部分原因是自己不应承担或者不应单独承担民事责任的某种外部事件或他人行为。具体包括:不可抗力、意外事件、受害人的过错、第三人的行为。

5.无过错法律责任

无过错法律责任是指在某些领域或行业内对造成的客观行为不再强调行为人主观上的过错,而仅以损害后果确定行为人的一种民事责任。

(二)行政法律责任

1.物业管理行政法律责任及行政违法行为

它是指行政主体或行政相对人的行为违反行政法律法规而依法必须承担的行政法律不利后果。

(1)物业服务企业的行政违法行为。

①非法经营行为。它是指不具备从事物业管理的资质和能力的企业,以物业管理公司的名义违法从事物业管理经营活动。具体表现为三种情形:一是无证经营,指未取得物业管理资质证书而从事物业管理业务的营业行为。二是超越资质能力经营,指低资质的物业服务企业超越自身资质能力等级从事高资质物业服务企业才能受托管理的业务,使所管理物业与其所持资质证书等级不相符合的营业行为。三是超越营业执照登载的经营范围而从事与其设立目的相违背的其他经营活动。前两种情形,由物业管理行政主管机关依法责令其停止违法行为,没收违法所得,并可处以罚款。第三种情形由工商行政管理部门依法处理,予以相应处罚。

②不正当竞争行为。它是指物业服务企业在市场交易中违反公平竞争的法律规定和公认的商业道德,采用不正当手段损害其他经营者的合法权益,扰乱社会经济秩序的行为。例如在物业管理招投标过程中,投标者串通投标、抬高标价,或者投标者和招标者相互勾结,以排挤竞争对手的公平竞争。对不正当竞争行为,一般由县级以上工商行政管理部门依据《中华人民共和国反不正当竞争法》及配套法规、规章进行查处。对招投标活动中的不正当竞争行为,中标无效,监督检查部门可以根据情节处以10000元以上200000元以下的罚款。

③擅自作为行为。它是指物业服务企业在实施物业管理过程中,违反物业管理法规的禁为规范或者违反物业委托管理服务合同中的禁为约定,而擅自作出的犯禁行为。例如擅自扩大收费范围、提高收费标准,擅自改变公用设施专用基金和住宅维修基金的用途,擅自改变专用房屋的用途或未按规定使用,擅自不按规定定期公布收入账目等。对擅自作为行为,物业管理行政主管机关和有关物价等行政管理部门应当责令其限期改正,并可处以罚款;情节严重的,物业管理行政主管部门可以降低其物业管理资质等级,直至吊销其资质证书,并可建议工商行政管理机关依法注销其物业管理这一经营项目。

④不履行或不忠实履行受托管理义务的行为。它是指物业服务企业不履行物业管理委托合同规定义务或者违反忠实义务,不尽心尽力履行管理义务,致使物业管理制度不健全、管理混乱、对物业管理和维修养护不善的行为。对该种行为,物业管理行政主管机关可以责令其限期改正和赔偿委托方损失,并视情节给予警告或者处以罚款;情节严重的也可以降低其物业管

理资质等级,直至吊销其资质证书。

⑤损害消费者合法权益的行为。它是指物业服务企业在向消费者提供服务时,违反《中华人民共和国消费者权益保护法》第三章关于经营者的义务之规定,所作出的侵害消费者合法权益的行为。对此类行为,工商行政管理部门和其他有关部门在各自的职权范围内依法采取措施予以惩处。

⑥其他违反行政管理法规的行为。

(2)业主委员会、业主、物业使用人或者其他单位、个人的行政违法行为。

①决定违法行为。它是指业主大会、业主代表大会、业主委员会作出违反国家、地方有关物业管理规范性文件的规定之决定行为。对此类行为,由物业管理行政主管部门依法责令其限期改正或者撤销其决定。

②擅自作为行为。它是指违反物业合理法规的禁为义务规范而擅自作出的犯禁行为。例如,业主委员会违反不得从事各种投资和经营活动的禁令而擅自进行经营的,物业管理行政主管部门应当责令限期改正,可以并处罚款。又如业主、非业主使用人在使用房屋过程中,擅自改变房屋结构、外貌和用途等,物业管理行政主管机关和有关行政部门应当责令其限期改正,恢复原状,可以并处罚款。

③不履行法定应为义务行为。它是指违反物业管理法规的作为义务规范而不作出法规所要求的行为。例如《物业管理条例》第七条规定业主有按时交纳物业服务费用的义务,若不履行该项法定义务,按照《物业管理条例》第六十五条规定,业主违反物业服务合同约定,逾期不交纳物业服务费用的,业主委员会应当督促其限期交纳;逾期仍不交纳的,物业服务企业可以向人民法院起诉。

(3)开发建设单位、售房单位的行政违法行为。

①未履行法定前期物业管理义务的行为。这是指开发建设单位作为新建房屋出售单位以及公有住宅出售前的管理单位,违反物业管理法规关于前期物业管理的规定,不履行或不完全履行自己在物业管理方面依法应作为的义务之行为。

②不履行物业移交法定义务的行为。这是指房屋出售单位在向业主委员会、物业服务企业移交物业时,未按规定移交有关该宗物业的工程建设资料和提供成本价物业管理用房、微利价部分商业用房的行为。

③不履行物业维修专用基金代收代存法定义务的行为。这主要指新建房屋出售单位在销售时,未按规定代表物业管理方向购房者收取法定的应缴交的物业维修专用基金,或者代收后不按规定及时存入指定的银行专用账户的行为。此外,公有住房出售单位也可能作出不履行设立物业维修基金法定义务的义务。

④其他行政违法行为。例如,新建房屋出售单位未按规定对建筑实行保修的行为;单独转让房屋的共用部位、共用设备或公共设施的所有权、使用权的行为;不履行对售出的房屋实行保修义务的行为;等等。

开发建设单位、售房单位表现出上列违法行为的,由市级或区、县级房地产管理部门责令其改正、限期履行,可以并处罚款;情节严重的,可以暂停开发建设单位的房地产开发资质。

(4)妨碍管理的违法行为。

妨碍管理的违法行为是指行政相对人妨碍、阻挠国家物业管理行政主管部门等有关行政管理部门和其他享有物业管理监督权的主体依法对物业管理实施的客观管理监督事实行为。

此行为大致分为两类：

①妨碍执行公务的行为。这是指物业管理公司及其员工和物业的业主、使用人以非法手段，无理阻挠、妨碍国家有关行政管理部门执行公务的活动，如阻碍对自己所为的违章建筑行为所进行的行政查处公务活动，妨碍刁难环境卫生园林部门、消防部门等的检查活动。对这类行为，可依照《中华人民共和国治安管理处罚法》分别情况予以警告、罚款、行政拘留等行政处罚。

②妨碍实施监督行为。这是指物业服务企业及其工作人员拒绝或阻碍业主团体组织及业主对物业管理工作实施正常监督的行为。这种妨碍行为不仅有违物业委托管理合同的监督约定，而且违反国家物业管理法规对业主团体组织和业主的授权规范，应当承担相应的行政责任。但现行物业管理规范性文件对这类行为还没有明文规定相应的行政责任，只是视为违约行为，今后应通过立法加强和完善物业管理监督法制，增加规定与监督相配套的行政责任。

2.物业管理行政法律责任的承担方式

承担行政责任的方式一般分为三类：

(1)行政处罚。《中华人民共和国行政处罚法》第八条明文规定行政处罚的种类包括：警告；罚款；没收违法所得、没收非法财物；责令停产停业；暂扣或者吊销许可证、暂扣或者吊销执照；行政拘留；法律、行政法规规定的其他行政处罚。

(2)行政处分。行政处分指国家机关、企事业单位依据国家法律、法规或国家机关、企事业单位的规章制度的规定，按行政隶属关系对其所属人员中有轻微违法行为或违反纪律行为的一种内部制裁，主要包括警告、记过、降职、降薪、撤职、留用察看、开除等。

(三)刑事法律责任

物业管理刑事责任是指在物业管理活动中，行为人因触犯刑事法律而应承担的强制性法律义务。在物业管理活动中涉及的常见罪名有：诈骗罪；侵占财产罪与挪用资金罪；妨害公文、公章、证件罪；故意伤害与故意杀人罪；妨害公司管理秩序罪；滥用职权罪与玩忽职守罪。

知识链接

《物业管理条例》解读

解读一：业主有权监督物业服务

如果你是房屋的所有权人，那么，你就是业主。

作为业主，入夏以来，王女士多次发现自己所居住小区的巡逻保安，经常找个背人的阴凉地方，躺下一睡一两个小时。王女士认为这样可不行。于是，她向小区物业公司提出，要求对保安人员加强管理。"如果保安工作如此被打折扣，小区的保安不就形同虚设了吗？居民的保安费不就白交了吗？"王女士说。

这事王女士管得好，她完全有权利这样做，《物业管理条例》为她撑腰。条例明确规定，业主有9项权利可以充分行使：①按照物业服务合同的约定，接受物业管理企业提供的服务；②提议召开业主大会会议，并就物业管理的有关事项提出建议；③提出制定和修改业主公约、业主大会议事规则的建议；④参加业主大会会议，行使投票权；⑤选举业主委员会委员，并享有被选举权；⑥监督业主委员会的工作；⑦监督物业管理企业履行物业服务合同；⑧对物业共用部位、共用设施设备和相关场地使用情况享有知情权和监督权；⑨监督物业共用部位、共用设施设备专项维修资金的管理和使用。

有权利当然也少不了有义务。为维护全体业主的共同利益,条例规定业主应尽的义务有5项:①遵守业主公约、业主大会议事规则;②遵守物业管理区域内物业共用部位和共用设施设备的使用、公共秩序和环境卫生的维护等方面的规章制度;③执行业主大会的决定和业主大会授权业主委员会作出的决定;④按照国家有关规定交纳专项维修基金;⑤按时交纳物业服务费用。

解读二:解聘物业公司权利在业主大会

谁有权选聘、解聘物业公司?谁有权制定、修改业主公约?如此等等重大的决定事项,《物业管理条例》把权利交到了业主大会的手里,而不是业主委员会。对业主委员会,条例给予的地位是业主大会的执行机构。

为什么这么规定?不少专业人士认为,其含义在于"不让少数人决定多数人的事情,大家的事情大家决定"。

那好,业主大会如何来履行自己的职责呢?根据条例规定,业主大会应有物业管理区域内持有1/2以上投票权的业主参加,方可召开。业主大会作出的决定,必须经与会业主所持投票权1/2以上通过。还有,业主大会作出制定和修改业主公约、业主大会议事规则,选聘和解聘物业管理企业,专项维修基金使用和续筹方案的决定,必须经物业管理区域内全体业主所持投票权2/3以上通过。

上述规定与2002年10月征求意见的条例草案所规定的基本一致。当时就有一种意见认为"这很难做到"。比方,对于一些大社区来说,要求1/2以上的业主到会,这几乎很难做到;重大决议通过要求2/3多数,这就更难了。有人担心,如果真正操作起来困难重重的话,结果将会使本意要有效维护全体业主的权利流于形式。

正是充分考虑了社会意见,这次正式公布的条例尽管原则不变,但增加了相关规定,即业主大会可采用或集体讨论或书面征求意见的灵活方式召开,业主还可以委托代理人参加业主大会。

"此举增强了业主大会的可操作性。"一位专家评价说。

解读三:开发商和物业公司要分家

业主与前期物业管理公司的许多纠纷,很大一部分是因开发商遗留问题引发的,这似乎成了物业管理的一个死结。

有一项调查表明,凡是业主与开发商存在着房屋买卖方面矛盾的小区,拖欠物业费的现象都比较严重。面对房屋质量差、面积缩水、更改规划、开发商种种承诺未按时兑现或根本不可能兑现等问题,因长期得不到解决,业主只好以拒交物业费来进行对抗。

目前我国70%以上的物业公司是由房地产开发企业派生的和原房管所转制的企业来做的,其中1/3从属于房地产开发企业。这种"父子兵"关系,在业主、业主大会自主选聘物业管理企业之前的前期物业管理中,如鱼得水,其基本运作模式就是"老子"卖房拿钱走人,把问题扔给根本管不了事的"儿子"。摊上这种物业,业主就等着吃亏吧。

为打破这种关系,《物业管理条例》提倡前期物业管理实行分业经营,明确开发商对住宅物业要采取公开招投标的方式,选聘前期物业管理公司,以便明晰建管权责。

条例还规定物业公司承接物业时,应当对物业共用部位、共用设施设备进行查验;开发商与物业公司在物业交接时,必须履行必要的验收手续和相关资料的移交。

建管不分问题的彻底解决,与整个房地产市场的发育成熟密切相关。

资料来源:中国第一部物业法规《物业管理条例》十大解读[N].法律日报,2003-06-22.

情境小结

本情境主要介绍物业管理法律关系相关知识以及物业管理常用法律法规的主要内容。

熟知物业管理法律关系构成三要素,应把握其主体、客体和内容的内涵及具体所指;熟知物业管理法律责任产生的原因、种类、承担方式,应在学习中注意与物业管理实际案例的联系,以加深认识和理解。掌握物业管理常用法律法规的调整范围、主要内容,是为今后在工作实际中能够正确有效地运用法律法规解决具体问题奠定基础,学习时要与仔细研读法律法规条文相结合,这对本课程后续内容的学习,以及提高法律法规应用能力极其有益。

学习检测

一、不定项选择题

1. 中华人民共和国国务院令 379 号《物业管理条例》于(   )起施行。

A. 2003 年 8 月 1 日   B. 2003 年 9 月 1 日

C. 2003 年 10 月 1 日   D. 2003 年 11 月 1 日

2. 中华人民共和国国务院令 504 号《国务院关于修改〈物业管理条例〉的决定》于(   )起施行。

A. 2007 年 8 月 26 日   B. 2007 年 9 月 1 日

C. 2007 年 10 月 1 日   D. 2003 年 10 月 1 日

3. 为了规范(   ),维护业主和物业服务企业的合法权益,改善人民群众的生活和工作环境,制定《物业管理条例》。

A. 物业管理活动   B. 业主和物业使用人行为

C. 物业服务企业和建设单位行为   D. 业主大会行为

4. 物业管理是指(   )通过选聘物业服务企业,由业主和物业服务企业按照物业服务合同约定,对房屋及配套的设施设备和相关场地进行维修、养护、管理,维护相关区域内的环境卫生和秩序的活动。

A. 业主大会   B. 业主   C. 业主委员会   D. 业主自治

5. 与物业管理有关的部门规章主要是由(   )发布的。

A. 国务院   B. 住房和城乡建设部   C. 国土资源部   D. 人民代表大会及其常务委员会

6. 下列各项中,不属于法律关系构成要素的是(   )。

A. 主体   B. 客体   C. 内容   D. 形式

7. 以下关于物业管理民事法律责任说法错误的是(   )。

A. 它主要表现为一种财产责任

B. 它是一方当事人对另一方当事人的责任

C. 它主要是为了补偿受害人的损失

D. 它的内容不可由当事人自行约定

8. 物业管理法律关系的主体有(   )。

A. 政府主管部门及相关责任部门   B. 物业管理公司   C. 业主

D. 非业主使用人   E. 开发建设单位

9. 物业管理法律责任的归责一般遵循(   )法律原则。

A.责任连带原则　　　B.因果联系原则　　　C.责任相称原则

D.责任自负原则　　　E.责任法定原则

10.物业服务企业与业主之间的关系是（　　）。

A.经济法律关系　　　B.行政法律关系　　　C.民事法律关系

D.刑事法律关系　　　E.物业服务合同关系

二、简答题

1.简述物业管理法律关系的概念与特征。

2.试举例说明物业服务企业的一般侵权行为。

3.简述业主常见的行政违法行为。

4.简述承担物业管理民事法律责任的承担方式。

5.举例说明物业管理的无过错法律责任。

三、案例分析题

1.王先生是某住宅小区的业主，上个月12日凌晨出差回来，发现家中被盗，经过清点，家中财产被盗损失大约为12万元。于是，王先生及时向辖区派出所报了案，但至今为止，案件都没有侦破。现在，王先生认为他每月都按时缴纳了物业管理费，这次财产损失应该由他所在住宅小区的物业管理处给予赔偿。你认为可以吗？

2.日前，某住宅小区业主陈女士搬进新家后想拍一些照片给远方的父母看一看自己的居住环境，就在小区里拍摄照片。当她在小区花园里拍摄花草景色时，小区物业管理处的男保安冲过来用手挡住相机镜头说，小区内不可以拍照。陈女士表示自己是业主，保安直言业主也一样不能在小区内拍照。一气之下，陈女士在小区论坛发帖表示心情很郁闷。陈女士的帖子引起众多业主的愤慨。有十几位业主都发帖表示自己是头一回听到小区内不能照相这回事，疑惑着为什么业主在小区内不能拍照，甚至有业主以叛逆的态度反抗："明天也拿个相机去拍，看他们能拿我怎样？"

物业服务公司表示，一般看到有人在小区内拍照，保安都会阻止，业主向保安出示业主卡，即可以在小区内拍照，但是，只可以拍人物和花草，不可以拍建筑物外立面。主要理由是怕被竞争对手抄袭开发商的园林、建筑设计，所以哪怕是业主也不例外。

物业服务公司有权禁止业主在小区内拍照吗？它的理由能成立吗？

3.天津某物业小区6栋102室刘某饲养的松狮狗在小区玩耍时将李某的芭比狗咬伤，使李某的狗受伤住进宠物医院。住院期间花费住院费2000元，李某要求刘某赔偿。李某的要求是否正确？

4.某物业公司在管理物业时，告知业主，业主装修不及时清运垃圾将罚款500元。某业主在装修时没有及时清运垃圾，物业公司罚款500元。试问物业公司的做法是否正确？该物业公司应该如何做？

学习情境二

物业权属法律制度

学习目标

【知识目标】

1. 了解物权的概念、特征及分类。

2. 了解物业权属的概念、特征及分类。

3. 了解物业权属登记的概念和目的。

4. 熟悉物业权属的制度。

【技能目标】

1. 对土地权属登记制度和房屋权属登记制度的内容能够进行简要的概括、分析。

2. 了解房地产产权登记管理法律责任的内容。

情境导入

我国物权法第一案落槌 当事人房屋产权得到保护

本案争执的房屋有关权利,可追溯到 20 世纪 50 年代末。原告李福莲等人上辈所有的一处房产被政府不适当没收,此后 40 多年,该房被当作公房出租给其他居民。直至 2005 年 9 月,该房产经落实政策退还给原告,并办理了产权过户手续。

这处房产在政府退还给原告的同时,里面的一些房间一直由本案被告刘×莎租住占用。虽然租赁合同已过期,但刘拒绝向原告腾退房屋。原告只好诉诸法律。

长沙市芙蓉区法院的一审判决认为,在该处房屋由政府向原告移交并办理了产权变动登记手续之后,原告即取得了房屋的所有权,根据《中华人民共和国物权法》的规定,这一不动产所有权应当得到尊重和保护。法院认为《中华人民共和国物权法》生效后,刘×莎的恶意占有行为仍在继续,故本案适用《中华人民共和国物权法》与"法不溯及既往"原则并不冲突。综上,依照《中华人民共和国物权法》第三十九条、第六十四条、第二百四十二条、第二百四十三条的规定,尽管被告刘×莎为该房屋的原租户,但她毕竟不是所有权人。她在未与新的房屋所有权人签订租赁协议的情况下,直接占用房屋,构成了恶意占有。于是,法院判令刘×莎腾退房屋并赔偿租金损失。

曾经参与《中华人民共和国物权法》立法讨论的知名法学家、清华大学法学院党委副书记、副教授申卫星博士认为,在这起全国首例运用《中华人民共和国物权法》判决的民事案件中,法官很好地理解了物权法的精神,充分贯彻了该法对物权的保护原则和物权效力原则。申卫星解释说,本案中,被告对房屋的占有已经构成"无权占有",因此应当返还房屋,将这种占有所产生的孳息或者其他收益赔偿给所有权人。该案虽然简单,但放在物权保护的高度来看,其意义非常重大。

资料来源:艾群辉,肖山.中国物权法第一案落槌 当事人房屋产权得到保护[N].法制周报,2007-10-12.

请思考我国物权法出台的意义。

学习单元一 物权与物业权属

一、物权概述

(一)物权

物权,根据《中华人民共和国物权法》(以下简称《物权法》)规定,是指权利人依法对特定的物享有直接支配和排他的权利,包括所有权、用益物权和担保物权。

《物权法》规范的物,包括不动产和动产。不动产是指土地以及房屋、林木等土地定着物;动产是指不动产以外的物,如汽车、电视机。物权法上的物通常讲是有体物或者有形物,指物理上的物,包括固体、液体、气体、电等。能够作为物权法规范对象的物还必须是人力所能控制并有利用价值的物,这里的物还应可以充当权利的客体。

物权指权利人在法定范围内按照自己的意志支配自有物或者按照授权支配他人的物,直接享有物的效益的排他性的财产权。其虽然直接表现为人对物的支配权,但实质上却是特定权利主体(即物权人)与不特定义务主体(即物权人以外的其他人)之间形成的一种绝对权法律关系。

(二)物权特征

1.物权是绝对权

绝对权是指以不特定的任何人为义务主体的民事权利。一方面物权人有权在法律规定的范围内按自己的意愿对物进行支配,包括对物进行占有、使用、收益、处分;另一方面,物权人也有权排除他人对自己支配之物所给予的侵害和对自己行使物权的行为造成的干涉和妨碍。

2.物权的客体为物

物权是权利主体对物进行直接支配的权利,自然应以物为客体。这里所说的物是指人身之外,为人力所能支配,并且具有一定使用价值的物质资料,包括生产资料、生活资料、自然物、劳动产品、流通物等有体物以及光、热、电、气等无体物。除物资资料外,其他事物,包括行为和精神产品均不能作为物权的客体。这是物权区别于债权、知识产权的一个特征。

3.物权以对物进行支配并享受其利益为内容

所谓支配,是指对物进行占有、使用、收益或处分。对物进行支配,不是物权人的目的而是手段,物权人的目的在于通过对物的支配而取得物的利益。

4.物权具有排他性

一方面,物权具有排除他人侵害、干涉、妨碍的性质;另一方面,内容相同的物权之间具有相互排斥的性质,即同一物上不容两个以上相同内容的物权并存。

(三)物权的种类

1.自物权和他物权

自物权是指对自己的物所享有的权利,即权利人对自己所有的标的物依法进行全面支配的物权。自物权＝所有权（原始物权、完全物权）。

他物权是指对他人财产的权利。他物权即限制物权，是非所有人根据法律规定或所有人意思对他人所有财产享有有限支配的物权，也称派生物权或限制物权。他物权分为用益物权和担保物权。

2．用益物权和担保物权

用益物权是指以标的物的使用和收益为目的而设立的他物权。如农村土地承包经营权、建设用地使用权、宅基地使用权、地役权等。

担保物权是指为担保债权的实现而设立的他物权。如抵押权、留置权、质权等。

知识链接

抵押权、质权与留置权的联系和区别

抵押权、质权与留置权都是担保物权的一种，均具有附随性、不可分性、物上代位性、变价求偿性、物的信用性这五种基本特征。同时三者还分别具有自己的特性。

1．抵押权

抵押权是指债权人对债务人或第三人提供的作为债务履行担保的财产，在债务人到期不履行债务时，可以就该财产优先受偿的权利。提供担保财产的债务人或第三人，称为抵押人；享有抵押权的债权人称为抵押权人；抵押人或第三人提供的担保财产称为抵押物。

作为一种典型的担保物权，抵押权除具有担保物权的一般特性之外，与其他类型的担保物权相比，应注意如下特征：

第一，不移转抵押物之占有。在设定抵押权时以及抵押权存续期间，债务人或者第三人无需将抵押物移转于债权人，这一特征是抵押权区别于质权的关键所在，也是抵押权之所以在社会经济中广泛被使用的重要原因。

第二，抵押物一般情况下是不动产和准不动产。但是在法律有特殊规定时，其他动产也可以是法律规定的权利，比如国有土地使用权及荒山、荒沟、荒丘、荒滩等荒地的使用权等，也可以用来抵押。抵押物范围的广泛性决定了抵押权使用上的普遍性。

2．质权

质权是指债权人对债务人或者第三人移转占有而供担保债权的动产或权利，在债务人不按期清偿债务时，就该财产优先受偿的权利。在质权关系中，享有质权的债权人称为质权人；将财产移转质权人占有的债务人或者第三人称为出质人；出质人移转给质权人占有的财产称为质物或者质押物。

质权具有下列独特之处：①只有把质物移转给债权人占有，质权才可成立和生效；②因质权的成立须移转质物的占有，因此，质物通常为动产和权利，不动产不可作为质权的客体；③抵押权的设定以登记为公示手段，而质权的设定则以标的物的交付作为公示手段；④质权除具有优先受偿效力之外，还具有留置的效力，由质权人留置标的物，造成出质人的心理压力，以促使债务的尽早清偿。

不过，在下列方面，法律关于质权之规定与抵押权基本一致：①质权所担保的范围；②质押物及其所扩及的财产范围；③质权的实行方法；④流质契约的禁止。

3．留置权

留置权是指债权人按照合同约定占有债务人的财产，当债务人不按合同约定的期限履行债务时,债权人得留置该财产,并依照法律规定以留置财产折价或者拍卖、变卖该财产所得的价款优先受偿的权利。

留置权还具有下列特性:

第一,留置权是法定的担保物权。债权人只能依据法律的规定取得留置权,当事人不得自由设定留置权;但是,当事人可以以特别约定排除留置权的适用。我国法律规定的留置权主要有承揽人的留置权、承运人的留置权、保管人的留置权等。

第二,留置权以债权人占有债务人的财产为成立要件和留置权存续条件。对于留置权与占有的关系来说,债权人是基于先前的占有而后享有留置权,而不是基于先有留置权而后取得对财产的占有;并且,占有一旦丧失,留置权也就不复存在。

第三,留置权的客体只能是动产。不动产不得作为留置权的客体。

3. 动产物权和不动产物权（按物权标的是动产还是不动产分类）

所谓动产,是指能够移动而不损害其社会经济用途和社会经济价值的物。

所谓不动产,就是社会经济用途和社会经济价值不能移动的财产,通常多指房地产。

不过法学界对动产和不动产的定义还有不同的看法,物权法没有界定。

4. 主物权和从物权

以物权是否具有独立性进行分类,物权可分为主物权和从物权。如抵押权、质权、留置权等为从物权。对于物权的取得、变更、丧失,从物权应与其所附的权利共命运。

5. 有期限物权和无期限物权

有期限物权:有一定存续期限,如典权、留置权、质权、抵押权等。

无期限物权:所有权。

(四)物权的基本原则

1. 物权法定原则

《物权法》第五条规定:"物权的种类和内容,由法律规定。"所谓物权法定原则,是指能设立哪些种类的物权,各种物权有哪些权利内容,只能由法律规定,当事人之间不能创立法律未规定的物权。

物权不同于债权,债权的权利义务发生在当事人之间,其内容由当事人遵循自愿的原则,通过合同、协议等自行约定。而物权的权利行使是排他的,对其他所有人都具有法律约束力。物权的内容不能由权利人一个人自行决定,也不可能由权利人和几个义务人协商确定,而只能由法律进行规定。如果任由权利人自行创设物权,那么无数的义务人将会陷入无所适从。

2. 一物一权原则

一物一权的内涵应当采"客体特定和物权不相容性说"。因为一物一权原则不仅指物权客体特定,而且包括一个物上不能存在多个互不相容的物权。也就是说一物一权包括两个方面:从权利的角度而言,一物一权是指一个物上只能设立一个所有权,也不能设立两个或两个以上性质上相互排斥的其他物权;从物的角度而言,物权的客体应当是特定的,一物的某一部分如尚未与该物完全分离,则不能成为单独所有权的客体。

3. 物权公示原则

《物权法》第六条规定:"不动产物权的设立、变更、转让和消灭,应当依照法律规定登记。动产物权的设立和转让,应当依照法律规定交付。"该条规定了物权公示原则。按照该条规定,物权公示的主要方法有两种:一是登记,不动产物权的设立、变更、转让和消灭经过登记发生效力;二是交付,动产物权的设立、转让通过交付才发生效力。

物权公示原则,包含两个方面的内容:一是物权变动问题,即权利人取得物权、物权的内容变更或者物权消灭以什么方式确定;二是物权公信问题,即物权要以令公众信服的特定方式确定,让大家明白地知道谁是权利人,权利人享有哪些权利。我们可以通过下面"一房二卖"的例子来理解物权公示原则。

【案例 2 - 1】

甲以人民币 70 万元购买乙的一套二手房,甲付清全部购房款后,因为出差未与乙办理房产过户。期间,房价大涨,乙方翻悔,又将该房以人民币 80 万元的价格卖给丙,并立即向房地产交易中心办理了房地产证过户手续。甲知道后,要求乙交房未果,遂向法院起诉要求确认该房为其所有。法院经过审理,判决该房为丙所有,乙向甲返购房款及同期利息。法院的判决是正确的。在该案中,因为未办理过户登记,甲只取得了乙向其转让房屋的债权权利,并未取得该房屋的所有权;而丙因为办理了过户登记,合法取得房屋的所有权,可以对抗甲和其他任何人。

4.物权优先原则

在我国物权是存在优先权的,其基本意义是指权利效力的强弱,即同一标的物上有数个利益相互矛盾、相互冲突的权利并存时,具有较强效力的权利排斥或先于具有较弱效力的权利的实现。

(1)物权相互间的优先效力。

物权相互间的优先效力,是指依物权效力的强弱,具有较强效力的物权排斥具有较弱效力的物权的存在,或先于具有较弱效力的物权得到实现。

物权相互间的优先效力是以物权成立时间的先后确定物权效力的差异。从一般原则上讲,先成立的物权的效力要优先于后成立的物权,即先成立的物权效力较强,后成立的物权效力较弱。例如甲先在自己的土地上为乙设定了通行地役,又在该同一块供役地上为丙设定了汲水地役。因该汲水地役权的设立,丙亦得通行该供役地。但是,由于乙的通行地役权设定在先,具有强于丙的汲水地役权的效力,因而丙只有在不妨碍乙的通行地役权行使的情况下才可以利用供役地。

物权相互间的优先效力的表现,依不同种类的物权的排他性不同而异。其效果,一般说来两个排他性极强的在性质上不能共存的物权不能同时存在于同一标的物上,因而在有先设定的该种物权时,则后发生的物权当然不能成立。例如:在某人享有所有权的房屋上,他人不能同时设立所有权。如果他人依买卖、取得时效等法律事实取得房屋的所有权,则必然导致原所有人的所有权消灭。

(2)物权对债权的优先效力。

物权与债权在因同一标的物而有关联时,不论各自的种类为何,也不问各自成立的时间的先后,物权均具有优先于债权的效力。具体体现在以下几个方面:

第一,所有权的优先性。例如:甲某先出售某屋于乙某,再出售该屋于丙某,并与丙某办理登记,由丙某取得其所有权时,乙某不能以其债权发生在前而主张丙某不能取得该屋所有权。

第二,用益物权的优先性。甲借某地给乙无偿使用(使用借贷)。其后甲将该地所有权让与丙,丙得对乙主张所有物返还请求权。在甲将该地设定地上权于丙的情况下,丙亦得向乙请求返还。

第三,担保物权的优先性。担保物权不论其发生先后,除法律有特别规定外,应优先于债权受清偿。

二、物业权属

(一)概念

物业权属是指房地产产权在主体上的归属状态,即房地产的产权为谁所有,房地产的产权与产权主体之间的关系。国家实行房地合一的原则。

(二)特征

1. 物业权属的二元性

物业的权属状况包括土地使用权和房屋所有权两个方面。土地的权属和房屋的权属要分别登记,即使是体现在同一个房地产产权证中。

2. 物业权属的稳定性

房地产的空间位置是固定的,使用寿命较长,不能被隐匿、被偷盗。同时其流转需要法定的程序,因此物业的权属具有稳定性。

3. 物业权属的复杂性

在物业权属法律关系中,物业权属比较复杂,有一个人对物业单独享有权利的情形,还有通过登记机关的权属证书反映不出来,但是也必须认定为共有的情形。

4. 物业权属的国家干预性

物业的权属状况以国家行政机关的登记为有效要件。在有些情况下,登记机关甚至可以收回已经确认的土地或房屋的权利,如以出让方式取得的土地使用权,超过出让合同约定的动工开发期限满 2 年未动工开发的,可以无偿收回土地使用权;对于无主房屋(无人继承或无人受遗赠),国家可以收回。

学习单元二 房屋所有权

一、房屋所有权的概念

房屋所有权又称房屋产权,指房屋所有人依法对其所有的房屋享有的占有、使用、收益和处分的权利。房屋产权是国家、集体和公民依法所享有的财产权的主要内容之一,是法律所保护的基本民事权利,由产权人独立行使,不借助他人的帮助。房屋产权的确认,应以登记发证为准,即经国家房地产管理机关进行产权审查,对房屋进行丈量、立界后据以登记,再核发产权证。房屋产权确认后,产权人在对本产权享有各项权能的同时,必须承担相应的义务(如纳税、修缮、遵守国家房管部门的有关规定等)。

房屋所有权是占有权、管理权、享用权、排他权、处分权(包括出售、出租、抵押、赠与、继承)的总和。

(1)占有权。占有权是所有人对其房屋进行直接的实际控制或掌握的权利。占有权是房屋所有权的基本内容,没有占有,就谈不上所有权。然而占有并非就是所有,因为占有分所有人占有和非所有人占有、合法占有和非法占有、善意占有与非善意占有。

（2）使用权。房屋的使用权是指对房屋拥有的享用权。房屋租赁活动成交的是房屋的使用权。使用权指所有权人对其房屋有直接按照它的性质和用途加以利用的权利。使用权的行使必须符合下列条件：①无损于房屋的本质。②按照房屋的自然性能、经济性能和规定的土地用途使用。③遵守法律和公共道德，不损害公共利益和他人的合法权益。

（3）收益权。收益权指房屋所有人有利用其房屋以增加经济收益的权利。如将房屋出租取得租金、用房屋作为合伙入股取得红利等。

（4）处分权。处分权指房屋所有人在法律许可的范围内，对其房屋有处置的权利。如依法对自己所有的房地产出售、出租、抵押、典当、赠与、拆除等。

二、房屋所有权的取得和消灭

（一）取得

1. 原始取得

原始取得是指由于一定的法律事实，根据法律的规定，取得新建房屋、无主房屋的所有权，或者不以原房屋所有人的权利和意志为根据而取得房屋的所有权。它主要包括以下情形：①依法建造房屋；②依法没收房屋；③收归国有的无主房屋；④合法添附的房屋（如翻建、加层）。

2. 继受取得

继受取得又称传来取得，是指根据原房屋所有人的意思接受原房屋所有人转移之房屋所有权，是以原房屋所有人的所有权和其转让所有权的意志为根据的。

因法律行为而继受取得房屋所有权是取得房屋所有权最普遍的方法，其通常有以下几种形式：①房屋买卖（包括拍卖）；②房屋赠与；③房屋相互交换。房屋所有权自所有权转移手续办理完毕后发生效力，即进行所有权登记后便取得房屋所有权。

（二）消灭

1. 含义

消灭是指通过某种法律事实而使房屋所有权丧失或与原房屋所有人脱离的一种法律现象。

2. 原因

（1）房屋产权主体的消灭。如房屋所有权人（自然人）死亡或宣告死亡以及法人被终止而导致房产成为无主财产。

（2）房屋产权客体的消灭。它包括自然灾害、爆炸、战争等引起房屋的毁灭以及自然损毁等。

（3）房产转让、继承等引起原房产权利人对该房产权利的消灭。

（4）因国家行政命令或法院判决而丧失。如国家行政机关对房产所有权人的房产征用、征购、拆迁等，除依法给予相应的补偿外，原房产权利人的权利因征用、征购、拆迁而丧失。又如人民法院依照法律程序将一方当事人的房产判给另一方当事人所有，原房产权利人因判决发生法律效力而丧失该房屋的所有权。

（5）房产所有权人放弃所有权。

三、房屋所有权的类型

(一)单独所有的房屋所有权

单独所有的房屋所有权即单个民事主体独有的房屋所有权。

(二)共有的房屋所有权

1.房屋共有的概念

共有是指两个以上民事主体对于同一物享有所有权。共有的主体称为共有人,共有的客体称为共有物。各共有人之间因财产共有形成的权利义务关系称为共有关系。

《中华人民共和国民法通则》第七十八条对共有有如下规定:"财产可以由两个以上的公民、法人共有。共有分为按份共有和共同共有。按份共有人按照各自的份额,对共有财产分享权利,分担义务。共同共有人对共有财产享有权利,承担义务。按份共有财产的每个共有人有权要求将自己的份额分出或者转让。但在出售时,其他共有人在同等条件下,有优先购买的权利。"《物权法》第九十三条、第九十四条、第九十五条也分别规定:"不动产或者动产可以由两个以上单位、个人共有。共有包括按份共有和共同共有。""按份共有人对共有的不动产或者动产按照其份额享有所有权。""共同共有人对共有的不动产或者动产共同享有所有权。"可见,共有分为按份共有和共同共有。

2.共有的特征

(1)共有的权利主体是多元的。多个主体对共有物只享有一个完整的所有权,相应地,共有人对外共同作为一个主体参与各种民事活动。

(2)共有的客体是一项统一的财产。共有的客体是同一物,在共有关系存续期间不能分割,且每个共有人的权利及于整个共有物。

(3)共有的内容是各共有人对共有物共享权利、共负义务。

(4)共有是所有权的联合。它不是一种独立的所有权类型。我国有国家所有权、集体所有权和公民个人所有权三种不同性质的所有权。共有不是与这三种所有权并列的所有权类型。

3.房屋共有的形式

(1)共同共有。

共同共有是与按份共有相对应的概念,它是指数人基于法律规定或者依合同约定而成立的共同关系,共有人之间不分份额地对某物共同享有所有权。共同共有是基于共同关系形成的,如夫妻关系、家庭成员关系等。它与按份共有最大的区别在于共有人对共有财产不分份额平等地享有权利和承担义务。只要共有关系存在,共有人对共有财产就无法划分各自的份额,只有在共同关系终止,共有财产分割以后才能确定各共有人的份额。因此,在共同共有关系存续期间,单一共有人擅自划分份额,处分共有财产的,一般应认定无效。与按份共有比较,共同共有具有以下法律特征:

第一,共同共有根据共同关系而产生,它必须以共同关系如夫妻关系、继承关系、合伙关系等的存在为前提。而按份共有更多地根据共同意志的法律行为如合同行为而发生。

第二,在共同共有关系中,共有财产不分份额。只要共同共有关系存在,共有人对共有财产就无法划分各自份额,只有在共同共有关系终止时,才可以对共有财产进行分割,确定各自的份额。共同共有关系主要因共同关系如婚姻关系的终止而解除。

第三,共同共有人平等地享受权利和承担义务。基于共同共有关系所发生的民事责任,为连带民事责任,每个共有人都是连带责任人。

（2）按份共有。

按份共有又称为分别共有,是指两个或两个以上的共有人按照各自的份额分别对其共有财产享有权利和承担义务的一种共有关系。

如甲、乙双方合资购买一部小车,甲出资8万元,乙出资2万元,甲、乙约定按出资份额享有所有权,这并不是说甲、乙对小车分别享有两个所有权,而是指甲、乙共同拥有对小车的一个完整的所有权,但其对小车行使权利与承担义务的比例按8∶2来确定。因此,按份共有人的份额比例是行使权利的比例,而不是对特定的部分行使权利。每个按份共有人对共有财产享有的权利和承担的义务是依据其不同的份额确定的。共有人对共有物持有多大的份额,就对共有物享有多大权利和承担多大义务,份额不同,共有人对共有财产的权利义务不同。对应于共同共有,按份共有具有以下法律特征：

第一,按份共有主要基于共有人的共同意志而发生,共有人之间不必存在某种共同关系,如夫妻关系。

第二,按份共有人对共有物按份额享有所有权,其份额一般由共有人事先约定,或者按出资比例决定。在按份共有关系产生之时,共有人就应当明确其各自应有的份额。

第三,各共有人对共有财产享有权利和承担义务的多少是依照他们的份额确定的。份额并不是指共有物的某一具体部分,而是指共有人对共有物所有权享有的比例。

4.共有关系在物业管理实践中的应用

《物权法》第九十六条规定："共有人按照约定管理共有的不动产或者动产;没有约定或者约定不明确的,各共有人都有管理的权利和义务。"第九十七条规定："处分共有的不动产或者动产以及对共有的不动产或者动产作重大修缮的,应当经占份额三分之二以上的按份共有人或者全体共同共有人同意,但共有人之间另有约定的除外。"第九十八条规定："对共有物的管理费用以及其他负担,有约定的,按照约定;没有约定或者约定不明确的,按份共有人按照其份额负担,共同共有人共同负担。"

在物业管理实践中,共有关系主要是按份共有,这是由购房时建筑面积的公摊方式所决定的,也是由共有人对共有财产的权利义务具有按份共有的法律特征所决定的。按份共有关系在物业管理的应用主要具体表现在"建筑物区分所有权"中的成员权上,其物业管理中的权利义务体现在《物权法》第九十四条、第九十六条、第九十七条、第九十八条等四条规定中。即对共有物的管理问题,按照上述规定,共有人之间有特别约定的,按照约定处理,没有约定或者约定不明确的,各共有人都有管理的权利和义务。

对共有物的保存问题,是指以维持共有物的现状为目的,保持共有物的完好状态,通过相应的管理措施,避免共有物的毁损、灭失,可以由单独共有关系权利人承担,也可以由全体共有关系权利人委托其他民事主体承担。

对共有物的修缮问题,对共有物小额的改良或修缮,可以由单独共有人进行,费用由全体共有人,也可以由全体共有人委托其他民事主体进行。但重大的改良与修缮事宜,则必须根据按份共有由占份额三分之二以上的按份共有人同意方可进行。

对共有物的管理费负担问题,如果共有人有约定的,按约定执行,如果没有约定或者约定不明确的则按照共有份额的比例进行分担。这是根据《物权法》第九十四条规定"按份共有人对共有的不动产或者动产按照其份额享有所有权"确立的,因为多占比例的共有人多享受管理带来的利益,自然也应当多承担管理费用。

对共有物收益分配的问题,如果共有人有约定的,按约定执行,如果没有约定或者约定不明确的,则根据《物权法》第九十四条规定,按照共有份额的比例进行分配。

【案例2-2】

房屋共有人擅自处理共有房产纠纷案

陈小花的婚姻道路曲折,丈夫与同事婚外情,并且早已蓄谋转移夫妻共同财产,将房产所有权转让给被告李三,发现后,协商未果,不得不寻求法律帮助。马大律师接受原告陈小花的委托,代理该诉讼。

2012年7月,陈小花与刘二登记结婚。同年10月购买上海市闵行区某小区房屋一套,总价300余万元,产权登记在刘二名下。2015年2月,刘二与李三签订《上海市房地产买卖合同》,将上述房屋转让给李三,价款为400余万元。产权也办理了过户,登记在被李三名下,且李三向中国银行办理了抵押贷款手续。陈小花对自己丈夫买卖房屋的事实根本不清楚,直到2015年10月,才得知这一事实,于是找到律师,寻求帮助。通过陈女士的介绍,律师得知刘二与李三原系同事,后发展为不正当关系,现陈小花已经提起了离婚诉讼。在律师的建议下,陈小花决定起诉,要求确认原告丈夫与李三签订的《上海市房地产买卖合同》无效。

律师在庭审中明确指出:

(1)讼争房屋系婚后购买,虽然登记于刘二名下,但仍是夫妻共同财产,被告刘二没有权利在未征得陈小花同意的情况下擅自卖房。

(2)刘二与李三原系同事关系,对于陈小花与刘二系夫妻关系和正在诉讼离婚的事实完全知晓,也知道出售的房屋是陈小花与刘二的夫妻共同财产,显然李三不能构成房屋买卖合同中的善意第三人。

(3)刘二与李三的恶意串通行为,系合同法明确规定的导致合同无效的情形。

一审法院支持了律师的意见,判决刘二与李三签订的《上海市房地产买卖合同》无效;刘二与李三归还贷款注销抵押权后将产权过户于陈小花名下。李三不服判决,上诉于上海市第一中级人民法院,二审法院最终判决驳回上诉,维持原判。

(三)建筑物区分所有权

1.建筑物区分所有权的概念

建筑物区分所有权,是指在同一栋建筑物上存在多个所有权的情形。这种状况,主要是现代社会大量高层或多层楼房的出现带来的。我国改革开放以来,住房制度的改革,大量商品房的出现,在城市已形成了很多的住宅小区,业主的建筑物区分所有权已经成为私人不动产物权中的重要内容。《物权法》适应现实的要求,确立了我国的建筑物区分所有权。

2.建筑物区分所有权的内容

(1)专有权。

专有所有权,指区分所有人对专有部分所享有的权利。理论及实务上大多数都认为,专有部分是"具有构造上和使用上的独立性"的建筑物部分。所谓构造上的独立性,是指一专有部分与其他专有部分或共用部分由墙壁、天花板、地板等分隔开来,形成一个独立的空间;使用上的独立性,则指一专有部分具有满足区分所有人社会经济生活需要的机能,以能否单独使用及有无独立的经济效用为判断基准,并以区分的明确性、间隔性、通行直接性、专用设备的存在及共用设备的不存在为考察因素。

（2）共有部分持分权。

共用部分持分权是区分所有权人按其专有部分在全部专有部分中所占的比例而对共用部分享有的一种共同所有权，性质上当然为按份共有，只是基于对建筑物维持的需要而限制了区分所有权人对共用部分进行分割。

何谓共用部分，其范围、性质如何，国内外立法并未对此作出明确规定。从文意及区分所有建筑物的构造来看，除专有部分以外的建筑结构都应属于共用部分。按照我国学者的看法，所谓共用部分，指专有部分以外的其他建筑物部分及不属于专有部分的附属建筑物，而供作共同使用的部分。

区分所有建筑物的共用部分具有两个属性：①从属性。共用部分必须随专有部分的存在而存在，一旦专有部分所有权发生变更、移转或消灭，共用部分所有权也相应地要发生变更、移转及消灭。②不可分割性。共用部分不得分割而为各区分所有权人所专有，只能以整体形式供所有区分所有权人使用。如《美国联邦公寓所有权法》明定，禁止分割区分所有建筑物的共用部分。

（3）成员权。

成员权指区分所有权人作为区分所有建筑物的管理团体的一员而享有的权利。建筑物区分所有权的独特之处，便是在对物（专有部分和共用部分）的所有权之外，还享有一种身份上的权利——成员权。区分所有建筑物乃是为了解决城市土地的缺乏，而使多人共同居住于一栋高楼，以提高土地的利用效率。多人共同居住于一栋建筑物，其权利只是指向专有部分及共用部分，但是他们权利行使的事实基点是建筑物的安全和安宁。为此目的，全体区分所有权人形成一个共同体，按其意思对建筑物进行管理，包括对物管理和对人管理。所谓对物管理，指对建筑物、基地及附属设施的保存、改良、利用乃至处分等物理的管理。对人管理，指对各区分所有权人之间的共同关系所进行的管理，包括对建筑物不当毁损行为的管理、对建筑物不当使用行为的管理及对生活妨害行为的管理等。这个共同体实质上是一种由区分所有权人为维持建筑物的安全及安宁而组成的管理团体。每个区分所有权人都是该团体的一员，拥有一种人身性的成员权，从而得以行使表决权、管理规约制定权、选举和罢免管理人的权利及请求权，同时负有执行管理团体会议作出的决议、遵守管理规约和接受管理者管理的义务。

3. 业主的建筑物区分所有权在物业管理实践中的应用

（1）关于建筑区划内的道路、绿地、物业服务用房、公用设施以及其他公共场所的所有权归属。

根据《物权法》第七十三条规定："建筑区划内的道路，属于业主共有，但属于城镇公共道路的除外。建筑区划内的绿地，属于业主共有，但属于城镇公共绿地或者明示属于个人的除外。建筑区划内的其他公共场所、公用设施和物业服务用房，属于业主共有。"建筑区划内的道路、绿地、物业服务用房、公用设施以及其他公共场所作为建筑物的附属设施原则归业主所有。但需要注意的是，这里所规定的道路、绿地归业主所有，不是指道路、绿地的土地所有权归业主所有，而是指道路、绿地作为土地上的附着物归业主所有。道路、绿地是建筑区划内必需的公共配套设施，开发商应当按照法律规定的标准为小区全体业主保留道路与绿地。因此，在法定标准之内的道路与绿地都属于全体业主共有，但属于城镇公共道路、公共绿地的除外。如果是法定标准之外的绿地，开发商单独将其出售给私人业主，那么，这部分绿地则属于购买者个人所有。

建筑区划内的物业服务用房、公共设施和其他公共场所的所有权依法属于业主共有。这是因为这些物业服务用房、公共设施和其他公共场所为业主工作、生活及管理物业所必需的。《物业管理条例》第三十七条即明确规定："物业管理用房的所有权依法属于业主。未经业主大会同意,物业服务企业不得改变物业管理用房的用途。"但《物权法》没有明确规定小区会所的归属问题,这是因为从房地产经营的实际情况看,会所绝大多数是作为独立的房屋由开发商出售或出租经营的。会所的产权应由购房合同来明确约定,或看其是否计入公摊面积。购房合同应明确约定会所是属于开发商所有还是业主共有。如果合同没有约定或约定不明确的,应由开发商举证证明其归属。会所的土地使用权是否计入公摊面积是判断其产权归属的重要证据,如果没有计入整个建筑物的公摊面积的话,则可认定为归开发商所有;反之,会所的产权就归全体业主共有。

(2)关于建筑区划内的车位、车库的所有权归属。

《物权法》第七十四条第二款规定："建筑区划内,规划用于停放汽车的车位、车库的归属,由当事人通过出售、附赠或者出租等方式约定。"这是因为从房地产市场的情况看,一般来说,专门用来停放汽车的车库、车位的归属,是由开发商通过出售、附赠或者出租等方式约定归业主专有或者专用的。这样,既容易操作,也可以避免纠纷。如果规定车库、车位归业主共有,由于车库、车位和住宅的配套比例不同,业主之间享有的住宅面积不同,商品房销售的状况不同等原因,实际操作很难,甚至会引发更多的矛盾。另外,属于业主共有的财产,应当是那些不可分割、不宜也不可能归任何业主专有的财产,如电梯等公用设施、绿地等公用场所。

但是,考虑到现实生活中有的开发商将车位、车库高价出售给小区外的人停放,不少小区没有车位、车库或者车位、车库严重不足,占用共有的道路或者其他场地作为车位的问题,《物权法》第七十四条第一款、第三款分别有针对性地规定："建筑区划内,规划用于停放汽车的车位、车库应当首先满足业主的需要。""占用业主共有的道路或者其他场地用于停放汽车的车位,属于业主共有。"以此保护业主的合法权益。

(3)关于业主大会、业主委员会的设立。

业主大会是业主的自治组织,是基于业主的建筑物区分所有权的行使产生的,由全体业主组成,是建筑区划内建筑物及其附属设施的管理机构。

业主委员会是本建筑物或建筑区划内所有建筑物的业主大会的执行机构,按照业主大会的决定履行管理的职责。

只要是建筑区划内的业主,就有权参加业主大会,行使专有部分以外共有部分的共有权以及共同管理的权利,并对建筑区划内的业主行使专有部分的所有权作出限制性规定,以维护建筑区划内全体业主的合法权益。所以《物权法》第七十五条第一款规定："业主可以设立业主大会,选举业主委员会。"《物业管理条例》第八条第一款、第九条第一款分别规定:"物业管理区域内全体业主组成业主大会。""一个物业管理区域成立一个业主大会。"住房和城乡建设部《业主大会和业主委员会指导规则》第七条第一款与此两条规定相同。考虑到某些特殊的情况,如建筑区划内只有一个业主或业主人数较少,《物业管理条例》第十条中规定:"但是,只有一个业主的,或者业主人数较少且经全体业主一致同意,决定不成立业主大会的,由业主共同履行业主大会、业主委员会职责。"《业主大会和业主委员会指导规则》第七条第二款有相同规定。

业主大会是业主的自治组织,其成立应由业主自行筹备,自主组建。但是,在现实中由于一个建筑区划内的业主来自不同的地方,入住时间有先有后,多数互不相识,因此,成立业主大会对于业主自行筹备、自主组建来说难度很大。而业主大会成立与否却直接关系到业主自身合法权利的行使和合法权益的维护,关系到建筑区划内乃至社会的和谐稳定。

对此,《物权法》第七十五条第二款规定:"地方人民政府有关部门应当对设立业主大会和选举业主委员会给予指导和协助。"《物业管理条例》第十条中规定:"同一个物业管理区域内的业主,应当在物业所在地的区、县人民政府房地产行政主管部门或者街道办事处、乡镇人民政府的指导下成立业主大会,并选举产生业主委员会。"《业主大会和业主委员会指导规则》第六条规定:"物业所在地的区、县房地产行政主管部门和街道办事处、乡镇人民政府对设立业主大会和选举业主委员会给予指导和协助,负责对业主大会和和业主委员会的日常活动进行指导和监督。"

因此,地方人民政府有关部门应当向准备成立业主大会的业主予以指导和协助,提供相关的法律、法规及规章,提供已成立业主大会的成立经验,帮助成立筹备组织,提供政府部门制定的业主大会议事规则、管理规约等示范文本,协调业主之间的不同意见,为业主大会成立前的相关活动提供必要的活动场所,积极主动参加业主大会的成立大会等。

(4)关于住宅改为经营性用房。

在许多住宅小区的里经常出现业主或业主允许使用人擅自将原本用于居住的住宅改成商业用房,如办事处、歌厅、餐厅等,造成来往小区外来人员杂乱、过多,造成小区车位、电梯、水、电等公共设施使用的紧张,干扰了业主的正常生活,增加了业主之间的矛盾;在建筑结构方面,造成楼板的承重力过大,甚至破坏建筑结构等情形,增加了建筑的不安全因素。而物业服务公司对此情况,由于缺乏管理的法律依据,难以处理,还由于部分业主的不理解和误解,造成了业主与物业服务公司之间的矛盾,影响了物业服务行业的形象。

对此,《物权法》第七十七条规定:"业主不得违反法律、法规以及管理规约,将住宅改变为经营性用房。业主将住宅改变为经营性用房的,除遵守法律、法规以及管理规约外,应当经有利害关系的业主同意。"这一规定首先明确不得违反法律、法规以及管理规约将住宅改变为经营性用房是业主应当遵守的一个最基本的准则,也是业主必须承担的一项基本义务。如果业主确实因某种需要,改变住宅的居住用途,应当得到受其影响的全体有利害关系的业主的同意。

也就是说,将住宅改变为经营性用房,必须要遵守法律、法规以及管理规约的规定,要经过有关部门的审批,符合国家卫生、环境保护要求等,并在此前提下,还必须征得有利害关系的业主同意。这两个条件必须同时具备,才可以将住宅改变为经营性用房,二者缺一不可。何为有利害关系的业主,因改变住宅为经营性用房的用途不同,影响的范围、程度不同,要具体情况具体分析,但凡是因住宅改变为经营性用房受到影响的业主,不论是否相邻或者不相邻,均是《物权法》第七十七条所提及的有利害关系的业主。

一般情况下,只能在公共设施、商业网点和社区配套服务设施不足,不能满足日常使用要求的小区,或者所从事的行业是政府所鼓励,才允许将住宅改变为经营性用房。住宅改变为经营性用房应当符合下列条件:①沿街底层住宅。②符合城市规划要求。③符合房屋使用安全。④不造成居住使用困难。⑤不影响相邻房屋使用。⑥不影响文物和优秀近代建筑物保护。⑦相邻业主、使用人以及业主委员会的书面同意证明。改作经营餐饮和娱乐业的,须提交该幢房屋全体业主或使用人的书面同意证明;改作其他用途的,须提交相邻的上、左、右业主或使用人的书面同意证明。⑧承租人要求改变住宅使用性质的,已征得出租人书面同意证明。但是,凡是权属有争议或已被司法机关查封和列入拆迁范围内的住宅以及住宅使用公约、业主公约已有约定的,不得改变使用性质。如符合上述条件的,可向所在区、县房地产管理部门提出申请,住宅经批准改变使用性质后,业主须持区、县房地产局的批准文件向工商行政管理部门办理营业执照。但有一点需要注意,应当按照房管部门审核批准的用途和经营项目使用,如需改变批准的用途或经营项目的,应当按照上述规定重新办理审批手续。

在物业管理实践中,物业服务企业应注意提醒业主大会在制定作为业主自我管理、自我约束、自我规范的建筑区划内有关建筑物及其附属设施的管理规约时,可以依法对此问题作出规定,以减少管理服务中的必要麻烦和误解。

(5)关于住宅专项维修资金的所有权归属与使用。

根据《住宅专项维修资金管理办法》第二条规定,住宅专项维修资金是指专项用于住宅共用部位、共用设施设备保修期满后的维修和更新、改造的资金。

住宅专项维修资金包括房屋共用部位维修基金和共用设施设备维修基金两部分。房屋共用部位维修基金是指专项用于房屋共用部位大修理的资金。共用设施设备维修基金是指专项用于共用设施和共用设备大修理的资金。《物权法》第七十九条规定,住宅专项维修资金经业主共同决定,可以用于电梯、水箱等共有部分的维修。《物业管理条例》第五十三条第二款规定:"专项维修资金属于业主所有,专项用于物业保修期满后物业共用部位、共用设施设备的维修和更新、改造,不得挪作他用。"

住宅专项维修资金的使用用途,《物业服务企业财务管理规定》第三条、《住宅专项维修资金管理办法》第三条规定为:共用部位是指住宅主体承重结构部位(包括基础、内外承重墙体、柱、梁、楼板、屋顶等)、户外墙面、门厅、楼梯间、走廊通道等;共用设施设备是指住宅小区或单幢住宅内,建设费用已分摊进入住房销售价格的共用的上下水管道、落水管、水箱、加压水泵、电梯、天线、供电线路、照明、锅炉、暖气线路、煤气线路、消防设施、绿地、道路、路灯、沟渠、池、井、非经营性车场车库、公益性文体设施和共用设施设备使用的房屋等。

关于住宅专项维修资金所有权的归属,在物业管理实践中,由于各种原因,导致维修基金所有权归属不清的情况经常出现,致使建筑物及其附属设施的维修问题日益突出,影响到业主和使用人的居住质量。因此,《物权法》第七十九条明确规定,建筑物及其附属设施的维修资金,属于业主共有。《物业管理条例》第五十三条第二款明确规定,住宅专项维修资金属于业主所有,专项用于物业保修期满后物业共用部位、共用设施设备的维修和更新、改造,不得挪作他用。《住宅专项维修资金管理办法》第九条规定:"业主交存的住宅专项维修资金属于业主所有。从公有住房售房款中提取的住宅专项维修资金属于公有住房售房单位所有。"《物业服务企业财务管理规定》第三条明确指出:"代管基金是指企业接受业主管理委员会或者物业产权人、使用人委托代管的房屋共用部位维修基金和共用设施设备维修基金。"可见,住宅专项维修资金所有权是十分清楚地归属于全体业主共同所有的。

关于住宅专项维修资金的使用,《物业管理条例》第三十四条第二款规定,对专项维修资金的管理与使用等内容物业服务企业与业主应在物业服务合同中进行约定。因住宅专项维修资金的用途,主要用于业主专有部分以外的共有部分的维修,涉及业主能否正常使用建筑物及其附属设施,关系到每个业主的切身利益,因此,《物权法》第七十六条、《物业管理条例》第十一条针对业主如何决定住宅专项维修资金的筹集和使用作出规定,即须召开业主大会,应当经专有部分占建筑物总面积三分之二以上的业主且占总人数三分之二以上的业主同意。另外,为便于业主及时了解住宅专项维修资金的筹集和使用情况,依法有效地行使《物业管理条例》第六条所赋予的对住宅专项维修资金民主监督的权利,《物权法》第七十九条要求住宅专项维修资金的筹集、使用情况应当公布。

同时,为保护业主的合法权益不受侵犯,对侵占维修基金所有权的行为,《物业管理条例》第六十一条规定:"违反本条例的规定,挪用专项维修资金的,由县级以上地方人民政府房地产行政主管部门追回挪用的专项维修资金,给予警告,没收违法所得,可以并处挪用数额 2 倍以下的罚款;物业服务企业挪用专项维修资金,情节严重的,并由颁发资质证书的部门吊销资质证书;构成犯罪的,依法追究直接负责的主管人员和其他直接责任人员的刑事责任。"

对此,《住宅专项维修资金管理办法》更是从交存、使用、监督管理和法律责任等方面作出了具体明确的规定,要求住宅专项维修资金管理实行专户存储、专款专用、所有权人决策、政府监督的原则;住宅专项维修资金的使用,应当遵循方便快捷、公开透明、受益人和负担人相一致的原则。

(6)关于建筑物共有部分及其附属设施的费用分摊与收益分配。

在物业管理实践中,为保证建筑物及其附属设施能够正常运转和使用,保证业主的正常生活,需要对建筑物共有部分及其附属设施进行养护和维修,这就需要使用一定的费用,那么,这些费用应该由谁负担,如何负担? 还有,建筑物共有部分及其附属设施,如楼顶广告、电梯间广告、共有道路上停车位,都有着一定的经营收益,那么这些经营收益应如何分配?

对此,《物权法》第八十条规定:"建筑物及其附属设施的费用分摊、收益分配等事项,有约定的,按照约定;没有约定或者约定不明确的,按照业主专有部分占建筑物总面积的比例确定。"在实践中,这些经营收入一般是由物业服务公司收取的。但是,建筑物共有部分及其附属设施所有权与使用权并不属于物业服务公司,因此,其所获得的经营收益,除了一部分作为物业公司的管理费用以外,应当归业主所有。对此,《物业管理条例》第五十四条明确规定:"利用物业共用部位、共用设施设备进行经营的,应当在征得相关业主、业主大会、物业服务企业的同意后,按照规定办理有关手续。业主所得收益应当主要用于补充专项维修资金,也可以按照业主大会的决定使用。"

也就是说,利用物业共用部位、共用设施设备进行经营的,首先应当在征得相关业主、业主大会、物业服务企业的同意,不能因此侵犯到业主的通行、通风、排水的相邻权,以及业主们的公共利益。其次,业主委员会应代表全体业主授权委托物业服务公司,并与物业服务公司就经营收益的分配问题进行约定,除物业服务公司经营过程的正常管理成本以外,其余收入应属于全体业主共有。最后,归全体业主共有的经营收入,应优先用于补充专项维修基金,也可以按业主大会的决议另作他用,或者直接对收益进行分配,如冲抵物业管理费等。

如果业主共有的经营收入分配没有约定或约定不明确的话,就应按照《物权法》第八十条所规定的"没有约定或者约定不明确的,按照业主专有部分占建筑物总面积的比例确定"执行。如小区共有道路被划出若干收费停车位,那么这些停车位的收入应分成两部分,一部分是停车位管理费用,归管理者物业服务公司所有;另一部分实际上是土地出租收入,归全体业主共有,具体的使用与分配由业主大会决定,或按业主专有部分占建筑物总面积的比例确定。

(7)关于建筑物及其附属设施的管理。

对建筑物及其附属设施的管理,目前主要有两种形式,一是业主委托物业服务企业或者其他管理人管理,二是业主自行管理。对此,《物权法》第八十一条第一款也作出了肯定的规定:"业主可以自行管理建筑物及其附属设施,也可以委托物业服务企业或者其他管理人管理。"但是随着社会经济的发展,建筑领域中越来越多地使用新技术、新产品,建筑物及其附属设施的科技含量越来越高,管理中的技术要求越来越高,管理的专业化程度不断提高,相应地要求物业管理也应实现社会化、专业化的管理,这也是绝大多数业主选择物业服务企业对其建筑物及其附属设施统一实施专业化管理的重要理由。因此,《物业管理条例》在第四条规定中倡导"国家鼓励物业管理采用新技术、新方法,依靠科技进步提高管理和服务水平"。物业服务企业从事物业管理活动,需有一定的资格要求,要求物业服务企业需向工商行政管理部门申请注册登记,领取营业执照后,方可开业。对此,《物业管理条例》第三十二第一款条规定:"从事物业管理活动的企业应当具有独立的法人资格。"《物业服务企业资质管理办法》第二条第二款对物业服务企业明确定义为:"本办法所称物业服务企业,是指依法设立、具有独立法人资格,从事物业管理服务活动的企业。"

通常情况下,一栋楼或者一个住宅小区从建好后到业主陆续入住,乃至成立业主大会,是需要一个相当长的时期。但对建筑物及其附属设施的管理却从竣工验收合格后就应开始,不容停滞等待。在这种情况下,《物业管理条例》第二十一条规定,在业主、业主大会选聘物业服务企业之前,建设单位选聘物业服务企业的,应当签订书面的前期物业服务合同。建设单位与业主签订的买卖合同应当包含前期物业服务合同约定的内容,在《物业管理条例》第二十二条中有明确规定:"建设单位应当在物业销售前将临时管理规约向物业买受人明示,并予以说明。物业买受人在与建设单位签订物业买卖合同时,应当对遵守临时管理规约予以书面承诺。"

建设单位在选聘物业服务企业时,签约期限一般较长。如果建设单位选聘的物业服务企业不遵守合同承诺,以往,即使业主大会成立了,虽然有《物业管理条例》第二十六条"前期物业服务合同可以约定期限;但是,期限未满、业主委员会与物业服务企业签订的物业服务合同生效的,前期物业服务合同终止"的规定,但是,实际操作中,由于《物业管理条例》法律地位的限制,解聘仍然障碍重重。因此,《物权法》第八十一条第二款规定:"对建设单位聘请的物业服务机构或者其他管理人,业主有权依法更换。"这就从法制化的角度维护了业主合法更换物业服务机构或者其他管理人的权利。对物业服务企业来讲,在前期管理阶段必须重视对合同的遵守,否则就有被解聘的危险。对建设单位来讲,认真对待物业服务公司的选聘,既是对业主负责,也是对物业服务公司负责,要慎而又慎。

(8)关于物业服务企业与业主的关系。

根据《物权法》第八十一条第一款规定,业主可以选择物业服务企业或者其他管理人对建筑区划内的建筑物及其附属设施进行管理。业主依法选聘物业服务企业或者其他管理人后,应当与物业服务企业或者其他管理人签订物业服务合同,将自己对建筑物及其附属设施的管理权利委托给选聘的物业服务企业或者其他管理人。因此,业主与物业服务企业或者其他管理人之间是一种合同关系。为保证该合同的有效、顺利实施,《物业管理条例》第三十三条规定:"一个物业管理区域由一个物业服务企业实施物业管理。"

按照《物业管理条例》第三十四条第一款规定:"业主委员会应当与业主大会选聘的物业服务企业订立书面的物业服务合同。"物业服务企业应当按照物业服务合同的约定,提供相应的服务(第三十五条第一款)。物业服务企业未能履行物业服务合同的约定,导致业主人身、财产安全受到损害的,应当依法承担相应的法律责任(第三十五条第二款)。

同时,《物业管理条例》第三十六条、第三十九条、第四十三条、第四十四条、第四十五条、第四十六条分别规定:"物业服务企业承接物业时,应当与业主委员会办理物业验收手续。""物业服务企业可以将物业管理区域内的专项服务业务委托给专业性服务企业,但不得将该区域内的全部物业管理一并委托给他人。""物业服务企业可以根据业主的委托提供物业服务合同约定以外的服务项目,服务报酬由双方约定。""物业管理区域内,供水、供电、供气、供热、通信、有线电视等单位应当向最终用户收取有关费用。物业服务企业接受委托代收前款费用的,不得向业主收取手续费等额外费用。""对物业管理区域内违反有关治安、环保、物业装饰装修和使用等方面法律、法规规定的行为,物业服务企业应当制止,并及时向有关行政管理部门报告。""物业服务企业应当协助做好物业管理区域内的安全防范工作。发生安全事故时,物业服务企业在采取应急措施的同时,应当及时向有关行政管理部门报告,协助做好救助工作。物业服务企业雇请保安人员的,应当遵守国家有关规定。保安人员在维护物业管理区域内的公共秩序时,应当履行职责,不得侵害公民的合法权益。"

《物业管理条例》第六条中规定,监督物业服务企业履行物业服务合同是业主的权利,《物业管理条例》第十五条规定"及时了解业主、物业使用人的意见和建议,监督和协助物业服务企业履行物业服务合同"是业主委员会的职责。因此,物业服务企业或者其他管理人在履行物业服务合同的过程中,应当接受业主的监督,接受房地产行政主管部门、有关行政主管部门及住宅小区所在地人民政府的监督指导。为保证业主监督权的合法有效实施,《物权法》第八十二条规定:"物业服务企业或者其他管理人根据业主的委托管理建筑区划内的建筑物及其附属设施,并接受业主的监督。"

(9)关于对损害其他业主合法权益行为的处置。

遵守法律、法规以及管理规约是居住于建筑区划内的业主和使用人应当履行的最基本的义务。《物权法》第八十三条第一款明确规定:"业主应当遵守法律、法规以及管理规约。"对此,《物业管理条例》在第七条中规定了业主在物业管理活动中应履行的义务:①遵守管理规约、业主大会议事规则;②遵守物业管理区域内物业共用部位和共用设施设备的使用、公共秩序和环境卫生的维护等方面的规章制度;③执行业主大会的决定和业主大会授权业主委员会作出的决定;④按照国家有关规定交纳专项维修资金;⑤按时交纳物业服务费用;⑥法律、法规规定的其他义务。《物业管理条例》还对一些具体情形作了规定。如第五十条规定,业主、物业服务企业不得擅自占用、挖掘物业管理区域内的道路、场地,损害业主的共同利益。因维修物业或者公共利益,业主确需临时占用、挖掘道路、场地的,应当征得业主委员会和物业服务企业的同意;物业服务企业确需临时占用、挖掘道路、场地的,应当征得业主委员会的同意。业主、物业服务企业应当将临时占用、挖掘的道路、场地,在约定期限内恢复原状。在物业管理实践中,对业主和使用人的违规违章行为,物业服务企业应予以制止、报告,由政府房地产主管部门予以制止或者依法处理。如擅自改变小区内土地用途的;擅自改变房屋、配套设施的用途、结构、外观,毁损设施、设备,危及房屋安全的;私搭乱建,乱停乱放车辆,在房屋共用部位乱堆乱放,随意占用、破坏绿化、污染环境、影响住宅小区景观,噪声扰民的;不照章交纳各种费用的。这些规定,都是为了督促、保证业主自觉遵守法律、法规以及管理规约,维护建筑区划内的和谐稳定。

但是,目前在有些建筑区划内的确存在个别业主不遵守法律、法规以及管理规约,损害其他业主合法权益的行为。如实践中常见的任意弃置垃圾、排放污染物或者噪声、违反规定饲养动物、违章搭建、侵占通道、拒付物业管理费等行为,确实损害了部分业主甚至是全体业主的合法权益,造成了建筑区划内的各类纷争,是社会生活中不和谐的音符。那么如何处置这些行为?《物权法》第八十三条第二款作了规定:"业主大会和业主委员会,对任意弃置垃圾、排放污染物或者噪声、违反规定饲养动物、违章搭建、侵占通道、拒付物业费等损害他人合法权益的行为,有权依照法律、法规以及管理规约,要求行为人停止侵害、消除危险、排除妨碍、赔偿损失。业主对侵害自己合法权益的行为,可以依法向人民法院提起诉讼。"这一规定表明,对建筑区划内侵害他人合法权益行为的处置办法有三:一是业主大会、业主委员会依照法律、法规以及管理规约的规定,要求其停止侵害、消除危险、排除妨碍,赔偿损失;二是受到侵害的业主个人依据民事诉讼法等法律的规定,向人民法院提起诉讼;三是共同受到侵害的业主,推选代表人,依据民事诉讼法等法律的规定,向人民法院提起诉讼。如饲养动物伤人的,可根据《中华人民共和国民法通则》第一百二十七条"饲养的动物造成他人损害的,动物饲养人或者管理人应当承担民事责任;由于受害人的过错造成损害的,动物饲养人或者管理人不承担民事责任;由于第三人的过错造成损害的,第三人应当承担民事责任",向人民法院提起诉讼,要求动物饲养人或者管理人承担民事责任。

【案例 2 - 3】

南汇法院依据《中华人民共和国物权法》判决一起商品房预售合同纠纷案中,关于小区地面停车位和地下自行车停车库的归属。业主龚先生要求房地产公司返还购买小区地面汽车停车位 1 万元、赔偿相应利息损失的诉讼请求获得了法院支持。

业主起诉:已"买断"车位,物业还收管理费

2005 年 2 月,龚先生一家花了 50 余万元从上海兴吉房地产开发有限公司购买了一套南汇区惠南镇康达公寓的房屋。在小区开盘后,开发商还同时向业主公开出售小区的停车位。"当时觉得有个自己的停车位,以后停车方便,再加上小区内很多业主都买了,我们担心今后会停不了车,也毫不犹豫地掏了钱。"2006 年年初,龚先生一家花了 33000 元买下了一个地下自行车停车库和一个地面停车位。其中地下自行车停车库 23000 元,地面停车位 1 万元。

"本以为我们已经买断了这两个停车位,可以随意使用,没想到小区物业入驻后,竟开始向业主收停车费,还美其名曰是管理费。"2006 年 5 月,开发商交房后,物业的这一行为让龚先生一家大惑不解。龚先生的女儿说:"不知道这钱是进了物业自己的口袋,还是放入了业主的维修基金。如果放入维修基金,那还说得过去。但是物业对于这笔钱的去向一直没有个明确的说法。"龚先生一家便开始了与物业长达一年多的漫漫交涉。希望物业能明示这笔管理费的去处。

但物业一直无动于衷,管理费照收不误,却没有一句解释。"停车位是小区的公共配套设施,开发商是没有权利对外出售的。"2006 年 9 月龚先生一家向南汇法院提出了起诉,要求开发商返还当时用于购买地下自行车停车库和地面停车位的 33000 元钱,并赔偿相应利息损失。

庭审争议:开发商是否有权出售车库车位?

法院开庭审理了龚先生家的这一案件。庭审中,龚先生认为,地下车库和地面停车位是属于全体业主的,根据上海市物业管理规定开发商无权出售。因此其所取得的款项属于不当得利,应当予以返还,并赔偿相应利息损失。

而开发商称,小区业主和开发商之间并没有签订合同,约定地上停车位和地下自行车车库归业主所有。因此开发商有权销售地下车库和地面停车位的使用权,不存在 33000 元不当得利之说,故不同意返还。

法院判决:地面停车位归全体业主所有

南汇法院一审支持了龚先生一家关于地面汽车停车位的诉请。根据《中华人民共和国物权法》第七十四条第三款之规定,占用业主共有的道路或者其他场地用于停放汽车的车位,属于业主共有。

现开发商将车位出售给龚先生,与法有悖,开发商应当将收取的款项退还龚先生,故法院对原告该项诉请予以支持。

而针对地下自行车停车库,根据《上海市住宅物业管理规定》第二十条第一款第(三)项规定,物业管理区域内按规划配建的非机动车车库归全体业主所有。

而对于本案中的地下自行车车库,是开发商利用地下空间投资建造的,且已形成可独立使用构筑物,不属于小区共用的公共设施,其所有权理应归开发商所有,因此开发商当然有权出售地下自行车车库。

资料来源:上海物权法第一案一审判定 地面车位归全体业主[EB/OL].(2007 - 11 - 06).http://news.china.com/zh_cn/news100/11038989/20071106/14447266.html.

学习单元三 物业相邻权

一、相邻关系相关概念与处理原则

(一)相邻关系

相邻关系,是指两个以上相互毗邻的不动产的所有人、用益物权人或占有人,在行使不动产的所有权或使用权时,相互之间应当给予便利或者接受限制而发生的权利、义务关系。

相邻关系不仅用于处理房屋居住上,而且用于处理土地使用上所形成的相邻关系。相邻关系的法律特征主要有:

(1)相邻关系的主体是两个以上相邻不动产的所有人、用益物权人或占有人。

(2)相邻关系是因为不动产的毗邻关系而产生的。所谓毗邻是指地理位置相邻,它既包括不动产之间的相互连接,也包括不动产之间的相互邻近。

(3)相邻关系的客体是行使不动产权利所体现的利益,这种利益可能是经济利益,也可能是非经济利益。前者如田地之间的用水权、排水权,后者如噪音、空气污染的侵扰损害健康权。

(4)相邻关系的基本内容是相邻一方有权要求他方为自己行使不动产所有权或使用权给予必要方便的权利和他方应当给予必要方便的义务。

所谓必要方便,是指除非从相邻方得到这种方便,否则就不能正常地行使其不动产所有权或使用权。三楼住户王某进出的唯一通道是楼下一两层商铺内的室内楼梯。楼下两层商铺装修时将这唯一室内楼梯封闭,影响了王某的进出通行,使其无法正常使用自己的房屋。因此,王某有权要求商铺开放室内楼梯,为其通行提供进出通行的便利。当然,王某在行使这一相邻权时,应当尽量避免给楼下商铺造成损害或不利影响,如造成损害或不利影响,应当给予赔偿。

(二)处理相邻关系的原则

1.有利生产、方便生活、团结互助、公平合理的原则

相邻关系是人们日常的生产生活中,对于相互毗邻的不动产行使所有权或使用权而发生

的权利义务关系,直接关系到人们的生产和生活的正常进行。而法律调整相邻关系的目的就在于有利生产、方便生活,充分发挥不动产的使用效益。因此,在处理相邻关系时,应当以有利生产、方便生活为原则,妥善解决有关问题,努力实现法律调整相邻关系所追求的社会目的。

相邻关系的实质是从社会整体利益出发,对相邻不动产所有权或使用权的扩展或限制。因此,在处理相邻关系时,应本着团结互助的精神,遵循公平合理的原则,建立睦邻友好关系。在行使不动产的所有权或使用权时,要互相协作,兼顾相邻人的利益,一方权利的扩展与另一方权利的限制都必须在合理和必要的限度内,并且要求各方在享受权利的同时,也承担一定的义务。发生纠纷时,要互谅互让,采取协商的办法来解决;协商不成的,有关部门在处理时,在查清事实、分清是非的基础上,应当充分运用调解手段,遵循团结互助的原则,兼顾各方利益,妥善加以解决。

因此,在处理相邻关系时,《中华人民共和国民法通则》第八十三条就规定了处理不动产相邻关系的原则,即"不动产的相邻各方,应当按照有利生产、方便生活、团结互助、公平合理的精神,正确处理截水、排水、通行、通风、采光等方面的相邻关系。给相邻方造成妨碍或者损失的,应当停止侵害,排除妨碍,赔偿损失。"《物权法》第八十四条更是明确了这一原则:"不动产的相邻权利人应当按照有利生产、方便生活、团结互助、公平合理的原则,正确处理相邻关系。"

2.依法处理、兼顾习惯的原则

处理民事关系,首先应当依照民事法律的规定。相邻关系的种类和范围,虽然都必须由法律予以明文规定,当事人不得随意创制,但由于相邻关系本身具有的复杂性、地域性与不可预测性,调整这些关系的法律难以涵盖全部的相邻关系内容。况且,随着社会文明的进步,相邻关系的种类与范围也在随之变化。因此,在法制社会里,有的民事关系在没有相应法律进行调整时,适用当地风俗习惯是一种必然要求。所以,对相邻权纠纷,如果立法上已经有相关规定的,应当按照法律、法规的规定处理,如果没有相关规定的,可以参照当地的习惯来处理。对此,《物权法》第八十五条规定的"法律、法规对处理相邻关系有规定的,依照其规定;法律、法规没有规定的,可以按照当地习惯",就是人民法院或其他有权调解、处理这类法律没有涵盖的纠纷时的依据。

二、相邻关系在物业管理实践中的应用

(一)关于用水、排水相邻关系的处理

相邻关系中要求,相邻一方有权要求他方为自己行使不动产所有权或使用权给予必要方便的权利和他方应当给予必要方便的义务。对此,《物权法》第八十六条规定:"不动产权利人应当为相邻权利人用水、排水提供必要的便利。对自然流水的利用,应当在不动产的相邻权利人之间合理分配。对自然流水的排放,应当尊重自然流向。"这就是说,相邻关系的不动产权利人对相互之间的用水、排水应当提供必要的便利,不得为自己的私利妨害他方的正常用水、排水。如一楼住户的上、下水管就是楼上其他住户上、下水的必要便利。

当然,利用一方的用水、排水必须控制在合理的限度以内,以防止对被利用的不动产造成侵害,如果在采取了适当的保护措施后仍造成被利用不动产方的损害的,应当由受益人(利用方)进行赔偿。为保证被利用方的这一合法权益,《物权法》第九十二条也有所规定,即"不动产权利人因用水、排水、通行、铺设管线等利用相邻不动产的,应当尽量避免对相邻的不动产权利

人造成损害;造成损害的,应当给予赔偿。"

建筑内部的供水、排水管线只有经过相邻关系的房屋,才能构成供水系统和排水系统。物业管理实践中,经常发生邻里之间因为楼上邻居忘记关闭水阀造成楼下被淹,或楼上邻居不文明行为造成楼下小水管线堵塞而又责任不清等情况,楼下住户往往采取关闭供水阀门的极端措施进行对抗,造成邻里之间的纠纷。如朱某房屋的院子地势较低,邻居崔某屋檐流水需经朱某院内排水沟排放,但朱某坚持不同意这样做,双方为此发生口角。以上条款适用处理此类纠纷。

(二)关于因通行必须利用相邻权利人土地的处理

不动产权利人原则上有权禁止他人进入其土地,但相邻权利人有通行权的情况下,不动产权利人不能阻止相邻权利人行使通行权。不动产权利人对相邻权利人因通行方便必须利用其土地的,应当提供必要的便利,尤其对历史形成的必经通道,不得进行堵塞,因堵塞影响他人正常生产生活的,他人有权要求排除妨碍或者恢复原状。对此《物权法》第八十七条规定:"不动产权利人对相邻权利人因通行等必须利用其土地的,应当提供必要的便利。"

如某小区已建成多年,其小区大门正对市区一街区道路,该道路与市区一主要通路相连,小区内居民出行十分便利。后因周围建筑动迁,其大门前道路被规划到其前侧新建小区内。该新建小区建成入住后,其业主委员会要求接管该项目的物业服务公司(A公司)以封闭管理为由,将与某小区大门相邻接的大门封堵,禁止某小区居民从该新建小区内通过。大门封堵后,某小区居民只能通过与原大门相对侧的小区后门绕行到市区主要通路出行,对此,小区居民意见很大,要求业主委员会委托接管该小区物业管理的物业服务公司(B公司)出面解决此事。B公司多次与A公司协商,但A公司就是置之不理。

这一案例的实质是相邻权利人通行权如何得以合法行使的问题,以上条款适用处理此类纠纷。这其中,某小区的通道是历史形成的,而新建小区的时间发生在后,当初的规划且已考虑保留该历史通道,以保证某小区居民的正常通行,退一步讲,即使因设计需要确实无法保留的,也必须另开一条方便的通道供居民使用,以保证不影响某小区居民行使日常的通行权。因此,新建小区堵住了某小区的通道,导致小区居民进出通行道路被堵,引发了土地通行权纠纷,已明显侵害了某小区居民的正常通行权。如果A公司仍代表其业主委员会坚持侵权,某小区居民可以请求诉讼,要求该新建小区排除妨碍、恢复历史通道。

(三)关于利用相邻关系土地、建筑物

相邻不动产人难免需要临时或长期利用相邻关系的土地、建筑物。在生活实践中,这包括两种情况:一是因建造、修缮建筑物而临时使用相邻权利人土地、建筑物的;二是因铺设电线、电缆、水管、暖气和燃气管线等必须利用相邻土地、建筑物的。

不动产权利人因建造、修缮建筑物必须临时利用相邻权利人土地、建筑物的,相邻权利人应当提供必要的便利。如张某因修缮自己的房屋,不得不(没有其他选择方案)将脚手架临时搭建在邻居李某的花园里,李某应提供必要的便利,不能拒绝、阻拦张某的要求。但张某应与李某就使用对方邻地有所约定,在修缮自己房屋期间,不能给李某生活造成不必要的妨碍,修缮工程结束后应及时清理现场。

不动产权利人因铺设电线、电缆、水管、暖气和燃气管线等必须利用相邻权利人土地、建筑物,而此类管线又为不动产权利人所必需,不动产权利人有权通过相邻权利人土地、建筑物进

行铺设,相邻权利人应当提供必要的便利。水、电、燃气等均属于现代人生活不可或缺的必需品,装修时,如管线必须经邻居房屋墙体才能够铺设,则邻居应当提供必要的便利,让他人方便地获得水电资源。但是,如果铺设管线确实给邻居造成生活上的不便,甚至造成财产上的损失如墙体破坏或室内装修受到损害,则应当给邻居以适当的经济补偿,要负责为其恢复原状,并赔偿损失。如某小区二楼住户程先生的暖气管道老化,需重新铺设,但必须经过一楼住户徐某的厨房,并影响了徐某厨房的美观,对此,程先生应给予徐某适当的赔偿。

为防止以上两种情况造成邻里纠纷,或当此类纠纷发生时解决有所依据,《物权法》第八十八条规定:"不动产权利人因建造、修缮建筑物以及铺设电线、电缆、水管、暖气和燃气管线等必须利用相邻土地、建筑物的,该土地、建筑物的权利人应当提供必要的便利。"第九十二条规定:"不动产权利人因用水、排水、通行、铺设管线等利用相邻不动产的,应当尽量避免对相邻的不动产权利人造成损害;造成损害的,应当给予赔偿。"

(四)关于通风、采光和日照等相邻关系

通风、采光、日照是衡量居住质量的重要标准之一。我们不仅享有房屋的使用权,还拥有通风权、采光权。但现实中,由于城市土地价值的提升,一些城市在对新建住宅规划审批环节中存在漏洞,导致楼宇间距不符合建筑规划国家标准,遮挡相邻建筑采光。还有些人为了得到更多的居住便利,乱搭乱盖,影响邻居的建筑采光。这都使得因通风、采光、日照而引发的矛盾有所增多,给社会生活带来许多不和谐的因素。

相邻通风权是指房屋的所有人或使用人所享有的通过门窗保证其室内与室外空气流通和正常开关窗户进行室内外空气交换的权利。实践中,相邻一方的下列行为应视为是对他方通风权的侵犯:

(1)因相邻一方建造房屋或其他设施时未与相邻他方的窗户保持适当距离、相距太近而使相邻他方室内空气通风不畅,或阻挡了相邻他方的窗户而使其无法通风的。

(2)因相邻一方的树枝等延伸到相邻他方窗前,阻碍相邻他方室内空气流通的。

(3)因相邻一方长期存在的原因而迫使相邻他方无法正常开启窗户的。如相邻一方在靠近相邻他方窗户处修厕所,设置畜栏或在他方窗下堆放垃圾等;或相邻一方不断制造异味,排放污浊空气、冷气、热气、有害气体,致使他方只能紧闭窗户。此类情况,如相邻一方的行为超过国家环保规定标准,则可以按环保问题引起的相邻关系纠纷来处理;如不够国家环保规定标准,则相邻一方行为可按侵犯相邻他方通风权来处理。

采光和日照的情形大体相似。一方建造建筑物时,不得违反国家有关工程建设标准,妨碍相邻建筑物的采光和日照,否则,相邻一方也可以要求停止侵害、赔偿损失。根据有关规定,住宅日照标准大寒日日照不得低于1小时,其证据确定由专业机构鉴定,另一种证据就是建设规划中有关楼距的规定,如果楼距低于规划标准,则也可以作为影响采光权的证据来使用。对此类纠纷的解决,由于侵权的建筑已经建成,属于既成事实,如果拆除建筑物的话,显然成本巨大,并可能影响更多人的生活,因此,多以赔偿弥补被侵权一方的采光权损失。

为防止通风、采光和日照等相邻关系的纠纷增加,在《中华人民共和国民法通则》第八十三条"不动产的相邻各方,应当按照有利生产、方便生活、团结互助、公平合理的精神,正确处理截水、排水、通行、通风、采光等方面的相邻关系。给相邻方造成妨碍或者损失的,应当停止侵害,排除妨碍,赔偿损失"基础上,《物权法》第八十九条规定:"建造建筑物,不得违反国家有关工程建设标准,妨碍相邻建筑物的通风、采光和日照。"从建筑物规划、建造环节来杜绝通风、采光和

日照等相邻关系受到侵害。

(五)关于排放、施放污染物等相邻关系

这属于相邻权中的相邻环保关系问题。相邻环保关系是指相邻各方因环境问题发生的权利、义务关系,一方在自己的领域内进行生产作业或生活娱乐时,必须采取一定的措施防止自己的行为对周围造成环境上的侵害,如果没有采取措施或者即使采取了措施仍然给他人造成影响甚至损害的,则应当停止侵害并赔偿损失。如日常生活中的噪音、漏水、油烟等扰邻问题,都是对他人生活的一种妨害和侵害。

如李先生非常喜爱音乐,经常在夜间大音量播放音乐,影响了周围邻里的休息,邻居们就有权依照法律规定,请求其停止侵害。还有,很多居民为了自己家庭的整洁,习惯将生活垃圾放置在家门口的公共走廊上,这不仅影响他人通行,也造成公共环境的污染,影响邻里生活,邻居们就有权依照法律规定,请求其停止侵害。不少高层建筑使用玻璃幕墙作为外墙的装饰,但玻璃幕墙反射所产生的眩光——光污染比日光更为强烈,不仅能使室温平均升高 4 至 6 度,而且容易导致视力下降、头晕目眩等疾病。为防止相邻环保关系中侵害情况的发生,有效处理相邻环保关系中的侵害情况,《物权法》第九十条规定:"不动产权利人不得违反国家规定弃置固体废物,排放大气污染物、水污染物、噪声、光、电磁波辐射等有害物质。"

依此规定,如某栋居民楼的对面新建了一座大厦,大厦的外墙就是用玻璃幕装修的。大厦建成后,使全楼居民生活在光污染环境中,对全体居民的身体健康产生不利影响。该大厦的业主已经侵犯了全楼居民的相邻环保权利,全楼居民可以向该大厦的业主请求停止侵害、赔偿损失。

但在现实生活中,不动产相邻权利人在行使相邻环保权利时,还应注意履行容忍义务。所谓容忍义务,就是遭受来自一相邻不动产的污染物侵害时,此种侵害如果是轻微的,或按照地方习惯认为不构成损害的,则应当容忍,不能阻止相邻不动产排放或施放污染物。如装修时的噪音、油漆味对其邻居势必造成一定侵害,但种侵害不是永久的,邻居为维持和睦的邻里关系,应当履行容忍义务。《物权法》第九十条虽然没有规定不动产相邻权利人的容忍义务,但按照《物权法》第八十四条"不动产的相邻权利人应当按照有利生产、方便生活、团结互助、公平合理的原则,正确处理相邻关系"以及《中华人民共和国民法通则》第八十三条"不动产的相邻各方,应当按照有利生产、方便生活、团结互助、公平合理的精神,正确处理截水、排水、通行、通风、采光等方面的相邻关系。给相邻方造成妨碍或者损失的,应当停止侵害,排除妨碍,赔偿损失"的规定,不动产相邻权利人应承担这一义务。但容忍义务是有限度的,在国家规定的标准以内就应容忍,如果超出国家规定的标准,受害的不动产相邻权利人有权要求侵害人停止侵害、消除危险、排除妨害,以及赔偿损失。

(六)关于维护相邻不动产的安全

不动产权利人有权在自己具有使用权的土地范围内进行工程建设,但是要注意相邻不动产的安全,避免使相邻不动产造成不应有的损害。所谓"不得危及相邻不动产的安全"主要包括三个方面:一是在自己的土地上开挖地基时,要注意避免使相邻土地的地基发生动摇或动摇之危险,致使相邻土地上的建筑物受到损害;二是在与相邻不动产的疆界线附近处埋设水管时,要预防土沙崩溃、水或污水渗漏到相邻不动产;三是不动产权利人在自己的土地范围内种植的竹木根枝伸延,危及另一建筑物的安全和正常使用时,应当消除危险,恢复原状。

《物权法》第九十一条规定："不动产权利人挖掘土地、建造建筑物、铺设管线以及安装设备等,不得危及相邻不动产的安全。"这里,主要强调的是在危险发生之前的防险,当然也包括危险发生之后的赔偿。如果当事人违反上述规定,致使相邻权利人受到妨害或有被妨害的危险,相邻权利人可以请求停止施工、消除危险或采取其他必要措施;如果相邻权利人受到损害的,可以请求赔偿。不动产权利人一方享有要求对方防止或避免损害发生的权利,另一方负有限制其权利行使而防止或避免损害发生的义务。

如张某为冬季储存蔬菜在自己的土地范围内挖地窖,就应当留出适当的安全距离以保证邻居房屋不受影响。如果张某所挖的地窖影响到邻居房屋的安全,可能造成邻居房屋坍塌,那么邻居有权向张某提出停止施工的要求。如果张某不顾邻居的要求继续施工,邻居可以直接诉请法院要求张某停止施工、消除危险。如果张某挖地窖的行为已经给邻居房屋带来实际破坏的,则邻居还可以请求法院判令张某赔偿损失。

【案例 2 - 4】

新建建筑影响采光、通风怎么办

2016 年 3 月,王某向甲公司购买住房一套,5 月验房入住。当时,在他的窗外邻近商务会所顶层有一些空调机组和排风管道,但对生活并不构成影响。后来,甲公司在空调机组和排风管道外加盖房屋,超出了王先生的窗高,房屋两个散热窗户正对着王先生的窗户,致使王先生无法开窗通风,影响了王先生的采光。王先生起诉要求甲公司拆除空调机组、排风管道设施及加盖的建筑物;如不能拆除,要求赔偿因此造成的房屋贬值损失 300000 元。

一审法院认为甲公司在对商务会所顶层空调机组、排风管道进行二期改造后,隔声板和进风窗口改变了王某购房时所接受的现实状况。但考虑到空调机组、排风管道、进风窗口及隔声板系商务会所使用所必要,故对王某要求甲公司将空调机组和排风管道拆除的诉讼请求,不予支持。法院依据《中华人民共和国民法通则》第八十三条规定,作出判决如下:①甲公司于本判决生效后 10 日内给付王某经济补偿款人民币 2000 元;②驳回王某的其他诉讼请求。

王某不服一审,提请上诉。二审法院对一审法院认定的事实认可,但同时认为鉴于该设施对王某所形成的影响将永久存在。原审法院判决甲公司给付王某 2000 元的补偿数额过低,因而有违公平原则。根据《物权法》第八十四条"不动产的相邻权利人应当按照有利生产、方便生活、团结互助、公平合理的原则,正确处理相邻关系"以及第八十九条"建造建筑物,不得违反国家有关工程建设标准,妨碍相邻建筑物的通风、采光和日照"之规定,要求甲公司每年赔偿王某 1500 元,赔偿期限为 65 年,共计 97500 元。

【案例 2 - 5】

东南公司投资建设的五金大厦与华联商厦相邻。2015 年 1 月,东南公司投资建设的五金大厦的基础工程开始施工,一个月后发现施工现场附近地面下沉即停止施工。6 月东南公司及有关单位又论证通过了施工修改方案后,基础工程继续施工。10 月中旬,相邻的华联商厦发现房屋墙壁、地面开裂,墙体损害并危及人身安全。商厦无法营业,于 10 月 21 日停业。经有关部门鉴定认为,华联商厦受损的直接原因是五金大厦基础工程施工大量抽排地下水造成。于是要求东南公司赔偿损失,但东南公司称华联商厦的损失是工程施工单位造成的,应由施工单位赔偿。因此,双方的争议未得到解决。2016 年 6 月 30 日,华联商厦向法院起诉,要求东南公司赔偿财产损失。根据案情,人民法院如何审理此案?

案例评析

根据《物权法》中对相邻关系法律的规定：不动产权利人挖掘土地、建造建筑物、铺设管线以及安装设备等，不得危及相邻不动产的安全。应当尽量避免对相邻的不动产权利人造成损害；造成损害的，应当给予赔偿。

东南公司投资建设的五金大厦与华联商厦相邻。在建设五金大厦时，本应考虑邻近建筑物的安全，于施工期间大量抽排地下水，并于初期发现问题后未能及时采取必要的防护措施，使华联大厦地面发生沉降，损坏了房屋基础，致使该房屋受损，造成停业，这是对华联物业相邻权的侵害。因此，应对给华联造成的损失负赔偿责任。

至于本案中，东南公司称华联商厦的损失是工程施工单位造成的，应由施工单位赔偿，这一说法不符合《物权法》中对相邻关系法律的规定。因此，本案的赔偿人就是东南公司。至于他与施工单位约定的赔偿问题，与本案无关。

学习单元四　物业权属登记制度

一、物业权属登记的概念与目的

（一）物业权属登记的概念

物业权属登记是指物业行政主管部门代表政府对物业所有权进行登记并依法确认物业产权的归属关系的行为。

《中华人民共和国城市房地产管理法》第六十条规定：国家实行土地使用权和房屋所有权登记发证制度。

（二）物业权属登记的目的

1.确认产权

物业行政主管部门依法对物业权属进行登记，是对物业权利在法律上的确认，具有法律的效力。

2.公示

物业行政主管部门对物业权属进行登记后，对登记的内容要公示。公示就是对物业权属登记内容进行公告，以使物业利害关系人及时行使自己的权利，或者防止物业利害关系人因物业登记而使利益受到损害。

3.加强管理

物业权属登记作为物业行政管理的一项基础性工作，其目的最终是为了实现良好的物业管理秩序，规范房地产交易市场，保护房地产权利人的合法权益。

二、土地权属登记制度

（一）土地权属确认

土地权属确认是指由法定的国家机关对土地权利进行审查核实并向权利人颁发土地权利

证书的一种行政行为,包括国有土地使用权确认、农民集体土地所有权确认和农民集体非农建设用地使用权确认。

1.国有土地所有权确认

国有土地使用权确认,由土地使用者向土地所在地的县级以上人民政府国土资源行政主管部门提出土地登记申请,由县级以上人民政府登记造册,核发国有土地使用权证书,确认使用权。

2.集体土地所有权确认

农民集体所有的土地的确认,由土地所有者向土地所在地的县级人民政府国土资源行政主管部门提出土地登记申请,由县级人民政府登记造册,核发集体土地所有权证书,确认所有权。

3.农民集体非农建设用地所有权确认

农民集体所有的土地依法用于非农业建设的,由土地使用者向土地所在地的县级人民政府国土资源行政主管部门提出土地登记申请,由县级人民政府登记造册,核发集体土地使用权证书,确认建设用地使用权。

(二)土地登记

土地登记是国家依照法定程序将土地的权属关系、土地坐落、用途、面积、使用条件、等级、价值等情况记录于专门的簿册,以确定土地权属,加强政府对于土地的有效管理,保护权利人合法权益的一项重要法律制度。

土地登记机关是受理土地登记申请,组织地籍调查,审核办理发证的县级以上国土资源管理部门。其中,中央国家机关使用的国有土地的登记发证,由国务院国土资源管理部门负责。根据《在京中央国家机关用地土地登记办法》,在京中央国家机关用地的土地登记和发证由国土资源部委托北京市国土资源和房屋管理局直接办理,国土资源部对委托的土地登记事务有权依法监督、检查,对登记中的有关问题有权进行裁定,对违反有关规定的土地登记发证结果有权撤销,对委托的土地登记事务有权收回。

1.初始土地登记

初始土地登记是指土地登记机关在同一时间内对一定范围的全部宗地的土地所有权和使用权及他项权利进行集中、统一的登记,因此,又称为土地总登记。初始登记是变更土地登记的基础,通过初始土地登记建立起来的辖区每宗土地的表、卡、证是以后变更土地登记的根据。

2.变更土地登记

变更土地登记是相对初始土地登记来讲的,是对初始登记完成之后,按照实际情况,对发生变化或新产生的土地权利内容进行的更正登记或新设登记。变更是初始登记的延续,是土地登记机关对个别宗地土地权属、用途等变化进行的及时登记,是随时的、经常性的,可以说,是对初始土地登记进行的补充或修正。《中华人民共和国土地管理法》规定,依法改变土地权属和用途的,应当办理土地变更登记手续。

3.土地登记的内容和程序

(1)土地登记的内容。

①土地权属性质与来源,包括土地所有权、土地使用权及他项权利及其来源等;

②土地权利主体,包括集体土地所有者、国有土地使用者、集体土地使用者和土地他项权利者;

③土地权利客体,包括土地的坐落、界址、面积、用途、使用条件、等级和价格、使用年限等。

(2)土地登记的工作程序。

①土地登记申请。申请者应该根据不同登记事项提供权属证明和不动产界址、面积等必要材料,在规定期限内以书面形式向指定的土地登记处提出土地登记的请求。

②地籍调查。各级土地管理部门负责按地籍调查规程组织区内的地籍调查。

③权属审核。土地管理部门根据地籍调查结果,对土地权属、用途等逐项进行审核,填写审批表。

④注册登记。经过审核批准的土地所有权、使用权、他项权利由土地管理部门进行注册登记,填写土地登记簿、土地证书、土地登记归户册。

⑤颁发土地证书。土地申请证书由县级以上人民政府根据土地使用权、土地所有权性质,向申请者分别颁发国有土地使用证、集体土地使用证、集体土地建设用地使用证。

三、房屋权属登记

房屋权属登记是指房地产行政主管部门代表政府对房屋所有权以及由上述权利产生的抵押权、典权等房屋他项权利进行登记,并依法确认房屋产权归属关系的行为。

(一)房屋权属登记的类型

1.总登记

总登记是指县级以上地方人民政府根据需要,在一定期限内对本行政区域内的房屋进行统一权属登记。登记机关认为需要时,经县级以上地方人民政府批准,可以对本行政区内的房屋权属证书进行验证或者换证。

总登记是一种针对所有房屋产权的普遍性登记,在登记时,不论房屋状况、权属状况有无变化,房屋产权人均有义务依法向登记机关申请登记。房屋总登记后,除建立健全登记簿本身并存档外,还向权利人颁发房屋所有权证、房屋共有权证、房屋他项权证,或者房地产权证、房地产共有权证、房地产他项权证。

2.初始登记

新建的房屋,申请人应当在房屋竣工后的3个月内向登记机关申请房屋所有权初始登记,并提交用地证明文件或者土地使用权证、建设用地规划许可证、建设工程规划许可证、施工许可证、房屋竣工验收资料及其他有关证明文件。房地产开发商在商品房竣工后,经过初始登记才能取得大产证。

3.转移登记

因房屋买卖、交换、赠与、继承、划拨转让、分割、合并、裁决等原因使其权属发生转移的,当事人应当自事实发生之日起30日内申请转移登记。

4.变更登记

权利人名称变更和房屋现状发生下列情形之一的,权利人应当自事实发生之日起30日内申请变更登记:①房屋坐落的街道、门牌或者房屋名称发生变更的;②房屋面积增加或者减少的;③房屋翻建的;④法律、法规规定的其他情形。

5.他项权利登记

设定房屋抵押权、典权等他项权利的,权利人应当自事实发生之日起30日内申请他项权利登记。

6.注销登记

注销登记,又称涂销登记,是指房产权利因抛弃、灭失、土地使用年限届满、他项权利终止等,权利人申请房产登记机关作出原登记权利不复存在的登记。注销登记的申请人可以是原登记人,也可以是其他受益人。注销登记有两种。一种是《房屋登记办法》第三十八条规定注销房屋所有权登记。具体包括下列情形:①房屋灭失的;②放弃所有权的;③法律、法规规定的其他情形。另一种是房屋所有权转移登记所涉及的注销登记。办理房产转移登记必然注销原权利人的所有权,收回其产权证书,即必然涉及注销登记。从范围上讲,注销登记涉及房屋所有权、土地使用权和他项权。

(二)房屋权属登记的程序

1.申请登记

申请登记,是指房产权利人或者代理人在规定的期限内按照权利的种类和登记的种类向登记机关提供合法有效的法律文件的行为。这一程序的主要工作是检验证件和填写申请书、墙界表等。

检验证件是整个产权登记的基础,包括检验身份证件和产权证件。身份证件和产权证件必须吻合。申请人包括自然人、法人和其他具有民事主体资格的组织。我国采取实名制原则,申请人为法人或其他组织的,应当使用其法定名称,由法人代表申请;申请人是自然人的,应当使用身份证上的姓名。检验有关证件的目的在于确定申请人是否具备登记资格。只有具有相关产权证件,且权属清楚、产权来源资料齐全,才予以登记。对于违章建筑、临时建筑等,不予登记。对于申请人因正当理由不能按期提交证明材料或需补办有关手续的,可以准予暂缓登记。在有利害关系人提出异议、权属存在争议的情况下,也应当暂缓登记。

填写申请书和墙界表,即填写房屋产权申请书和房屋四面墙界表。墙界表是房屋权利人向登记机关提供的房屋四面墙体归属情况的书面凭证。申请人填写申请书和墙界表后,连同产权证件、身份证明等,一起交给登记机关工作人员。工作人员审阅无误后,办理收件手续,收取证件。

2.勘丈绘图

勘丈绘图是对已申请房屋产权登记的房屋,进行实地勘察,查清房屋现状,丈量计算面积,核实墙体归属,绘制分户平面图,补测或修改房屋的平面图(地籍图),为产权审查和制图发证提供依据。勘丈绘图的主要任务包括核实、修正房屋情况、核实墙界和绘制分户单位平面图等。将与实际一致的房屋平面图连同申请书、墙界表、未登记房屋调查表以及分户单位平面图等移交给原来的登记人员,并归入相应的登记档案袋。其中非常重要的是对墙界的核实。核实的时候,应有权利人逐一指引,验证墙界表的真实性,同时再由邻居确认申请人指界是否与实际情况相符,经双方确认后再对墙界进行登记。

3.产权审查

产权审查,是指以产权、产籍档案的历史资料和实地调查、勘察的现实资料为基础,以国际现行的政策、法律和有关的行政法规为依据,对照申请人提出的申请书、墙界表以及其他产权证明,认真审查其申请登记的房屋产权来源是否清楚、产权转移和房屋变动是否合法的整个过程。

产权审查要做到层层把关、"三审定案"(初审、复审和审批)。初审,是指通过查阅产权档案及有关资料,审查申请人提交的证件是否齐全,核实房屋的界限,了解房屋产权来源及权利变动情况,根据有关法律法规提出初步的意见。初审以后,要将房屋产权登记的基本情况和初步核查的结果进行公布。在规定的期限内,房屋的利害关系人可以书面向登记机关提供有关证据,要求重新复核;没有异议的,准予确认房屋产权。复审,是指经过初审和公告以后确认房屋产权无异议的,交由复审人员进行全面复核和审查。这是产权审查确认产权、核发产权证书的重要环节。经过以上步骤后,可以确认房屋产权并发放产权证书。

4. 绘制权证

绘制权证包括缮证、配图、核对、盖印四个流程。

缮证,即填写房屋产权证、房屋共有权保持证和房屋他项权证。

配图,是指将测绘人员经过实地复核后测制的房屋平面图或分户单位平面图、示意图粘贴在房屋产权证规定的位置上。

核对,是指房屋产权缮写和粘贴附图以后再进行校对。核对以申请书为根据,对照检查房屋产权证、房屋共有权保持证存根的项目有无错漏,与申请书是否一致;以房屋产权证(或是房屋共有权保持证)存根为依据,对照检查骑缝处的字号与权证扉页的字号是否相符;以房屋产权证(或是房屋共有权保持证)存根为根据,对照检查房屋平面图的各项有无错漏、是否一致。如果存在问题,再询问清楚和补齐后方可进行绘制。

盖印,即在登记复核后,依次在房屋产权证存根与房屋产权证的骑缝处和图证结合处,另盖骑缝专用章和房管机关的钢印,并加盖填发机关公章。

5. 收费发证

收费发证是房屋产权登记工作的最后一道程序,包括征税、收费和发证。产权人缴纳的税费,原则上应包括印花税和登记费、勘测丈测费、权证工本费等。房屋的买卖、赠与、典当以及不等价交换等,都要由承受人缴纳契税和印花税,一般委托房产登记部门在办理房屋交易手续时代为征收。

发证,即产权人缴纳税费后,由发证机关发出领证通知书,产权人在指定的时间、地点,携收件收据、缴纳税费收据以及身份证件等到发证机关,经检验无误后,发给房屋产权证书。

四、物业权属登记的法律责任

(1)非法印制、伪造、变造房屋权属证书或者登记证明,或者使用非法印制、伪造、变造的房屋权属证书或者登记证明的,由房屋登记机构予以收缴;构成犯罪的,依法追究刑事责任。

(2)申请人提交错误、虚假的材料申请房屋登记,给他人造成损害的,应当承担相应的法律责任。房屋登记机构及其工作人员违反《房屋登记办法》规定办理房屋登记,给他人造成损害的,由房屋登记机构承担相应的法律责任。房屋登记机构承担赔偿责任后,对故意或者重大过失造成登记错误的工作人员,有权追偿。

(3)房屋登记机构工作人员有下列行为之一的,依法给予处分;构成犯罪的,依法追究刑事责任:①擅自涂改、毁损、伪造房屋登记簿;②对不符合登记条件的登记申请予以登记,或者对符合登记条件的登记申请不予登记;③玩忽职守、滥用职权、徇私舞弊。

情境小结

本情境主要介绍物权与物业权属相关知识,其重点是业主的建筑物区分所有权、相邻关系、共有等主要内容。

熟知业主的建筑物区分所有权、相邻关系、共有及其相关概念,目的是为了掌握业主的建筑物区分所有权、相邻关系、共有关系在物业管理实践中的应用。而对这部分内容的深入理解,一是要打好了解物权、物业产权、物业权属的概念这一认识基础;二是要认真领会《物权法》相关条文,在学习的过程中注意收集业主的建筑物区分所有权、相邻关系、共有关系在物业管理实践中的具体案例,结合条文认真分析,做到对本情境所涉及的法律法规,尤其是《物权法》条文的灵活运用。

学习检测

一、不定项选择题

1. 以物权的客体的属性为标准,物权可以分为(　　)。

A. 自物权和他物权　　　　　　　　B. 动产物权和不动产物权

C. 用益物权和担保物权　　　　　　D. 人身权和财产权

2. 关于房屋共有,说法正确的是(　　)。

A. 数个人对数个房产享有一个所有权

B. 每个共有人都享有一个独立的所有权

C. 数个人对同一项房产共同享有一个所有权

D. 一个人对数个房产享有一个所有权

3. 房地产行政主管部门代表政府对房屋所有权以及由上述权利产生的抵押权、典权等房屋他项权利进行登记,并依法确认房屋产权归属关系的行为称为(　　)。

A. 物业管理　　　　B. 物业质量管理　　　　C. 物业保护　　　　D. 物业权属登记

4. 房地产抵押权人享有的权利包括(　　)。

A. 追偿权　　　　B. 对抵押房地产的占有、使用、收益权

C. 优先受偿权　　　　D. 处分抵押权　　　　E. 物上代位权

5. 根据相关法律规定,妥善处理好物业相邻关系,一般应遵循以下(　　)原则。

A. 公平合理　　　B. 方便生活　　　C. 团结互助　　　D. 照顾弱者　　　E. 有利生产

6. 自物权是权利人对自己所有的标的物进行全面支配的物权,因此自物权即是(　　)。

A. 所有权　　　　B. 使用权　　　　C. 抵押权　　　　D. 质权

7. (　　)是继受取得房屋所有权的方式。

A. 国家没收的房屋　B. 房屋翻建　　　　C. 房屋继承　　　　D. 房屋扩建

8. 相邻权是为调节在行使不动产(　　)中的权益冲突而产生的一种权利。

A. 使用权　　　　B. 所有权　　　　C. 抵押权　　　　D. 担保权

9. 建筑物区分所有权包括下列(　　)权利。

A. 专有所有权　　　B. 持分权　　　　C. 处罚权　　　　D. 成员权

10. 物业的产权类型包括(　　)。

A. 私有产权　　　B. 社团产权　　　　C. 集体产权　　　　D. 建筑物区分所有权

二、简答题

1. 结合有关法律法规,谈谈你对物业服务企业与业主关系的理解。

2. 简述处理相邻关系的原则。

3.结合有关法律法规,谈谈你对共有关系在物业管理实践中应用的看法。

4.试述建筑物区分所有权的内容。

三、案例分析题

2012年,小王和他妻子小吕结婚登记。2013年,小王单位将临街的一栋楼房向本单位职工出售,小王想购买一套临街的低层房屋(价格18万元)作为经商之用。由于没有足够的资金,小王就向舅舅借款。小王舅舅出资12万元交给小王,口头约定该房屋系三方共有。小王购房后,以他的名义办理了产权证书,然后向工商行政管理局审批营业执照,又向房管局申请更改了房屋的用途,之后一直用于开饭馆之用。2015年起,小王夫妻感情不和。又因当地房地产市场持续升温,小王就私下将该房屋以41万元的价格转给小宋,从中获利23万元。小宋作为小王的同事,知道小王结婚的时间和购房的时间,在购买时曾经向小王询问其妻子是否同意。小王说没有问题,还提供了由其伪造的小吕的同意签字。2016年9月,双方离婚,这时候小吕才发现该房屋已出售的事实。遂诉讼法院,认为该房屋转让未经她同意,属于无效行为,要求小宋返还该房屋。小王舅舅认为其出资占房屋价格的一半以上,认为他对原、被告争议的房屋也有产权,就以第三人身份要求参加了诉讼。法院经依法开庭审理后,驳回了小吕和小王舅舅的诉讼请求。后双方上诉到中级人民法院,中级人民法院维持了原判。你认为法院的判决合理吗?

学习情境三
业主自治管理法律制度

学习目标

【知识目标】

1. 了解业主的权利与义务。
2. 理解业主大会和业主委员会成立的条件和流程。
3. 理解物业管理规约的含义。

【技能目标】

能够运用业主自治管理的相关法律制度处理物业纠纷。

情境导入

产权证上没名是不是"业主"？

沙区五一路某小区的王先生自从入住后就被推选为业主委员会主任,他工作一直兢兢业业。可去年他的业委会成员资格被取消了,原因是房产证上并没有他的名字。王先生不明白,房子是他跟儿子合资买的,产权证上写的是儿子的名字,但是首付是他付的,而且也长期居住,为啥不算业主?

请问:王先生的主张是正确的吗?

学习单元一　业主

某物业公司由于在公共电梯间张贴广告却不公示收益,被业主起诉至法院。日前,北京市西城区人民法院判决业主胜诉,责令物业公司立即在其所管理的小区公告栏内公示广告费的收益账目。原告业主高女士称,物业公司在对小区进行物管服务期间,不遵守合同约定,擅自在公共电梯间张贴广告,故诉到法院要求该公司停止侵权,公开电梯间广告费的账目。某物业公司承认曾利用电梯和有关单位合作制作广告一事,但表示广告费收益用于小区建设和服务。同时,物业公司提出高女士未按约定交纳物业服务费,现不同意原告诉求。西城区法院认为,高女士作为小区业主之一,享有物业企业对小区实施物管服务过程中所发生资金收支情况的知情权。据此,判决某物业公司立即在其管理的小区公告栏内公示在公共电梯间内张贴广告费的收益账目。

一、业主的概念

业主是指一定物业的主人,包括自然人、法人、其他组织和国家。住宅小区业主通常是指购买房屋的所有权人,是物业管理法律关系中的重要民事主体之一。《物权法》第七十条规定:"业主对建筑物内的住宅、经营性用房等专有部分享有所有权,对专有部分以外的共有部分享有共有和共同管理的权利。"

根据最高法院《关于审理建筑物区分所有权纠纷案件具体应用法律若干问题的解释》第一条规定:"依法登记取得或者根据《物权法》第二章第三节规定取得建筑物专有部分所有权的人,应当认定为《物权法》第六章所称的业主。基于与建设单位之间的商品房买卖民事法律行为,已经合法占有建筑物专有部分,但尚未依法办理所有权登记的人,可以认定为《物权法》第六章所称的业主。"简单地说,凡依法登记或依法取得物业所有权的人就是业主。能拿出房产证或依据法院判决、仲裁裁决、政府行政决定或根据继承关系取得房产所有权的人就是业主,自己合法建造房屋的也能成为业主,已经买房但还未办出产权证的也是业主。这些业主的法律地位是得到法律确认并予保障的,因此可称之为法律上的业主。这个概念的核心就是依据产权物业所有权确定所有权人。

目前对业主的认定,基本上是指产权证上的人,导致因夫妻关系、继承遗产等取得产权的人,或者正在办理产权的人,无法行使表决权,影响小区管理。而现实中房屋买受人在已经合法占有使用专有部分的情况下,仍未依法办理所有权登记的情形大量存在,如果仅以是否已经依法登记取得所有权作为界定业主身份的标准,将与现实生活产生冲突,并有可能对前述人群应当享有的权利造成损害。在最高人民法院公布的《关于审理建筑物区分所有权纠纷案件具体应用法律若干问题的解释》和《关于审理物业服务纠纷案件具体应用法律若干问题的解释》中,扩展了业主的范围,将依法登记取得或者依据生效法律文书、继承或者受遗赠,以及合法建造房屋等事实行为取得专有部分所有权的人,以及基于与建设单位之间的商品房买卖民事法律行为,已经合法占有建筑物专有部分,但尚未依法办理所有权登记的人,都认定为物权法所称的"业主"。

🐾 知识链接

实践中往往有这样的情况:子女购房常年在外工作生活而父母常年居住;子女购房与父母共同居住;子女购房居住父母不定期来同住。这样的父母夫妻子女都是小区的业主还是应当有所区别? 区别何在,标准是什么? 住宅小区是个业主自治区域,个人是否具有业主身份,能否以业主身份参与小区公共事务或担任自治组织如业主委员会成员,这就成为一个较复杂的问题。

与法律上的业主概念(狭义上的业主)相对应的就存在着一个生活中的业主概念(或称广义上的业主),生活中的业主就不享有或不完全享有法律上业主的所有权利,这是司法解释所明确的业主身份确认的基本原则,也是对业主进行区分的标准。

子女购房依照法律规定产权人就是法律上的业主,其父母尽管居住在这里,享有占有、使用住房的部分所有者权利,但其不能处分住房产权。有的子女另有住房居住,或在国外工作生活,并不在住宅小区生活,也不直接享有并行使业主权利。而其购房是为父母提供居住,其父母在小区内生活,享受物业服务,小区公共管理事务直接与他们的各项利益有关,其法律地位相当于法律上的准业主,认为经其子女书面授权委托,明确这类业主可以享有行使业主权利、参与小区公共事务,有投票和参与选举(被选举)的权利,经其他业主认可并经选举成为小区自治组织成员。

有的家庭三代同堂,户籍、生活居住也都在小区内,购房者是第二代子女,三代都享有物业服务,小区公共事务都与他们直接有关,而对某一具体事务三代人可能会有完全不同的意见和看法,确定有投票权和被选举权的只能按照法律上的业主标准来确定,其他人只能作为生活中的业主来确定身份,不享有法律上业主的完整权利,不能以法律上业主的身份和资格来提出各种法律主张(生活中的一般要求除外),否则也是无效的。

子女购房自住而父母经常来同住,但父母同时也另有住房,这样的父母就不具备本小区(生活上的)业主的身份,只能视为临时居住者或业主的亲友,不具备享有物业服务的主体资格,不宜参与小区公共事务包括对其他业主、业主委员会或物业服务企业的法律性评价,即使有合理意见也应当通过产权人(法律上的业主)来提出,而不宜视同为业主本人的意见。实践中会有偶尔住在小区、仅与业主有亲友关系、甚至仅仅出入过小区的人都会自认为或自称为业主,对小区公共管理事务提出指责和批评,提出各种要求,对此需要审慎甄别,防止滥用业主身份对小区管理和其他业主的权利造成侵害。

夫妻间或共有权人如何确定业主身份,根据司法解释依法登记在产权证上的人是业主,那么夫妻是共有权人,一户或一套住宅会有两个以上的业主,如果在小区选举或投票活动中夫妻对同一事务存在相反的意见(例如对于是否同意封闭前后阳台,夫妻间产生完全不同的意见),哪一个意见应计为有效票?针对这种情况,必须在事先确立一个行使权利的业主(简称行权人),并经具有业主身份的夫妻自行商议确定夫或妻为行权人即签字表态、投票选举的人,通常就是以产权证的名字为准,而其他虽具备业主身份的人就不能作为行权人进行投票,以自行排除的方式确定一户业主的唯一意见。

确定法律上的业主身份对小区公共管理事务具有重要意义,这涉及小区自治组织(业主大会、业主委员会)成员的投票、选举活动的合法性和有效性。业主参与物业管理活动的正当、合法、有效,业主维权行动的合法有效,以及业主提起诉讼的主体适格等方面都将导致不容忽视的法律后果,因此在实践中应当准确把握。例如在选举中安排人员对参与选举和被选举的业主资格进行甄别确认,以保证投票结果的有效性和合法性;在征求意见中对投票者的行权人身份进行提示,保证投票结果的有效性。如果忽视这项工作,就可能出现某户虽然表示了某种投票意见,但出现行权人否认投票意见的现象,导致投票结果不准确。也可防止不具有业主身份的人以业主名义要求物业服务企业提供额外服务,甚至扰乱小区管理秩序。这种审查与选举活动中的选民、候选人资格审查性质相同,因此应当成为住宅小区自治管理活动中的一项常规工作内容。

二、业主的权利

除了一般民事主体所拥有的民事权利外,住宅小区的业主还应具有特定主体的权利。

业主享有的权利:

(1)住宅小区业主的权利首先是对物业专有部位的完整所有权,即对其所购房产的占有、使用、收益和处分的权利。作为所有权的法律特征就是强调所有权是绝对权(即对世权)。所有权权利主体是特定的,而义务主体是不特定的。

(2)业主对建筑物内的住宅、经营性用房等专有部分享有所有权,对专有部分以外的共有部分享有共有和共同管理的权利。业主对其建筑物专有部分享有占有、使用、收益和处分的权利。业主行使权利不得危及建筑物的安全,不得损害其他业主的合法权益。

（3）建筑区划内的道路，属于业主共有，但属于城镇公共道路的除外。建筑区划内的绿地，属于业主共有，但属于城镇公共绿地或者明示属于个人的除外。建筑区划内的其他公共场所、公用设施和物业服务用房，属于业主共有。

道路、绿地、其他公共场所、公用设施和物业服务用房作为建筑物的附属设施原则上应归业主共有。需要说明的是，绿地、道路归业主所有，不是说绿地、道路的土地所有权归业主所有，而是说绿地、道路作为土地上的附着物归业主所有。

（4）建筑区划内，规划用于停放汽车的车位、车库应当首先满足业主的需要。建筑区划内，规划用于停放汽车的车位、车库的归属，由当事人通过出售、附赠或者出租等方式约定。占用业主共有的道路或者其他场地用于停放汽车的车位，属于业主共有。

（5）业主可以设立业主大会，选举业主委员会。地方人民政府有关部门应当对设立业主大会和选举业主委员会给予指导和协助。

（6）下列事项由业主共同决定：

①制定和修改业主大会议事规则；

②制定和修改建筑物及其附属设施的管理规约；

③选举业主委员会或者更换业主委员会成员；

④选聘和解聘物业服务企业或者其他管理人；

⑤筹集和使用建筑物及其附属设施的维修资金；

⑥改建、重建建筑物及其附属设施；

⑦有关共有和共同管理权利的其他重大事项。

决定上述第⑤项和第⑥项规定的事项，应当经专有部分占建筑物总面积三分之二以上的业主且占总人数三分之二以上的业主同意。决定上述其他事项，应当经专有部分占建筑物总面积过半数的业主且占总人数过半数的业主同意。

（7）业主不得违反法律、法规以及管理规约，将住宅改变为经营性用房。业主将住宅改变为经营性用房的，除遵守法律、法规以及管理规约外，应当经有利害关系的业主同意。

（8）业主大会或者业主委员会的决定，对业主具有约束力。业主大会或者业主委员会作出的决定侵害业主合法权益的，受侵害的业主可以请求人民法院予以撤销。

上述主要权利相对应的就是作为小区业主也应当履行相应的义务，如果只强调权利而不履行义务，其权利的行使和保障也要受到限制。

小区业主还享有以下权利：

①业主对涉及小区自治公共管理事务有知情权、参与管理权、提出意见建议权和监督权。

②业主对物业服务企业有要求按照服务合同约定提供相应服务的权利，有向物业服务企业提出投诉的权利。

③业主有对造成本人本户损害的其他业主、物业服务企业、业主委员会提起诉讼的权利。

④业主在建立小区自治组织过程中有选举和被选举的权利。

【案例 3 - 1】

张大姐家住在楼顶，她在楼顶开辟了一个小花园，结果遭到邻居的投诉。物业服务公司进行了劝说，并拿出管理规约，指出禁止业主利用毗邻或自家的顶层露台作为本户专有的场地，开辟为晒衣台、乘凉台、小花园甚至种菜或违章搭建的条款。请问张大姐这样的做法违法吗？

案例评析

司法解释也针对一些实践中的模糊点作了明确规定,例如《关于审理建筑物区分所有权纠纷案件具体应用法律若干问题的解释》第四条:"业主基于对住宅、经营性用房等专有部分特定使用功能的合理需要,无偿利用屋顶以及与其专有部分相对应的外墙面等共有部分的,不应认定为侵权。但违反法律、法规、管理规约,损害他人合法权益的除外。"小区公寓住宅的顶层、外墙在法律属性上是属于业主共有的,但常有一些业主利用毗邻或自家的顶层露台作为本户专有的场地,开辟为晒衣台、乘凉台、小花园甚至种菜或违章搭建,造成对其他业主的影响甚至反感;有的业主在自家房屋外墙安装大型广告,引起物业服务企业的干预,双方产生争执。

司法解释对此明确了"基于合理需要"进行使用,不属侵权行为。何谓"合理需要"? 例如在顶层摆放花盆,晾晒衣物,安静地乘凉,只要不造成侵扰、损害他人的后果即属合理范围,应予允许。"但违反法律、法规、管理规约,损害他人合法权益的除外",法律法规规定设置户外广告应经工商管理部门批准,未经批准擅自安装发布是违法的;擅自在顶层搭建屋棚,或将顶层占为己有,均属"除外"的情况。司法解释根据《物权法》相关规定,将小区管理规约也列举作为法律依据之一,凸现了我国法律体系已将城市住宅小区自治管理所制定的规约也纳入其中,明确了违反小区自治管理规约也是违法,其他业主、业主委员会、物业服务企业均有权要求违法者予以纠正。

所以张大姐的这一行为是否违法,要看是否造成侵扰、损害他人,是否违反了小区管理规约,从实际情况来看,张大姐开辟小花园的行为对其邻居造成了侵扰,同时小区管理规约中有明确禁止条款,可见张大姐的这一做法的确属于违法行为,应立即停止并将楼顶恢复原状。

学习单元二 业主大会与业主委员会

一、业主大会概述

业主大会是业主的自治组织,是基于业主的建筑物区分所有权的行使产生的,由全体业主组成,是建筑区划内建筑物及其附属设施的管理机构,可以代表业主行使专有部分以外共有部分的共有权以及共同管理的权利,并对小区内的业主行使专有部分的所有权作出限制性规定,以维护建筑区划内全体业主的合法权益。

(1)业主大会的概念"业主",顾名思义就是物业的主人。业主大会是全体业主实行自治的组织。在理论上,业主大会是全体业主参加的大会,但是考虑到各物业小区管理的实际情况有所不同,有些规模大、业主多的物业小区,要求全体业主参加的业主大会的召开很困难,而业主代表大会的召开相对容易,因此,根据规定可以推选代表参加业主大会,此时的业主大会实际上就是业主代表大会。

(2)业主大会的成立根据《物业管理条例》的规定"一个物业管理区域成立一个业主大会"及"同一物业管理区域内的业主,应当在物业所在的区、县人民政府地产行政主管部门或街道办事处、乡镇人民政府的指导下成立业主大会,并选举产生业主委员会"。若"只有一个业主的,或者业主人数较少且经全体业主一致同意,决定不成立业主大会的,由业主共同履行业主大会、业主委员会职责"。

（3）业主大会自治的法律基础——建筑物区分所有权。

根据《物权法》的规定，建筑物区分所有权由专有所有权、共有权、成员权三部分构成。

从法律的角度看，物业管理反映出来的各种问题其实质都是由建筑物区分所有权问题派生而来的。

第一，建筑物区分所有权是业主大会实行自治的权利基础，其复合性的特点决定了区分所有人对于建筑物的维护和管理必然相互关联，因此，物业管理区域内的所有业主必须组织起来，成立业主大会以管理物业和维护公共利益。

第二，建筑物区分所有权中的专有权的主导性为业主在自治中的表决权计算提供了依据。区分所有权人专有所有权的大小，决定了共用部分持分权和共同管理权的大小，故业主在业主自治中的表决权计算以业主的所有权大小为依据。

第三，建筑物区分所有权为业主大会的运行提供了制度基础，其具有的复合性和一体性决定了业主大会是全体业主的自治组织。业主大会按照法律法规所作出的决议体现全体业主的共同意志，其效力及于所有业主，即便对决议持不同意见的业主或决议之后才成为业主的，只要决议合法有效，同样受决议约束。

二、业主大会的法律地位

（一）业主大会在我国的现状

从《物权法》中"业主可以设立业主大会，选举业主委员会。地方人民政府有关部门应当对设立业主大会和选举业主委员会给予指导和协助。"以及《物业管理条例》第十条之规定可见，在我国立法中已经认识到业主大会在物业管理中的重要地位，并对此作出了相应的规定。

但是纵观我国有关物业管理方面的立法，并没有明确地对业主大会法律地位作出规定，法条中仅仅提出了业主大会存在的必要性，但是没有进一步对其进行定义及具体论述，这就导致了在我国的司法实践中业主大会的尴尬地位。

（二）业主大会法律地位的争议

对业主大会的法律地位一直存在争议，主要有以下的几种观点：

（1）业主大会具有法人人格。有学者认为，业主大会作为物业管理的自治团体，赋予其独立的法人人格，使之具有法人性，有诸多好处。主要体现为：第一，业主大会对外进行法律行为时可以以自己的名义，如取得权利和订立合约；第二，业主大会具有独立的法人人格时，其自身即为权利义务的归属点，使交易双方的交易活动更加具有便利性和安全性；第三，相对于单个或数个业主，业主大会具有法人人格有利于参加诉讼。

（2）业主大会不具有法人人格。另一些学者认为，不宜赋予业主大会法人人格，有如下理由：第一，作为法人的团体，业主大会对外为法律行为可以以自己的名义，而不具有法人团体应以业主之名义对外为法律行为，但是将二者相比较，难分优劣。第二，即使业主大会成为权利义务的归属点，也不会使法律关系比非法人管理团体更为清晰。第三，可作为诉讼主体行使权利，但是这并非取得法人资格的管理团体的独有优点，即使无法人资格，管理团体即业主大会也能基于法律的规定取得诉讼当事人的地位，可独立代表其他业主向有关业主行使权利。

（3）业主大会不具有民事主体资格。业主大会是实施自治管理的群众性组织，在物业管理法律关系中，只有业主具有民事主体资格，而业主大会和业主委员会都不具有民事主体资格。

具体的判案过程中,各地的判例各不相同,还未统一。

(三)业主大会的职权

业主大会的职权是物业管理法规确认的业主大会对其所辖的职责范围内自治事务的支配权限。从理论上讲,业主大会对业主自治管理事务的支配具有全权性,但为求处理自治事务的工作效率和形成职权行使的制衡机制,在业主团体自治组织内部有必要分工的存在,因此,业主大会职权的行使也有一定的范围。根据现行物业管理法规的规定,其行使的职权主要包括以下七个方面:

(1)订立自治管理规约,监督自治管理规约的实施。这里所谓自治管理规约主要表现为管理规约和业委会章程。管理规约是各个业主集体自治管理组织的"小宪法",是在业主集体自治管理辖区内从事与物业管理有关活动的业主、单位和其他人员所应共同遵守的物业管理社会自治"总章程"。自治管理规约的订立,是以特定业主集体的名义,由该业主集体组成的业主大会依据一定程序、运用一定技术,为体现本业主集体在物业管理方面的共同自治意志所进行的,制定、修改、补充、废止具有特定适用范围和组织纪律效力的物业管理自治行为规范的活动。

(2)选举、决定和罢免本自治管理组织实体(即业委会)的组成人员。业主大会有权选举具有业主身份的业委会主任委员、副主任委员和其他委员;有权根据主任委员的提名决定聘任不具有业主身份的专业人士出任顾问委员和执行秘书的人选。对于以上人员,业主大会有权依照规定程序予以罢免。

(3)听取和审议业委会的工作报告和物业管理受托方的物业管理服务工作报告。

(4)监督业委会的工作,有权改变或者撤销业委会不适当的决定。

(5)审查和批准本自治管理辖区的物业管理年度计划及计划执行情况的报告。

(6)决定本自治管理辖区内涉及业主共同利益的重大事项。涉及业主共同利益的重大事项包括:物业的重大修缮或改良;建筑物的增建或重建;人居环境整治、建设计划的修正或改善;物业的专用部分或共用部分的约定;对违反自治管理规约而又屡教不改的物业租用人、借用人、典用人的强制迁离;对违反自治管理规约而又屡教不改的"恶业主"依法申请予以劳动教养或者强制出让其所有的物业部分;以业主集体名义提起诉讼或应诉。

(7)应当由业主大会行使的其他职权。

由于人居生活复杂多变和持续发展,因而很难完全预料可能出现的业主自治管理的新问题,亦难将业主大会的职权列举周全无遗。未来的立法过程中,为便于业主大会处理新出现的重大问题,对业主大会的职权采用列举加概括兜底的规定方法确有必要,可以给业主大会对这些新问题职权行使上提供法规和管理规约依据。

(四)业主大会制度

业主大会是会议性质的决策机构。因此,业主大会开展工作的基本形式是召开业主大会或业主代表大会,以讨论议案和表决通过会议的决议方式行使其职权。

特定业主自治管理辖区的首次业主大会的召开具有特殊性,依法应当实行召开条件达标报告确认制、行政主导召集制和业主集体自治意愿表达核准制。①首次业主大会召开条件达标报告确认制度,亦称业主自治管理启动线制度,是指在特定区域内现有物业的业主户数达到规定的数量规模(即启动线)而有实行业主团体自治管理必要时,负有报告义务的单位(即该区域物业的开发建设单位、销售单位或物业管理单位)应在规定期限内(如1个月内),向物业所在地的区、县级物业管理行政主管部门呈交书面报告;行政主管部门对受理的报告内容特别是业主户数达标情况进行核认后,应在规定时限内(如15日内)向报告单位发出核认通知书。报告单位以核认通知书为据,准备协助行政主管部门召集首次业主大会。对已符合首次业主大会召开条件但负有报告义务的单位无正当理由逾期不报告的,应视为侵犯业主自治权益的不作为,依法予以警告、罚款,并责令其呈报。②业主集体自治意愿表达核准制,是指特定区域内现有物业的全体业主中拥有过半数投票权的业主群体,在首次业主大会召开条件已经具备的前提下,自发或经行政指导联名向有管辖权的物业管理行政主管部门提出组建业主自治管理组织申请,行政主管部门依法对业主自治管理申请予以核审,并向申请者公告核准通知书。③行政主导召集制,是指物业管理行政主管部门应在签发业主自治管理申请核准通知书之日起或者签发首次业主大会召开条件达标报告核认通知书之日起六个月内负责召集第一次业主大会,选举产生首届业委会,其他有关单位应当依法协助召集第一次业主大会。

特定区域物业的业主户数达到一定规模和确有实行业主团体自治管理必要,是首次业主大会召开条件中的两个关键要件。对没有实行业主团体自治管理必要的小规模现有物业,其物业管理方式可适用一般共有人共同议事和普通民事委托代管方式,无须设立业主大会这一社会化业主团体自治管理组织机构。关于业主户数的规模标准,具体数量化难度很大,因此各地方物业管理法规普遍采用曲折表现方法,即以物业出售建筑面积、入住率或房屋出售率、物业销售时间来反映对业主户数规模的要求。例如,上海规定:公有住宅出售建筑面积达到百分之三十以上,新建商品住宅出售建筑面积达到百分之五十以上,住宅出售已满两年;深圳规定:住宅区已入住率达到百分之五十以上或自第一个业主入伙之日起满两年的。

业委会正式成立后,每年至少召开一次由业委会负责召集和主持的业主大会。如果业委会认为有必要,或者有五分之一以上业主或业主代表联名提议,应当在规定时间(如20日内)临时召集业主大会。物业管理法规并没有明确规定业主大会的例会每年应在何时召集。从实践效果看,以每年的第一季度为宜,这便于审查批准本年度的物业管理计划及预算和前一年的物业管理决算。

业主大会的会议形式包括预备会议(主要任务是讨论本次会议的议程,审议会议筹备组的工作报告)、全体会议和分组会议(按各业主小组举行会议,但不能形成正式决议)。业主代表大会举行会议一般兼采全体会议和分组会议的形式。业主大会公开举行,可邀请有关部门、单位和物业使用权人派代表列席。会议举行时,一般由业委会主持,但涉及业委会换届改选事务,应当设立会议主席团。会议主席团由预备会议选举产生,是业主大会期间的决策机构,其主要任务有五项:①主持本次会议;②根据会议筹备组的工作成果提出新一届业委会委员的人选和确定正式候选人名单;③组织业主、业主代表审议各项议案;④处理会议期间业主、业主代表、业主小组提出的议案、质询案、罢免案;⑤草拟提交会议审议通过的决议草案。

【案例3-2】

小区现新老俩业主大会筹备组

西安一小区出现奇怪一幕:新业主大会筹备组正进行各项公示,而另一成立较早的筹备组已在召开首届业主大会。

新筹备组:我们是在政府指导下成立的

2017年4月2日,在西安市金花北路东窑坊小区大门口看到,3个大板子上贴着"东窑坊小区首次业主大会相关事宜公示""业委会初步候选人名单""业主委员会选举证"等内容。这是一个刚刚成立两个多月的业主大会筹备组所做的工作。

在该小区大门口附近一家酒店里,另一成立较早的业主大会筹备组正准备召开首届业主大会。在楼梯中段,站着多名身穿"特勤"制服的年轻男子,他们表示要上楼开会,凭票才能进入。而楼梯口下面还有两名中年男子并排坐在两把椅子上,摆出把门的架势。

大厅里一名贾姓男子介绍,他是新成立的东窑坊小区业主大会筹备组成员,对于楼上正在进行的业主大会,他们并不认可。他们这个筹备组于2017年1月17日宣布成立,共9人,组长是长乐坊街道办工作人员同时兼任金花社区主任的王雪冬,业主代表6人,此外还有社区代表1人、建设单位代表1人。他们提供的书面材料显示,计划于4月15日上午在金花社区会议室召开首届业主大会,选举产生首届业委会。贾先生强调,他们是按照西安市物管条例的规定,并在政府部门指导下成立的。有两名男子是小区业主,想上楼开会但人家不让进去。"既然是开业主大会,为什么不让业主参与?"

老筹备组:已将长乐坊街道办诉至法院

楼上会场内有数十人,挂着"东窑坊首届业主大会"和"祝贺东窑坊业主大会胜利召开"的红色横幅。据该筹备组成员何先生介绍,小区共有6栋楼,1970户,是陕西省安居工程样板房,其中1号和2号楼居住的主要是原东窑坊居民,其他的安置住户则来自东大街、马厂子、建国路等地。

该筹备组成员高先生说:"不让一些人上来,是怕他们破坏。"他说,为成立业委会,他们从2015年就开始跑手续了,2015年12月长乐坊街道办受理,2016年3月11日街道办批准同意成立业主大会筹备组,3月25日街办下文让业主们报名或推选筹备组成员。3月28日,他们交了推选的筹备组业主代表名单后,但街道办提出多个理由没有予以公布。6月12日,业主们《根据陕西省物业管理条例》第十条规定,决定自行组织成立业主大会,公布了13人业主大会筹备组成员名单,并起草了相关文件。但10月10日,街道办在小区又贴出一份《关于成立首次业主大会筹备组的公告》,11月9日又公布了《东窑坊筹备组自检人员公示表》。他们立即告知街道办,6月已依法自行成立筹备组,但长乐坊街道办称"未经他们同意,业主自行成立非法。"2017年1月17日,他们又宣布成立了一个业主大会筹备组。

高先生说,他们为此已将长乐坊街道办起诉到法院,请求撤销其2016年10月10日的《关于成立首次业主大会筹备组的公告》。2017年2月20日,西安铁路运输法院开庭审理了此案,但目前还未宣判。

案例评析

长乐坊街道办工作人员同时兼任金花社区主任的王雪冬表示,他们只承认新成立的筹备组,之前那个筹备组是怎么成立的她不知道。到底哪个筹备组合法,最终只能由法院说了算。

长期关注陕西社区建设的何志恒表示,《陕西省物业管理条例》第十条规定:"街道办事处、乡镇人民政府自收到书面告知三十日内,组织成立业主大会筹备组。县(市、区)物业管理行政主管部门应予以指导。街道办事处、乡镇人民政府未在规定期限内履行组织成立业主大会筹备组职责的,业主可以自行组织成立业主大会,按照本条例规定行使业主大会权利。"如果要自行成立,要具备两个基本条件:首先,大多数业主的意见要能达成共识;另外,程序要依法规范、无瑕疵。

资料来源:石铮.小区"业主大会"冒出俩筹备组[N].华商报,2017-04-03(A1).

业主大会通过管理规约和其他议案。选举和罢免业委会成员,在工作程序上应当经过四个阶段:①提出议案。业主大会主席团、业委会、一个业主小组、五分之一以上的业主代表、十分之一以上的业主,可以向业主大会提出属于业主大会职权范围内的议案。②审议议案。对聘任的物业服务企业提出的议案,由会议主持机构决定交各业主小组、相关业主审议或提交有关专家审议,提出报告,由会议主持机构审议决定提交大会表决;对业主小组、业主代表、业主提出的议案,由会议主持机构决定是否列入大会议程。③表决通过议案。议案经审议后,由会议主持机构决定提交大会表决,并由会议主持机构决定采用无记名投票或举手表决方式或其他表决方式通过。④公布会议决议和自治管理规约。公布的形式通常采用在自治管理辖区内公告栏张贴方式。另应按规定将通过的会议决议、自治管理规约呈报物业管理行政主管部门备案。

(五)业主大会的决议方法

业主会议的决议方法,各国立法都实行"多数决定"原则,但又主要有"普通多数同意方式"、"特别多数同意方式"和"一致同意方式"三种决议方法。"普通多数同意方式"用于普通事项的决议,是指出席业主会议的业主或业主代表人数及所持有复有物业的建筑面积比例的合计超过总数的半数,该次业主会议即有决议能力,会议的决议经表决获得出席业主人数过半数或投票权过半数的同意后即可生效行之。"特别多数同意方式"指对涉及业主群体重要事项,为保证决策的慎重和决策执行能获得绝大多数业主的支持,依法规和管理规约的规定,出席业主会议的业主或业主代表人数及其所持有物业的建筑面积比例的合计均达到或超过特定的界线,该次业主会议方有决议能力,会议的决议须经表决获得出席业主人数及其所持有物业建筑面积比例均达到占总数的特定较高额度之同意,才能生效施行。"一致同意方式"要求决议须经全体业主全部同意方能有效,这种规定过于严格,仅适用于一般共有物业情形,不适合业主团体自治情形,我国物业管理法规立法不予采用。

《物业管理条例》对业主大会的决议分为两种,即一般决定和特殊决定。并且对它们适用不同的表决规则。对于一般决定,必须经与会业主所持投票权二分之一以上通过,即"普通多数同意方式"。而对于特殊决定,适用"特别多数同意方式",即必须经物业管理区域内全体业主所持投票权三分之二以上通过。同时,应当注意的是,这两种决定的计算投票权的基准是不同的。对于一般决定,是以与会业主的所持投票权为依据,而对于特殊决定,是以全体业主的投票权为依据。这是因为,特别多数同意的决议方式,指对涉及业主群体重要事项,须保证决策的慎重和决策执行能获得绝大多数业主的支持。

【案例3-3】

南京启动"网上业主大会"试点

住宅小区选聘物业、选举业主委员会等事宜,通常都要召开业主大会,共同讨论,再以书面征求意见的方式确定,效率不高,矛盾也不少。2017年10月8日,南京市房产局在河西中海塞纳丽舍小区启动"业主议事系统"的试点活动,业主在手机上即可查阅"内部事务"。

如何使用"业主议事系统"?

第一步是业主身份认证,即关注南京市房产局的官微"房产微政务",并完成实名认证和房屋信息绑定。

第二步是由业主委员会在系统中发起议事事项,系统会自动向该小区的业主推送议事信息。

第三步是业主投票表决。在议事期间内,业主们可根据自身意愿就议事事项投票,会期届满后,议事系统会自动统计业主表决结果,并生成带有防伪标识的业主大会决定书。

该小区目前有住宅1300余套,已成立业主委员会。家住该小区东苑的胡女士说,之前居住的小区要提取维修资金修缮外立面,结果仅在征求意见这个环节便卡了"壳",拖了近半年也没完成。她在现场用手机完成了认证过程,仅花了不到1分钟便加入中海塞纳丽舍小区的群组,工作人员告诉她,以后小区要议事的话,业主委员会会在手机上直接通知她。工作人员还表示,在本次试点活动完成后,南京市房产局将根据试点情况对业主议事系统进行改进,预计将在年底前向全市小区开放。

案例评析

由于受到住宅小区的客观条件限制,南京市众多小区在遇到涉及全体业主利益的管理事务时,只有少数小区可以真正召开会议表决,其余大多数则是采用书面征求意见的方式召开业主大会。书面征求意见虽最为常用,不过也时常发生业主投票后以不知详情为理由反悔等情况,客观上存在效率低、矛盾多等问题。

南京市物业管理办公室相关人士表示,近年来,南京陆续出现了多起业主大会纠纷,其重要的原因就在于传统的书面业主大会方式存在诸多弊端。

为此,南京市住房保障和房产局研发了用于业主网上议事、表决的业主议事系统,为业主决定小区共同管理事项提供一种免费、高效、可追溯的决策方式。据悉,"业主议事系统"搭载于"南京房产微政务"公众号,由南京市房产局建设并维护,是向全市业主提供的免费公共服务平台。

资料来源:马祚波.南京启动"网上业主大会"试点[N].扬子晚报,2017-10-09.

三、业主委员会(业委会)

(一)业委会的性质和地位

业委会是业主自我管理、自我教育、自我服务,实行业主集体事务民主制度,办理本辖区涉及物业管理的公共事务和公益事业的社会性自治组织。它既是业主团体自治管理辖区业主大会的常设执行机构,在业主大会闭会期间行使业主集体自治权利,又是对外代表其辖区全体业主的独立自治组织实体,是本自治团体的最高行政性机关,处于事业性法人的法律地位。

业委会由业主大会选举组成,统一领导自治权限范围的物业管理各项工作,但必须对业主大会负责并报告工作,不享有自治管理规范订立权,因此,业委会必须服从业主大会,受业主大会的隶属,处于从属于业主大会的法律地位。应注意:各个业委会都各自独立,相互之间不存在隶属关系,但可以合作组成业主集体自治管理协会。

业委会根据特定物业管理辖区物业规模状况、业主人数多少,按照便于业主集体自治的原则设立。业委会的设立、撤销、范围调整,应由该委员会所在地的县级政府物业管理行政主管部门提出,经业主大会讨论同意,报县级人民政府指定的主管机关备案。

(二)业委会的组成或任期

业委会委员数额,根据自治管理辖区的规模由5~17人(深圳规定一般为5~17人,上海规定为5~15人,江苏规定为9~15人)组成。经业主大会决定可以适当增减,但最低不得少于5人,并在其成员中,妇女应当有适当的名额,以体现男女平等法律原则要求和妇女参与城市管理的意义。业委会是业主自治管理事务的执行机构,其议行之事项大多直接涉及业主经济利益,需民主把关以示慎重,委员会数额不宜过少,但也不宜过多而造成不负具体实事之工作责任的委员虚增,添加补贴负担。

业委会由业主大会选举或认可的主任委员、副主任委员若干人,执行秘书和委员(包括顾问委员、独立监事委员在内)若干人组成。现行各地方物业管理法规大多规定业主大会只选举业委会的具有本自治团体业主身份委员,而主任委员、副主任委员由业委会自行在其委员中选举产生。

业委会委员的选举和聘用,应遵循民主选举制度原则和委任合同责任制度原则,具体选举和聘用办法应由省级人民代表大会常务委员会规定。属于业主自治管理辖区范围的业主不分自然人和单位,都是业主自治团体的成员,享有成员权。但是,在业委会委员的选举方面,只能由年满18周岁的成年人和单位性质业主委派的成年人代表享有被选举权,并且依照法律被剥夺政治权利或限制担任单位领导职务的人不能享有被选举权和被聘用权。

业主大会有权撤换和补选业委会委员。经1/5以上有选举权的业主联名,可以要求罢免业委会委员。罢免要求应当提出罢免理由。被提出罢免的委员有权提出申辩意见。业委会应当及时召开业主大会,投票表决罢免议案,经有选举权的业主过半数同意通过,罢免决定生效。

业委会有任期限制,这不同于无任期的业主大会,但业委会委员可连选连任。业委会任期届满应当及时举行换届选举。关于业委会每届任期,上海等地方规定2年,深圳、江苏等地方规定为3年。实践经验看,业委会换届改选的前期案头材料准备以及在实际操作中的工作量相当大。一般筹备的时间为4个月,不顺利的话则时间更长。这样算来,任期2年内头尾相加就有8个月左右的时间忙碌于换届选举和熟悉工作。这不利于业委会相对稳定的运作和物业管理的正常进行。

首次业主大会选举产生的业委会和以后历届经换届选举产生的业委会,应当自选举产生之日起30日内持下列材料向所在地人民政府物业管理行政主管部门办理登记备案手续:①首届或换届业委会登记申请书;②业委会名单及其个人简历;③首次通过的或经换届修订的业委会章程、业主公约及其他物业管理规约;④业主大会的选举会议纪要(包括应到和实到的业主或业主代表人数名册,选举结果等内容)和新一届业委会首次会议纪要;⑤业主自治管理辖区总体物业的1/500平面图,业委会办公场地证明及其他依当地政府规定应提交的有关书面材料(如物业出售情况楼幢分析表等)。

首届业委会登记备案日期为该业委会正式成立日期,换届的业委会自业主大会合法进行换届选举产生之日成立。对其进行登记备案具有使其公信力彰显意义和证明其成立合法效力,非经法定程序,不得否认或推翻换届新产生的业委会。

【案例3-4】

业主大会"深圳模式"值得借鉴

2017年11月,《深圳经济特区物业管理条例(草案征求意见稿)》正式发布,面向社会公开征求意见和建议。该意见稿规定,业主大会成立后由住建部门负责备案,取得统一社会信用代码证书,拥有在物业管理领域的市场主体地位;业主大会可以凭代码证书到合作银行开设业主共有资金账户,并设计了共有资金审计制度、资金使用公开制度等一系列配套制度。

通俗地讲,就是深圳拟立法推进业主大会或者业主委员会法人化,与物业公司具有同等的市场主体地位。而在此之前,包括深圳在内的各地,居民小区选举成立的业主委员会或业主大会,没有明确的身份,更不能在民政部门或者住建部门备案登记。因此,业主大会或者业主委员会没有经营权,小区内公共车库、电梯等公用设施只能挂在物业公司下面"代管",不能真正决定小区内公共收益的处置分配。

按照《物业管理条例》的制度设计,小区业主大会或业主委员会制度,是社区自治的一种形式,业委会在保障业主权益、制约物业服务企业等方面应发挥重要作用。然而,因为业主委员会没有一个明确的身份,名义上掌握着小区公用设施的物权,但实质上又没有直接的管理权,导致原本作为监督物业公司角色的业主委员会,往往对物业公司的某些做法无能为力,甚至于,业主委员会选举的经费支出,都要仰物业公司的鼻息,监督作用大打折扣。

案例评析

业主委员会的"深圳模式"好就好在,一方面拟立法赋予业主大会或业主委员会与物业公司同等的市场主体地位,让业主委员会能够与物业公司充分博弈,比如,遇到纠纷时,业主委员会可以名正言顺地独立起诉物业公司;另一方面,拟通过业主委员会的法人化,赋予其对小区公用设施的直接经营权,并决定公共收益的处置分配,包括向物业公司支付物业服务费。如此一来,物业公司的去留与运营收入的决定权,就掌握在了业主委员会的手中,既有利于从源头上减少物业纠纷,也有利于实现业主委员会对物业公司的实质性监督。

无论多么完善与利好的制度设计,要实现其"制度福利"关键在于落实。相关资料显示,深圳早在1991年就诞生了全国第一个业委会,然而至2016年4月,深圳市住宅区业主大会、业主委员会的成立率仅约为34%,处于全国平均水平。如果不能在更多的住宅区成立业委会,那么再好的制度设计都会成为"理论模式",而业主的诸多法定权益仍是水中月镜中花。这是值得基层有义务指导社区成立业委会的有关部门认真思考的。当然,业委会法人化或将在一定程度上推动业委会成立的积极性。

此外,业委会法人化只是社区治理的一种积极探索与改革样本,而并非是解决一切问题的终南捷径。比如,在赋予业委会更大的权利之后,业主如何监督业委会;如何防止业委会被物业公司收买而相互串通;如何保证业委会规范运作、依法监督与维权等等,这些都是业委会法人化的后续待解问题。要让业委会成为业主利益的忠实守护者,或许还有很多的工作要做。

资料来源:燕农.业主大会"深圳模式"值得借鉴[N].北京青年报,2017-11-27(A2).

(三)业委会的职责和工作制度

1.业委会的职责

业委会依法和按照自治管理规约承负下列职权和职务:

(1)会议职责:召集和主持业主(代表)会议,举行本委员会工作会议,起草和保管会议文件。

(2)订则职责:主持订立和发布业主公约、业主大会和本委员会议事、办事规则及其他自治管理规约。

(3)提议职责:向业主大会提出有关业主共同事务的建议(议案),向物业管理行政主管部门和有关机关、单位(包括受托的物业管理企业)反映业主们的意愿、意见和建议。

(4)主管职责:代表本委员会辖区内全体业主掌管辖区内物业现有合属部分及人居环境的统一管理和维护事务以及组织开展自治公益活动,依法维护自治权益和业主、物业使用人的合法权益。

(5)财经职责:负责物业现有合属部分的收益、专用基金及其他自治公益活动经费和办公经费的收支、保管和使用。

(6)合同职责:代表全体业主选聘、续聘或者解聘物业服务企业,并负责订立、变更或者解除物业管理委托服务合同和其他为增进业主共同利益所缔结的合同,组织和督促全体业主或相关业主积极履行合同义务和行使合同权利。

(7)审议职责:根据业主大会的授权,审议决定无须提交业主大会表决的事项,审议受托的物业服务企业提出的物业管理服务费的收费标准、物业服务年度计划、财务预算和决算以及物业管理重大措施。

(8)监督职责:监督物业管理企业的受托服务工作,监督区内物业现有合属部分的使用,制止违规和损害业主集体权益的情事或行为,接受业主和物业使用人、业主大会、受托物业服务企业、物业管理行政主管部门和社会的监督。

(9)执行职责:执行业主大会决议和本委员会的决议,负责实施自治管理纪律措施。

(10)公告职责:实行自治事务公开制度,提出及公告应向业主们公开的本委员会工作事务报告、会计报告、结算报告及其他管理事项,并保证公布内容的真实性和接受业主、相关人的查询。

(11)协助职责:协助有关部门、单位做好本自治辖区的行政管理工作、社会服务工作和文明建设工作,协助解决业主间、业主与物业服务企业间发生的物业利益纠纷关系。

(12)保管职责:保管辖区物业资料自治管理规约、会议记录、物业管理委托服务合同等文件,保管本委员会办公物品。

(13)告诉职责:代表业主集体向有关行政主管部门检举、揭发、控告本自治辖区内违反物业管理法规而不听劝止的事件,代表业主集体独立参与诉讼活动,可以独立充任原告或被告。

(14)其他职责:有关法规和业主自治管理规约规定的其他应由业委会承负的职责事项。这主要是指业主大会以明确的决议,将某些属于业主大会的职责范围的临时性工作交由业委会办理。

业委会不正当行使职权和不正当履行职务所应负的行政责任,主要是由物业管理行政主管部门依法责令其纠正不正当行为,予以通报批评,对其组成人员中的责任人处以罚款,必要时实施整顿措施,指导业主大会改组该业委会,撤换其组成人员中的不称职者;业主大会还可依业委会章程和管理规约中的有关约定,追究业委会委员中应负责任者的民事责任和刑事责任。

2.业委会的工作制度

业委会的工作制度,按现行有关法规的规定是实行委员集体负责制、会议制度和监督制度。集体负责制既是业委会的领导体制又是其基本工作制度,是指业委会全体委员对委员会主管的工作负全部责任,与负全部责任相联系的是对主管的工作有集体决定权。业委会实行委员集体负责制(简称"委员制")是由业委会的性质和任务决定的。业委会的性质是业主集体民主自治组织实体,是议行合一的业主共同事务工作机构。其主体任务是提出、审议自治管理事项议案和执行本自治组织的权力机构即业主大会的决定,而具体的物业管理工作又是依法委托给专业的物业服务企业办理,实际是以议决和监督为其工作主要内容。因此,采用委员集体负责制、以合议制形式按少数服从多数原则来决定自治管理事项,可以比主任负责制(亦称"首长制")更充分地直接体现业主自治的民主精神和民主特点,更有效地防止主任独断专行问题发生。在委员制下,虽然是由主任主持业委会的工作,但在决定自治管理问题的工作上,主任不享有特权,没有个人完全决定权,而与其他委员一样,只享有一票投票权,并依多数裁定、尊重少数保留意见的原则形成表决决定。对于以业委会名义发布的决定、指令、自治管理规约,向业主大会、受托物业服务企业、有关国家机关提出方案,任免本自治组织的管理人员和订立民事经济合同,即使主任本人有不同意见,也必须按多数委员同意履行代表签署职责。如果委员会的决定、指令确有错误,在执行中给业主集体权益造成了损害,则应由投票同意该决定、指令的多数委员们集体承担相应责任,而在合议该决定、指令时明确表示反对意见,并于会议记录中或及时公开声明持保留意见的少数委员,则可依法免于承担相关责任。

业委会的会议可以分为业委会常务会议、业委会全体会议和业委会扩大会议。业委会常务会议由主任、副主任、常务委员、执行秘书组成。业委会全体会议由业委会全体成员组成。业委会扩大会议具有临时性,视需要而在全体会议的基础上吸收有关人员、单位参与组成。业委会的会议由主任召集和主持。业委会全体会议,每年至少召开两次,决议事项以过组成人员的三分之二多数通过。会议的具体制度由业主自治管理规约作出规定,一般由会前议题调研制、会前议事通知制(如在会议7天前将开会事项及通知书及有关材料送达每位委员)、会务程序制、会议表决制、会后通告制、会议合法监督制等一系列具体制度构成,以确保会议的进行适时、顺利合法。

业委会的监督工作是业主大会的决议和业主自治管理规约得到切实贯彻执行的保证,监督制度是规范化监督工作的轨道。现行物业管理法规对业委会的监督工作制度欠缺明晰的规定,应当从对内监督(即内部工作监督)和涉外监督(即对受托物业管理企业的服务工作的监督和接受有关部门、单位、社会的监督)两方面明确规定监督机制和工作程式的构架原制,并要求业主大会作出相应的具体制度规定。

【案例 3 - 5】

业主告业主委员会投票程序不合法

深圳市某小区业主委员会在接到物业服务公司有关本小区财务状况以及物业亏损严重的报告后,即责令物业公司制作有关提高物业管理费标准的表决票,并由物业公司保安分别分发给各个业主,要求书面表决。在投票截止日,经统计,80％以上业主和投票权数同意提高物业管理费标准。于是,业主委员会贴出公告,决定提高物业管理服务费标准。公告贴出后,业主纷纷向行政主管部门投诉,有个别业主向法院起诉。经调查,一半以上选票的业主签名为虚假签名,一些选票甚至并非本小区业主签名。大部分业主声称没有收到任何表决票,业主委员会也不能出示证据证明其曾召集临时业主大会或者是事先张贴过公告。

经审理,法院认为,提高物业服务费标准属于关系整个小区业主切身利益的事项,应由小区业主共同决定。本案中,业主委员会的决定未经依法召开的业主大会批准,也未通过合法方式获得法定多数业主和拥有法定投票权数业主的同意。该提高物业管理服务费的公告,违反法定程序,依法应予撤销。

案例评析

公正、公开的程序是获得正确实体决定的基本保障。对于需要业主共同决定的事项,必须依照要求通过召集业主大会的方式进行。即使在目前小区业主大部分不太关心公益事务的情况下,也要履行正当程序,做到事前公告、身份核实、投票权数核实以及利害关系人回避等,保证经得起历史、事实以及司法诉讼的检验。

《深圳经济特区物业管理条例》第十三条规定:"业主大会会议召集人应当于会议召开十五日前将会议议题、时间、地点、方式以及表决事项等予以公告,并同时抄送全体业主。"第十七条规定:"业主大会作出决定,应当经与会业主所持投票权二分之一以上和与会业主人数二分之一以上多数同意。业主大会作出本物业管理区域物业专项维修资金(以下简称物业专项维修资金)使用和续筹方案,改建、重建建筑物及其附属设施的决定,应当经与会业主所持投票权三分之二以上和与会业主人数三分之二以上多数同意。"

从业主自治管理实践情况看,在众多的业委会中,有不少运作得很有特色,取得了一些成功的经验,但也存在着一些问题。综观业委会运作问题,主要有五种情形:①有些业委会形同虚设,长期不理事,对物业服务企业监督作用发挥不够,自治公益活动未能展开。②有些业委会脱离实际和物业管理服务收费水平而对物业服务企业的经营管理活动提出不合理、不公平的过高要求,导致双方关系紧张和矛盾尖锐。③有些业委会滥用乱用选聘物业服务企业的职权,造成物业管理事务的"一女两嫁"等问题。④有些业委会立场摇摆,偏离其代表性,往往站在物业服务企业一边,不积极维护整体业主的合法权益。⑤不少业委会的组成成员资格不符合规定条件,一些主任和委员作出营私舞弊、假公济私、索取回扣等不正当利益,闹派性不团结等违法乱纪行为,扰乱自治管理秩序,损害业主集体权益。针对这些问题,应按照教育和法制双管齐下,行政指导和运作机制同步加强的原则,采取对应措施予以解决。

学习单元三 物业管理规约

一、物业管理规约的性质与作用

(一)物业管理规约与临时管理规约

1.物业管理规约

物业管理规约又称业主公约、业主规约或简称为规约,是规范区分所有建筑物(商品房住宅、公寓)的管理、使用乃至所有关系的自治规则,基于私法自治原则所衍生的规约自治主义,管理规约的订立与内容,只要不违反强制、禁止规定,不违背公序良俗或排除、变更区分所有权的实质,业主可自由为之。《物权法》第七十六条、第七十七条、第八十三条规定:制定和修改建筑物及其附属设施的管理规约,应当经专有部分占建筑物总面积过半数的业主且占总人数过半数的业主同意;业主不得违反法律、法规以及管理规约,将住宅改变为经营性用房,业主应当遵守法律、法规以及管理规约。《物业管理条例》第七条、第十七条除重述《物权法》的这些规定外,还特别明定:管理规约应当对有关物业的使用、维护、管理、业主的共同利益、业主应当履行的义务、违反管理规约应当承担的责任等事项依法作出约定,管理规约应当尊重社会公德,不得违反法律、法规或者损害社会公共利益,管理规约对全体业主具有约束力。

因此,物业管理规约是全体业主共同的约定,相互制约,共同遵守的有关物业使用、维护、管理及公共利益等方面的行为准则,是实行物业管理的基础和基本准则。

2.临时管理规约

临时管理规约是房地产开发商或前期介入的物业服务企业制定的对全体业主共同的约定,要求业主共同遵守的有关物业使用、维护、管理及公共利益等方面的行为准则,是实行物业管理的基础和基本准则。

(二)物业管理规约的性质与作用

1.物业管理规约的性质

物业管理规约是物业管理中的一个基础性文件,是物业服务企业进行管理与服务的法律依据和法律文件。

2.物业管理规约的作用

(1)通过签订管理规约,可以加深业主对物业管理和自治管理的理解和支持。

(2)是业主自治管理的有力依据,对违反公约的业主或使用人进行处罚。

(3)可以成为宣传文明的行为准则,从而切实推动社会精神文明的建设。

二、物业管理规约的基本内容

《物业管理条例》第十七条第一款规定了管理规约应当规定的内容范围,其规定:"管理规约应当对有关物业的使用、维护、管理,业主的共同利益,业主应当履行的义务,违反管理规约应当承担的责任等事项依法作出约定。"在实务中,我国城镇小区(社区)住宅物业管理的管理规约规范的事项一般包括如下三方面:①物业的使用。它包括规定业主的权利义务、相邻关系、物业的使用原则、物业的装饰装修、物业转让、出租的相关事项、物业的用途、物业使用的其他约定、物业的维修养护、业主提交通讯方式的义务、利用物业共有部分获利的归属、未按规定交付有关费用的责任、业主损害他人合法权益的处理以及业主违反物业使用禁止行为的处理等。②物业服务企业的选聘。它包括规定启动选聘程序、表决选聘方式、表决选聘标准、作出选聘决定、实施选聘工作、不能及时选聘的处理。③附则。它规定业主间矛盾纠纷的调处。业主违反管理规约的约定,业主委员会有权责令行为人改正,拒不改正的,业主委员会可以向人民法院提起诉讼;物业使用人违反管理规约的,相关业主承担连带责任等。

具体来说,管理规约的内容应包括如下几方面:①物业基本情况简介;②业主共同事务管理;③业主权利义务设定;④共用部位、共用设备、共用设施和相关场地以及管理用房状况,业主使用其物业和物业管理区域内公共场所及公共设施的权益;⑤违反公约的处置。

三、物业管理规约的订立

(一)原则与依据

(1)订立管理规约的原则包括合法性原则、整体性原则、民主性原则。

(2)订立管理规约的法律依据。制定管理规约的法律依据主要有《中华人民共和国民法通则》《物权法》《物业管理条例》等。

(二)订立管理规约的程序

(1)规约的起草。《物业管理条例》规定建设单位应当在销售物业之前,制定临时管理规约。管理规约在召开第一次业主大会时进行起草。

(2)规约的通过。应当由第一次业主大会以参加业主大会的 2/3 以上表决通过方能有效。

(3)新入住业主对规约的签署。建设单位应当在物业销售前将临时管理规约向物业买受人明示,并予以说明。物业买受人在与建设单位签订物业买卖合同时,应当对遵守临时管理规约予以书面承诺。在管理规约通过之后才确认业主身份的,应当在办理有关入住手续的同时,签署管理规约,表示愿意接受管理规约的约束。

(三)物业管理规约的修改

物业管理规约的修改程序应由业主大会以参加大会的 2/3 以上的表决权通过。

业主大会可以依法根据本物业管理区域内的实际情况对管理规约进行修改补充,并向房屋管理部门备案。修改补充条款,自业主大会通过之日起生效,无须经业主重新签订。

(四)物业管理规约的生效与效力

物业管理规约自业主大会或者业主代表大会审议通过之日起生效。

生效后的管理规约对全体业主和使用人具有约束力,使用人也应当遵守管理规约。

业主、使用人违反管理规约,应当承担相应的民事责任。

物业使用人违反管理规约的规定,有关业主应当承担连带责任。

情境小结

本情境主要介绍业主自治管理法律制度,其重点是业主、业主大会、业主委员会。

学习本情境,首先要理解业主、业主大会、业主委员会的概念和基本内容。掌握业主资格的认定,业主的权利和义务;业主大会的召开条件和程序、表决办法;业主委员会的成立办法、主要职责、工作制度,委员的撤换和换届;物业管理规约的内容和效力。

学习检测

一、不定项选择题

1. 业主委员会是业主大会的( )机构。

A. 决策　　　　　B. 执行　　　　　C. 管理　　　　　D. 领导

2. 房屋的( )为业主。

A. 使用人　　　　B. 所有权人　　　C. 承租人　　　　D. 建设单位

3. 业主大会或者业主委员会作出的决定侵害业主合法权益的,受侵害的业主可以请求人民法院予以( )。

A. 吊销　　　　　B. 改正　　　　　C. 行政处分　　　D. 撤销

4. 业主委员会会议每年至少召开( )。

A. 一次　　　　　B. 两次　　　　　C. 三次　　　　　D. 四次

5. 一个物业管理区域成立( )个业主大会。

A. 四　　　　　　B. 三　　　　　　C. 二　　　　　　D. 一

6. 住宅小区的业主大会、业主委员会作出的决定,应当告知相关的居民委员会,并认真听取( )的建议。

A. 街道办事处　　B. 区房产行政管理部门　　C. 居民委员会　　D. 公安机关

7. 用来规范业主之间权利与义务关系和业主大会内部运作机制的基础性规约是( )。

A. 物业服务合同

B. 业主大会议事规则、管理规约

C. 业主委员会议事规则

D. 业主大会的议事规则、业主委员会议事规则

8.业主大会议事规则是（　　）组织、运作的规程,需要由业主共同决定。

A.业主委员会　　B.业主大会　　C.物业服务企业　　D.其他管理人

9.（　　）是业主委员会与业主大会选聘的物业服务企业订立的,确认双方在物业服务中权利与义务关系的书面协议。

A.物业管理条例　　　　　　B.劳动服务合同

C.物业服务合同　　　　　　D.物权法

10.业主对建筑物内的住宅、经营性用房等专有部分享有所有权,对专有部分以外的共有部分享有（　　）的权利。

A.共有　　　　B.共同管理　　　C.共有和共同管理　　D.专有和共同管理

二、简答题

1.简述业主在物业管理活动中的权利和义务。

2.简述业主委员会的职责。

3.简述业主大会的召开程序。

4.简述业主管理规约的主要组成部分。

三、案例分析题

1.颜某于2011年购置了一套A小区的商业用房。A小区原有南、北、东三个出入通道,其中东面的出入通道上设有电动伸缩门,颜某的房屋位于该通道附近。2016年5月,A小区成立业主委员会。2017年5月,A小区业主委员会未经业主大会讨论决定,做出《业主委员会决议》,其中载明:"因有部分业主反映,本小区东出入口使用存在着交通安全隐患和治安管理问题。经本委员会多次现场查勘,确实存在交通和治安安全隐患,为了更好地解决该问题,经本委员会研究,并依法作出决议如下:关闭A小区东出口,具体由B物业服务公司负责实施。"随后,B物业公司将东面出入通道的电动伸缩门用电焊焊死。2017年10月,颜某向法院起诉A小区业主委员会,要求行使业主撤销权,撤销业主委员会的决议。

请问:业委会的行为是否侵权?为什么?

2.某物业公司由于在公共电梯间张贴广告却不公示收益,被业主起诉至法院。日前,北京市西城区人民法院判决业主胜诉,责令物业公司立即在其所管理的小区公告栏内公示广告费的收益账目。原告业主高女士称,物业公司在对小区进行物管服务期间,不遵守合同约定,擅自在公共电梯间张贴广告,故诉到法院要求该公司停止侵权,公开电梯间广告费的账目。某物业公司承认曾利用电梯和有关单位合作制作广告一事,但表示广告费收益用于小区建设和服务。同时,物业公司提出高女士未按约定交纳物业服务费,现不同意原告诉求。

请问:你觉得应该怎么处理此事?

学习情境四
物业管理招投标法律制度

学习目标

【知识目标】

1. 了解物业管理招标投标的一般程序和组织机构的设置。
2. 理解招标投标制度对规范物业服务市场、提高物业服务公司服务水平的重要性。
3. 掌握物业管理招标投标的原则、特点、方式及内容。

【技能目标】

1. 通过学习,对物业管理招投标的概念有一个清晰的了解。
2. 能够结合物业管理招标的特点、范围和方式,对物业管理招标程序进行详细的了解。
3. 能够正确规范物业管理投标人的行为,能够清楚地知道物业管理的投标程序。

情境导入

某市某住宅小区业主委员会决定进行招标选聘物业服务企业。招标公告发布后,共有10余家物业服务企业进行投标。招标人在招标文件中明确规定了投标人的资质资格。招标人据此进行资格预审,共向5家物业服务企业发出预审合格通知书。甲物业服务企业自检完全符合招标人的资格条件,却既没有收到资格预审合格通知书,也未接到不合格的资格预审结果。后来得知,招标人了解到甲公司在本市一住宅物业管理项目中刚刚被宣布"下课",因此招标人将甲公司排斥在外。甲公司决定向有关主管部门申诉,并积极准备投标文件。

请问:"下课"的物业服务企业能否参加投标?

学习单元一　物业管理招标法律

一、物业管理招标投标的基本概念

招投标是在国内外经济活动中常用的一种竞争性的交易方式。1999年8月30日第九届全国人民代表大会常务委员会十一次会议通过的《中华人民共和国招标投标法》,确立了强制性招投标制度。

物业管理的招标,是指物业所有权人或其法定代表(开发商及业主委员会),在为其物业选择管理者时,通过制定符合其管理服务要求和标准的招标文件向社会公开,由多家物业服务企业竞投,从中选择最佳对象,并与之订立物业服务合同的过程。

物业管理的投标,是指符合招标文件要求的物业服务企业,根据招标文件中确定的各项服务要求与标准,根据国家有关法律、法规与本企业的实力,编制投标文件,参与投标的活动。物业管理招投标实质上是物业管理权的一种交易形式。

《物业管理条例》第二十四条第一款明确规定:"国家提倡建设单位按照房地产开发与物业管理相分离的原则,通过招投标的方式选聘具有相应资质的物业服务企业。"

二、物业管理开展招投标应遵循的原则

物业管理的招投标行为是一种通过市场化方式实现的双向选择。根据《中华人民共和国招标投标法》的规定,招投标活动中必须遵循"公开""公平""公正""合理"的原则。具体要求如下:

(一)公开原则

所谓公开原则,就是说如果物业管理招投标定为公开招标,就必须按公开原则,召开新闻发布会,在报刊、电台、电视上公开登出招标公告,把所需要达到的服务要求与条件公开告诉一切想投标的物业服务企业。

(二)公平原则

所谓公平原则,就是指在招标文件中向所有物业服务企业提出的投标条件必须是一致的,也就是说所有参加投标者都必须在相同的基础上投标。例如根据住宅小区(大厦楼宇)要求,需要资质在二级以上的物业服务企业参与竞争,那么就不能随便拒绝任何具有二级以上资质的物业服务企业来投标,同时也不能允许低于二级以下资质的物业服务企业来投标竞争,总之要体现公平性。

(三)公正原则

所谓公正原则,就是在评定标书时要准确,物业服务企业进行管理服务现场答辩时的尺度应是一致的。特别在评标、决标的过程中一定要采用科学方法,按照平等竞争的原则,进行实事求是的分析、打分。

(四)合理原则

所谓合理原则,是指在最后选择投标单位时,其确定的服务项目和收费价格必须合理,既不能接受低于正常管理服务成本的报价,也不能脱离实际市场情况,提出不切实际的管理服务要求。

三、物业管理招标投标的条件

(一)招标项目应具备的条件

(1)符合城市规划要求,完成或基本完成项目的主体和配套设施建设;

(2)具备招标主体资格和招标条件;

(3)投资单位或业主能够提供管理的条件和设施;

(4)招标所需的其他条件已经具备。

(二)投标单位应具备的条件

(1)具有独立的法人资格;

(2)具有一定的技术人员、管理人员,并取得相应的经营资质;

(3)具备招标规模所要求的条件;

(4)企业近期经营情况良好,所管理的物业规范、健康。

四、物业管理招标程序

(一)准备阶段

(1)成立招标组织。招标人有能力组织和实施招标活动的,可以自行组织机构办理招标事宜,也可以委托招标代理机构办理招标事宜。

(2)招标项目备案。依法必须进行物业管理招标的物业项目,招标人应当在发布招标公告或发出投标邀请书5日前,提交有关材料报物业项目所在地的县级以上地方人民政府房地产行政主管部门备案。

(3)确定拟招投标物业管理项目目标、内容、标的及相关事项。

(4)确定招标的指导思想、原则及方式、方法。

(5)编制招标文件。编制招标文件包括:①招标书;②招标公告或投标邀请书;③投标企业申报及审查表;④投标须知;⑤招标章程或招标规则、程序;⑥招标项目说明书;⑦委托管理合同文本。

招标文件可由业主委员会或开发建设单位成立的领导小组编写,也可委托咨询机构或专家编写。招标文件必须明确项目的总体情况(包括占地面积、建筑面积、房屋类型功能与数量、公用设备、设施、场地的组成等),委托物业管理服务的内容和要求(包括基本管理服务、特殊要求的管理服务、专项管理服务),其他说明(包括物业管理委托期限,物业移交日期,物业管理服务收费标准,招标要求,投标、开标时间,物业管理考核标准及奖惩措施等)。

招标准备工作主要是成立招标领导小组和拟制招标文书。招标领导小组的成员需注意广泛性、代表性、权威性;招标文书应注意系统全面、可操作、无歧义、客观真实、形式规范。

(二)招标阶段

1.发出招标公告或招标邀请书

通过国家或者地方指定的报刊、信息网络或者其他媒介向社会发布招标公告。公告或投标邀请书的内容包括:拟招标的物业名称,投标单位的条件,报名投标的截止日期,报送投标书截止日期,联系地址、电话等。

2.资格预审,确定投标申请人

招标人可以根据招标物业项目的需要和招标文件的要求,对投标申请人进行资格预审。资格预审文件一般应当包括资格预审申请书格式、申请人须知,以及需要投标申请人提供的企业资格文件、技术装备、财务状况和拟派出的项目经理和主要管理人员的简历、业绩等证明材料。从中选择不少于5家资格预审合格的投标申请人投标,并发出预审合格通知书,告知获取招标文件的时间、地点和方法,并同时向资格不合格的投标申请人告知资格预审结果。

3.招标人向投标人提供招标文件,接受咨询

为了使投标人更加清楚招标意图,通常由招标人在投标人购买招标文件后统一安排一次投标人会(或称标前会议),召开会议的目的是解答投标人提出的各类问题。一般标前会议安排在现场,或者先到现场勘察,再集中到某地解答投标人疑问。

召开标前会议的日期,通常在投标须知中注明,若日期有改变,招标人必须通知所有已购买招标文件的投标人。

(三)投标阶段

1.凡获得投标资格的物业服务企业可填写投标单,或撰写投标书参加投标

物业服务企业取得招标文件后,对其中的有关图纸、设计说明及管理服务内容和要求要深入理解,弄清楚开标时间、定标时间、投标保证书、履约保证书等规定。并要对现场进行深入的实地考察,对于一些疑问,应以书面形式或在标前会议时提出并要求解答,完成上述工作之后,投标人进入编制投标文件阶段。

通常情况下,投标人首先要依据招标物业的情况和招标文件中管理服务的内容、要求、范围、标准,分析完成物业管理工作任务的工作量(包括日常公共服务、专项特约服务等工作),设计其组织机构和操作模式、人员及物资配备,启动及运转资金安排等。其次,通过对竞争对手在物业管理服务、成本优劣等方面与本企业进行综合比较、扬长避短。最后确定竞标方针和单价,按照招标文件的要求编制标书,备齐投标须知中要提供的各类文件及副本(复印件)。

2.投标书的报送

参加投标的物业服务企业应在规定报送投标书截止日期前,将投标书密封后送达招标人所设的招标机构签收。

凡采取招标投标公证的,应由公证员在最后规定时间内,作统计公证,确认参加投标人的有效性。

(四)信誉调查取样阶段

物业管理招标不同于工程类招标,它是以管理服务为主体的一种服务商品招标。这种服务商品与其他商品相比较有两个明显特征:一是生产与消费的同步性。即管理人员提供服务过程就是生产过程,同时也是消费过程,劳动和成果以及消费是同时完成的。它不同于建筑商品可以较长时间存在(通常一栋楼房生命期至少几十年,甚至上百年)。二是服务质量的个性化。物业服务企业为业主提供的服务中,由于人员的服务经验、技术水平、文化层次、情绪和服务态度等因素的影响,其服务质量差异较大,所以必须对参加投标人的工作实绩、管理水平、信誉等进行调查取样。

为了保证随机取样的公平性、公正性,通常调查取样时,应注意以下几点:

(1)调查取样必须由招标人组织的招标机构负责带队,开展工作。

(2)应对各投标人的调查取样同时进行,避免相互干扰。

(3)应到现场随机抽样,不能事先通知安排,预防取样不实。

(4)现场取样调查完毕,应立即把调查表密封带回。

(五)开标阶段

物业管理项目招标的开标分为评议标书阶段和现场答辩阶段两个过程。

1.标书评议

(1)按照招标书中规定的截标时间,在公证机关、投标管理部门工作人员以及投标人代表共同参与、监督下,公开拆封,宣读投标人名称、投标价格和投标文件的其他主要内容,并把标书分发评委评阅。

提交投标文件的投标人少于三个的,招标人应当依法重新招标。

（2）经过评委认真仔细、独立完成标书审查和评阅之后，采用无记名方法，给标书评分。评标委员会通常应由招标人代表及物业管理技术、管理方面的专家组成，成员为 5 人以上单数，其中招标人代表以外的物业管理技术、管理方面的专家不得少于成员总数的三分之二。

2.现场答辩

（1）评标委员会对投标标书评议后，应组织现场答辩。答辩目的之一是进一步了解标书的真实性、可操作性、客观性；二是对标书里的一些提法专家如有疑问，甚至发现有错误，有必要对一些疑问进一步澄清，帮助业主委员会（或开发建设单位）以及物业服务企业共同把好管理关。

（2）根据投标人代表以及拟接管目标物业的管理处主任回答问题的准确性、表达问题的逻辑性、分析问题的层次性以及形象、仪表、风度等方面表现，由评委无记名进行评分。

（六）中标

根据开标以后对标书评议、现场答辩的评分以及招标单位到投标单位采样的信誉评分，按权重比例进行叠加计算，排出名次。

公证人员根据评委们按照招标文件的标准而计算排列名次，宣读公证书，确认中标候选人。招标人可以根据评标委员会提出的书面评标报告和推荐的中标候选人确定中标人，也可以授权评标委员会直接确定中标人。

（七）履约订立合同

招标人对中标人发出通知。中标人与招标人应当自中标通知书发出之日起 30 日内，按照招标文件和中标人的投标文件订立书面合同；招标人和中标人不得再行订立背离合同实质性内容的其他协议。

中标人不与招标人订立合同的，投标保证金不予退还并取消中标资格，给招标人造成的损失超过投标保证金数额的，应当对超过部分予以赔偿；没有提交投标保证金的，应当对招标人的损失承担赔偿责任。

招标人无正当理由不与中标人签订合同，给中标人造成损失的，招标人应当给予赔偿。

五、相关规定

1.《中华人民共和国招标投标法》

第十二条　招标人有权自行选择招标代理机构，委托其办理招标事宜。任何单位和个人不得以任何方式为招标人指定招标代理机构。

招标人具有编制招标文件和组织评标能力的，可以自行办理招标事宜。任何单位和个人不得强制其委托招标代理机构办理招标事宜。

依法必须进行招标的项目，招标人自行办理招标事宜的，应当向有关行政监督部门备案。

第十七条　招标人采用邀请招标方式的，应当向三个以上具备承担招标项目的能力、资信良好的特定的法人或者其他组织发出投标邀请书。

投标邀请书应当载明本法第十六条第二款规定的事项。

第十八条　招标人可以根据招标项目本身的要求，在招标公告或者投标邀请书中，要求潜在投标人提供有关资质证明文件和业绩情况，并对潜在投标人进行资格审查；国家对投标人的资格条件有规定的，依照其规定。

招标人不得以不合理的条件限制或者排斥潜在投标人,不得对潜在投标人实行歧视待遇。

第十九条　招标人应当根据招标项目的特点和需要编制招标文件。招标文件应当包括招标项目的技术要求、对投标人资格审查的标准、投标报价要求和评标标准等所有实质性要求和条件以及拟签订合同的主要条款。

国家对招标项目的技术、标准有规定的,招标人应当按照其规定在招标文件中提出相应要求。

招标项目需要划分标段、确定工期的,招标人应当合理划分标段、确定工期,并在招标文件中载明。

第二十条　招标文件不得要求或者标明特定的生产供应者以及含有倾向或者排斥潜在投标人的其他内容。

第二十一条　招标人根据招标项目的具体情况,可以组织潜在投标人踏勘项目现场。

第二十二条　招标人不得向他人透露已获取招标文件的潜在投标人的名称、数量以及可能影响公平竞争的有关招标投标的其他情况。

招标人设有标底的,标底必须保密。

第二十三条　招标人对已发出的招标文件进行必要的澄清或者修改的,应当在招标文件要求提交投标文件截止时间至少十五日前,以书面形式通知所有招标文件收受人。该澄清或者修改的内容为招标文件的组成部分。

第二十四条　招标人应当确定投标人编制投标文件所需要的合理时间;但是,依法必须进行招标的项目,自招标文件开始发出之日起至投标人提交投标文件截止之日止,最短不得少于二十日。

2.《中华人民共和国招标投标法实施条例》

第十五条　公开招标的项目,应当依照招标投标法和本条例的规定发布招标公告、编制招标文件。

招标人采用资格预审办法对潜在投标人进行资格审查的,应当发布资格预审公告、编制资格预审文件。

依法必须进行招标的项目的资格预审公告和招标公告,应当在国务院发展改革部门依法指定的媒介发布。在不同媒介发布的同一招标项目的资格预审公告或者招标公告的内容应当一致。指定媒介发布依法必须进行招标的项目的境内资格预审公告、招标公告,不得收取费用。

编制依法必须进行招标的项目的资格预审文件和招标文件,应当使用国务院发展改革部门会同有关行政监督部门制定的标准文本。

第十六条　招标人应当按照资格预审公告、招标公告或者投标邀请书规定的时间、地点发售资格预审文件或者招标文件。资格预审文件或者招标文件的发售期不得少于5日。

招标人发售资格预审文件、招标文件收取的费用应当限于补偿印刷、邮寄的成本支出,不得以营利为目的。

第十七条　招标人应当合理确定提交资格预审申请文件的时间。依法必须进行招标的项目提交资格预审申请文件的时间,自资格预审文件停止发售之日起不得少于5日。

第十八条　资格预审应当按照资格预审文件载明的标准和方法进行。

国有资金占控股或者主导地位的依法必须进行招标的项目,招标人应当组建资格审查委员会审查资格预审申请文件。资格审查委员会及其成员应当遵守招标投标法和本条例有关评标委员会及其成员的规定。

第十九条　资格预审结束后,招标人应当及时向资格预审申请人发出资格预审结果通知书。未通过资格预审的申请人不具有投标资格。

通过资格预审的申请人少于 3 个的,应当重新招标。

第二十条　招标人采用资格后审办法对投标人进行资格审查的,应当在开标后由评标委员会按照招标文件规定的标准和方法对投标人的资格进行审查。

第二十一条　招标人可以对已发出的资格预审文件或者招标文件进行必要的澄清或者修改。澄清或者修改的内容可能影响资格预审申请文件或者投标文件编制的,招标人应当在提交资格预审申请文件截止时间至少 3 日前,或者投标截止时间至少 15 日前,以书面形式通知所有获取资格预审文件或者招标文件的潜在投标人;不足 3 日或者 15 日的,招标人应当顺延提交资格预审申请文件或者投标文件的截止时间。

第二十二条　潜在投标人或者其他利害关系人对资格预审文件有异议的,应当在提交资格预审申请文件截止时间 2 日前提出;对招标文件有异议的,应当在投标截止时间 10 日前提出。招标人应当自收到异议之日起 3 日内作出答复;作出答复前,应当暂停招标投标活动。

第二十六条　招标人在招标文件中要求投标人提交投标保证金的,投标保证金不得超过招标项目估算价的 2%。投标保证金有效期应当与投标有效期一致。

依法必须进行招标的项目的境内投标单位,以现金或者支票形式提交的投标保证金应当从其基本账户转出。

招标人不得挪用投标保证金。

第二十七条　招标人可以自行决定是否编制标底。一个招标项目只能有一个标底。标底必须保密。

接受委托编制标底的中介机构不得参加受托编制标底项目的投标,也不得为该项目的投标人编制投标文件或者提供咨询。

招标人设有最高投标限价的,应当在招标文件中明确最高投标限价或者最高投标限价的计算方法。招标人不得规定最低投标限价。

第三十一条　招标人终止招标的,应当及时发布公告,或者以书面形式通知被邀请的或者已经获取资格预审文件、招标文件的潜在投标人。已经发售资格预审文件、招标文件或者已经收取投标保证金的,招标人应当及时退还所收取的资格预审文件、招标文件的费用,以及所收取的投标保证金及银行同期存款利息。

第三十二条　招标人不得以不合理的条件限制、排斥潜在投标人或者投标人。

招标人有下列行为之一的,属于以不合理条件限制、排斥潜在投标人或者投标人:

(一)就同一招标项目向潜在投标人或者投标人提供有差别的项目信息;

(二)设定的资格、技术、商务条件与招标项目的具体特点和实际需要不相适应或者与合同履行无关;

(三)依法必须进行招标的项目以特定行政区域或者特定行业的业绩、奖项作为加分条件或者中标条件;

(四)对潜在投标人或者投标人采取不同的资格审查或者评标标准;

(五)限定或者指定特定的专利、商标、品牌、原产地或者供应商;

（六）依法必须进行招标的项目非法限定潜在投标人或者投标人的所有制形式或者组织形式；

（七）以其他不合理条件限制、排斥潜在投标人或者投标人。

学习单元二 物业管理投标法津

一、物业管理投标原则

物业管理投标应遵守真实性原则，即投标人的投标书内容要真实，不能弄虚作假。实际操作中，招标人为保证投标真实，可要求投标人出具投标保证书，并交纳一定的保证金。

物业管理投标应遵守正当竞争原则，包含两方面的内容：一方面参加投标的物业服务企业要反对其他参与竞投的物业服务企业进行不正当竞争行为，倡导物业服务投标企业遵守商业道德；另一方面，参加竞投的物业服务企业要约束自己不为不正当竞争，如实编写投标书，反映自己真实的投标意愿、经营能力和技术水平，不与其他物业服务企业相互勾结，哄抬标价。

二、物业管理投标的程序

物业管理招标投标在我国目前尚处于起步阶段，迄今为止，国内也仅有北京、广州、南京等地进行了初步尝试，而参与投标的物业服务公司更是寥寥可数。应当说，在这一行业中投标活动的成功经验暂且乏善可陈。然而，投标的公平性与竞争性又决定了它必将取代现有的开发商"包办制"，成为业主选择"管家"的主要形式。对于物业服务公司而言，要想在竞争越来越激烈的物业管理行业中站稳脚跟，乃至成为行业主导，就必须要尽快作好准备，加入到投标竞争的行列之中，在竞争中发展壮大。因此，了解物业管理投标的程序与技巧，了解投标中可能发生的争议及其解决途径，对于提高物业服务公司的投标竞争力以及保障其自身权益，都是非常现实和迫切的。

虽然，由于投标对象——物业管理服务——的无形性与其他工程项目的实物性的差异，物业管理投标具有许多区别于其他项目投标的独特之处，但同样作为投标，其必经程序仍与其他项目投标有着诸多相似之处，仍要经历前期准备、购买标书、可行性分析、编写及封送标书等步骤。

（一）投标前期工作

1.取得从业资格

正如所有合法经营的企业法人一样，从业资格是物业服务公司从事正常营业活动所必须具备的首要条件，这自然也成为物业服务公司参与投标前必须首先考虑的基本因素。按照国际与国内的不同管理规定，物业服务公司要取得投标资格所需履行的手续也有所不同。

（1）从事国内投标的资格要求。

物业服务公司在国内从事投标业务，必须取得企业法人营业执照和政府颁发的物业管理企业资质证书。

①按照《中华人民共和国公司法》规定，作为独立经营、独立核算的法人机构，物业服务公司（或其所属集团公司）必须拥有有关工商行政管理局所颁发的营业执照，以证明其合法经营

资格。

②物业服务企业应具备经有关部门核准颁发的资质证书。《物业服务企业资质管理办法》把物业服务企业资质等级分为一、二、三级。不同资质等级的企业能够承接的物业项目不同。

（2）参与国际投标应履行的手续。

物业管理公司参与国际投标，应根据招标物业所在国规定，履行必要的手续。

①注册。

在招标物业所在国注册，使其具有独立经营的法人资格，这对于进行国际投标的物业服务公司而言是一道必经程序。注册后经该国政府核准颁发营业执照，公司即可正式营业，参与有关投标工作。

由于不同国家法律法规的差异，他们对异国进入的物业服务公司在注册与递交投标书的先后次序上的规定也有所不同。但无论注册手续在先在后，物业服务公司在申请时都必须按规定提交文件。由于不同国家所要求提交的文件种类不同，本书仅列举说明一些必须提交的主要文件：

A. 公司章程。物业服务公司注册提交的公司章程必须对本公司的治理结构与经营体制作出充分说明，其主要内容包括公司性质、宗旨、注册资本、营业范围、组织机构、经营管理、总管理机构所在地等。

B. 营业执照。国内投标公司提交营业执照副本审查，凡在国内已有营业执照的物业服务公司通常可直接向招标物业所在国提供营业执照，办理申请注册手续。

C. 关于分公司的证明。分公司的证明文件应由物业服务总公司开出，说明该分公司的组织、章程；文件由选定的公证机关公证后生效。

D. 资产负债表及损益表。这两份报表从财务的角度反映出物业服务公司的财力、财务状况及经营管理水平。

E. 曾接管物业的名称、规模、地点及服务质量等。

F. 办事处人员名单和任职证书。即由办事处负责人签署委任的驻招标物业所在地工作人员名单以及他们的任职证明。

以上文件绝大多数都必须顺序经由省（市）公证处、国内外事部门及驻招标物业所在国的中国大使馆或领事馆公证，以表明文件的签名、印章属实，文件的副本、节本、影印本与原本相符。公证之后，诸文件便可生效。

②选择代理人。

物业服务公司如果在国外从事投标，必将面临异域文化所带来的种种障碍，而房地产项目的固定性以及物业管理服务的无形性，又要求他们必须承担较之于其他工程承包项目投标更大的风险。此时，聘用代理人承办注册、咨询等自己所不熟悉的当地业务，不仅可节约费用，还可利用代理人对当地物业的熟悉程度，增加其投标成功的可能性。

当然，代理的这些优势必须建立在代理人优秀的前提之上，因此如何选择合适的代理人也将成为投标公司必须认真对待的一个重要问题。

2. 收集招标物业相关资料

招标物业的相关资料是物业服务公司进行投标可行性研究必不可少的重要因素。因此，物业服务公司在投标初期应多渠道多方位全面搜寻第一、二手资料。这些资料的范围不仅包括招标公司和招标物业的具体情况，还应包括投标竞争对手的情况。

公司可能的资料来源大致有以下几个方面：

(1)报纸杂志。报纸或相关杂志历来是各种招标信息公开发布的传统渠道,而且许多物业及物业服务公司的有关情况也会在各种杂志上有介绍。有意识地留意这些地方,往往会使物业服务公司获得意想不到的有用信息。

(2)网络传输。在时间就是速度的信息时代,随着网络技术的快速发展,愈来愈多的信息交流可通过因特网迅速通畅地完成。为适应电子商务的发展趋势,许多招标投标公司纷纷建起了自己的网站,各种招标信息也开始在网上进行发布,如中国招标投标网就已开通了网上招标投标及投标代理业务。可以预见,网上招标投标必将成为招标投标未来发展的主流。网络自然也为投标者搜集信息提供了一种全新快捷的工具。

(3)同行业公司。当存在物业管理分包时,公司通常可通过同行业的总包人获取招标相关信息;此外,公司还可在与其他公司进行一般业务交流时,得到竞争对手的一些资料。

可是,要在浩如烟海的信息中寻找筛选出恰当相关的资料,其收集工作的烦琐是可以想见的,更为重要的工作还在于收集之后的整理、分析。情报工作人员应按资料的重要性、类别进行分门别类,以便于投标工作人员使用,由此得出的最有价值的信息将为投标公司下一步的可行性研究提供分析基础。

3.进行投标可行性分析

一项物业管理投标从购买招标文件到送出投标书,涉及大量的人力物力支出,一旦投标失败,其所有的前期投入都将付之东流,损失甚为可观。这必然要求物业服务公司在确定是否进行竞标时务必要小心谨慎,在提出投标申请前作出必要的可行性研究,不可贸然行事。

(1)招标物业条件分析。

①物业性质。了解区分招标物业的性质非常重要。因为不同性质的物业所要求的服务内容不同,所需的技术力量不同,物业服务公司的相对优劣势也差异明显。

例如,对于住宅小区的物业管理,其目的是要为居民提供一个安全、舒适、和谐、优美的生活空间,不仅应有助于人的身心健康,还需对整个城市风貌产生积极影响。因此,在管理上就要求能增强住宅功能,搞好小区设施配套,营造出优美的生活环境。其物业管理具体内容也应围绕这一目标安排。

与之相对应,服务型公寓则更注重一对一的服务特色。它既要为住户提供酒店式服务,又要营造出温馨的家庭气氛,其服务内容也就更加具体化、个性化,除了日常清洁、绿化服务外,还应提供各种商务、医疗服务等。

而对于写字楼,其管理重点则放在了"安全、舒适、快捷"上。故其管理内容应侧重于加强闭路监控系统以确保人身安全,增设保安及防盗系统以保证财产安全,开辟商场、酒家、娱乐设施及生活服务设施以方便用户生活,完善通信系统建设以加强用户同外部联系等方面。

这些不同的管理内容必然对物业服务公司提出不同的服务要求和技术要求,而具有类似物业管理经验的投标公司无疑可凭借其以往接管的物业在投标中占有一定的技术和人力资源优势。

②特殊服务要求。有些物业可能会由于其特殊的地理环境和某些特殊功用,需要一些特殊服务。这些特殊服务很可能成为某些投标公司的优势,甚至可能导致竞标过程中的"黑马"出现,物业服务公司必须认真对待,在分析中趋利避害。他们可考虑这些特殊服务的支出费用及自身的技术力量或可寻找的分包伙伴,从而形成优化的投标方案;反之,则应放弃竞标。

③物业招标背景。这是对招标文件的留意。有时招标文件会由于招标者的利益趋向而呈现出某种明显偏向,这对于其他投标公司而言是极为不利的。因此在阅读标书时,物业服务公司应特别注意招标公告中一些特殊要求,这有利于物业服务公司做出优劣势判断。

如公告中写明"欢迎××物业服务公司参加投标",此时则可能出现当其他公司与××公司的标价和服务质量相同时,开发商会优先选择后者的情况。再如,××物业的物业管理招标书上写明必须提供某项服务,而本地又仅有一家专业服务公司可提供该项服务,则投标公司应注意开发商与该专业服务公司是否关系密切,以及其他物业服务公司与该专业服务公司是否有合作关系等。

这些细枝末节看似无关紧要,可一旦忽略,则有可能导致投标失败,不仅投标者的大量准备工作徒劳无功,而且还会影响公司声誉。

④物业开发商状况。这一层面的分析包括开发商的技术力量、信誉度等。因为物业的质量取决于开发商的设计、施工质量,而有些质量问题只有在物业服务公司接管后才会出现,这必然会增大物业服务公司的维护费用和与开发商交涉的其他支出,甚至还有可能会影响物业服务公司的信誉。因此,物业服务公司通过对开发商以往所承建物业质量的调查,以及有关物业服务公司与之合作的情况,分析判断招标物业开发商的可靠性,并尽量选择信誉较好、易于协调的开发商所开发的物业,尽可能在物业开发的前期介入,这样既可保证物业质量,也便于其日后管理。

(2)本公司投标条件分析。

①以往类似的物业管理经验。已接管物业往往可使公司具有优于其他物业服务公司的管理或合作经验,这在竞标中极易引起开发商注意。而且从成本角度考虑,以往的类似管理也可在现成的管理人员、设备或固定的业务联系方面节约许多开支。故投标者应针对招标物业的情况,分析本公司以往类似经验,确定公司的竞争优势。

②人力资源优势。公司是否在以往接管物业中培训人员,是否具有熟练和经验丰富的管理人员,是否与其他在该物业管理方面有丰富经验的专业服务公司有密切合作关系。

③技术优势。即能否利用高新技术提供高品质服务或特殊服务,如智能大厦等先进的信息管理技术、绿色工程以及高科技防盗安全设施等。

④财务管理优势。公司在财务分析方面是否有完善的核算制度和先进的分析方法,是否拥有优秀的财务管理人才资源,是否能多渠道筹集资金,并合理开支。

⑤劣势分析。这主要体现在竞争者的优势上。

(3)竞争者分析。

①潜在竞争者。有时在竞标中可能会出现某些刚具有物业管理资质的物业服务公司参与竞标的情况。他们可能几乎没有类似成熟的管理经验,但在某一方面(如特殊技术、服务等)却具有绝对或垄断优势。由于他们进入物业管理行业不久,许多情况尚未能为人所知,他们虽然默默无闻,容易被人所忽略,却很有可能成为竞标中的"黑马",这样的竞争对手不仅隐蔽而且威胁巨大。对于这些陌生的竞争者,投标公司不可掉以轻心,必须认真对待。这实际上又从另一方面强调了物业服务公司全面搜集资料工作的重要性。

②同类物业服务公司的规模及其现接管物业的数量与质量。通常大规模的物业服务公司就意味着成熟的经验、先进的技术和优秀的品质,就是在以其规模向人们展示其雄厚的实力,尤其在我国现阶段大多数物业服务公司还属于房地产开发企业,专业性服务公司尚不成气候

的情况下,规模大小在很大程度上将影响招标者的选择判断。此外,公司现有的正在接管的物业数量、所提供服务的质量则可从另一方面更为真实地反映出其实力大小。

③当地竞争者的地域优势。物业管理提供的是服务,其质量的判定在很大程度上取决于业主的满足程度。当地的物业服务公司可以利用其对当地文化、风俗的熟悉提供令业主满足的服务。较之异地进入的物业服务公司,它们一来可减少进入障碍,二来可利用以往业务所形成的与当地专业性服务公司的密切往来,分包物业管理,从而具有成本优势,同时它们还可能由于与当地有关部门的特殊联系而具有某些关系优势。

(4)经营方式差异。现有物业服务公司的组织形式有两种:一是实体性,内部分为两个层次,即管理层和作业层,管理层由有经营头脑的人组成,作业层由与服务内容相关的操作人员组成;二是纯由管理人员组成,无作业层,他们通常不带工人队伍,而是通过合同形式与社会上各类专业服务企业形成松散的联合,以合同方式将物业管理内容发包给相关的服务企业。这两种不同组织形式决定了它们不同的经营方式,前者通常具有较强的统一协调性,但管理成本较高;后者则相对灵活,管理成本低,但需要有优秀的专业性服务公司与之配合,因而它们的投标积极性与报价也相应呈现差异。投标公司可针对招标物业所在地具体情况对其区别对待,权宜从事。

4.风险分析

在国内从事物业管理投标,通常可能面临的风险有:

(1)通货膨胀风险。主要是指由于通货膨胀引起的设备、人工等价格上升,导致其中标后实际运行成本费用大大超过预算,甚至出现亏损。

(2)经营风险。即物业服务公司由于自身管理不善,或缺乏对当地文化的了解,不能提供高质量服务,导致亏损甚至遭业主辞退。

(3)自然条件。如水灾、地震等自然灾害发生而又不能构成合同规定的"不可抗力"条款时,物业服务公司将承担部分损失。

(4)其他风险。如分包公司不能履行合同规定义务,而使物业服务公司遭受经济乃至信誉损失等。

此外,当物业服务公司从事国际投标时,还可能面临政治风险。

这些因素都可能导致物业服务公司即使竞标成功也会发生亏损,但这也绝非不可避免。物业服务公司必须在决定投标之前认真考虑这些风险因素,并从自身条件出发,制订出最佳方案规避风险,将其可能发生的概率或造成的损失尽量减少到最小。

(二)投标实施步骤

在通过资格预审之后,物业服务公司便可按以下步骤实施投标。

1.购买阅读招标文件

物业服务公司要想取得招标文件必须向招标人购买,而取得招标文件之后,如何阅读成为关系到投标成败的重要环节。

①招标文件可能会由于篇幅较长而出现前后文不一致、某些内容不清晰的情况。这些错误虽是由于招标人的原因,但若投标企业在投标前不加重视,甚至不能发现,将可能影响投标标价的制定,以至影响投标的成功,甚至还可能影响中标后合同的履行。因此,投标企业在这一阶段,应本着仔细谨慎的原则,阅读并尽可能找出错误,再按其不同性质与重要性,将这些错误与遗漏划分为"招标前由招标人明确答复"和"计入索赔项目"两类。

②从事国际投标的公司还应注意招标文件的翻译。不同的翻译可能会导致招标文件内容面目全非,而由精通外语的计价员直接阅读招标文件则是解决这一问题的理想办法。

③招标公司还应注意要对招标文件中的各项规定,如开标时间、定标时间、投标保证书等,尤其是图纸、设计说明书和管理服务标准、要求和范围予以足够重视,作出仔细研究。

2.考察现场

通常,开发商或业主委员会将根据需要组织参与投标的物业服务公司统一参观现场,并向他们作出相关的必要介绍,其目的在于帮助投标公司充分了解物业情况,以合理计算标价。在考察过程中,投标人还将就投标公司代表所提出的有关投标的各种疑问作出口头回答,但这种口头答疑并不具备法律效力。只有在投标者以书面形式提出问题并由招标人作出书面答复时,才能产生法律约束力。

根据惯例,投标人应对现场条件考察结果自行负责,开发商将认为投标者已掌握了现场情况,明确了现场物业与投标报价有关的外在风险条件。投标人不得在接管后对物业外在的质量问题提出异议,申明条件不利而要求索赔(当然,其内在且不能从外部发现的质量问题除外)。因此,投标公司对这一步骤不得掉以轻心,必须就以下方面进行细致了解:

(1)若物业管理在物业竣工前期介入,则应现场查看工程土建构造、内外安装的合理性,尤其是消防安全设备、自动化设备、安全监控设备、电力交通通信设备等,必要时做好日后养护、维护要点记录,图纸更改要点记录,交与开发商商议。前期介入的优点在于物业服务公司可与业主更好地协调,有利于其接管后的管理。物业服务公司应尽量利用这一机会,认真准备,仔细查看,参与业主的设计开发,甚至可以就业主设计的不合理之处提出修改意见,或提出更好的设计建议。

(2)若物业已经竣工,则物业服务公司应按以下标准视察项目:

①工程项目施工是否符合合同规定与设计图纸要求;

②技术经检验达到国家规定的质量标准,能满足使用要求;

③竣工工程达到窗明、地净、水通、电亮及采暖通风设备运转正常;

④设备调试、试运转达到设计要求;

⑤确保外在质量无重大问题;

⑥周围公用设施分布情况。

(3)主要业主情况。包括收入层次、主要服务要求与所需特殊服务等。这些情况可由投标公司自行安排人员与时间进行调查。

(4)当地的气候、地质、地理条件。这些条件与接管后的服务密切相关。例如,上海的气候四季分明,昼夜温差较大,春夏之交还有黄梅季节,因此这里的物业注重朝向、通风与绿化,相应其物业管理也更应注意加强环境维护与季节更替时的服务。再如素有山城之称的重庆,其特点在于春秋两季不分明,湿度大,夏季气候闷热,且由于地势起伏大,交通甚为不便,因此这里的物业管理则应突出交通便利服务与夏季的防暑工作。由此可见,这些地理与气候的差异必然导致具体服务内容的差异,只有当物业服务公司了解这些差异时,其服务才会有的放矢,事半功倍。

3.制定管理服务方法及工作量

通常,投标公司可根据招标文件中的物业情况和管理服务范围、要求,详细列出完成所要求管理服务任务的方法及工作量。

住宅小区的特点在于规划集中,功能多样,产权多元,管理复杂。为突出其居住、服务、经济功能,物业管理内容应包括房屋的维护与修缮管理、环境的维护管理、市政公用设施的维护管理及绿化、治安管理等,其管理重点应是日常维护、修缮。

对于写字楼,其管理侧重于为该楼宇中的工作人员提供一个舒适的工作环境,服务内容应包括装修图纸审批、维修服务、保安服务、清洁服务、咨询服务、公关服务等,其重点应突出清洁、安全保卫工作。

商业楼宇管理的重点则在于建立良好的商业形象,以吸引更多消费者,故其日常管理工作包括安全保卫工作、消防工作、设备管理工作、清洁卫生工作、车辆管理工作等,其重点应是保安、清洁工作。

工业厂房与仓库的管理因关系到产品质量与丢失损坏等问题,其服务项目主要是做好各项保障事务,如材料、物资、设备、工具的供应保障,工作生活设施及工作条件的保障,优美环境和娱乐的保障等,其重点应放在材料、物资及工作条件的安全保障之上。

投标物业可根据招标物业性质及所要求服务的内容,制定和规划管理服务内容及工作量。

4.制订资金计划

资金计划应当在确定了管理服务内容及工作量的基础上制订。制订资金计划目的主要有二:一是复核投标可行性研究结果;二是做好议标阶段向开发商或业主作承包答辩的准备。资金计划应以资金流量为根据进行测算,一般说来,资金流入应当大于流出,这样的资金计划安排对评标委员会才具有说服力。通常物业服务公司经营中主要的现金流入和流出项目为:

(1)标书规定的预付款、保证金等;

(2)接管期间费用支出;

(3)接管期间收入;

(4)其他资金来源。

5.标价试算

以上工作完成后,投标者便可进行标价试算。试算前,投标者应确保做到以下几点:

(1)明确领会了招标文件中的各项服务要求、经济条件;

(2)计算或复核过服务工作量;

(3)掌握了物业现场基础信息;

(4)掌握了标价计算所需的各种单价、费率、费用;

(5)拥有分析所需的、适合当地条件的经验数据。

通常,在确定了工作量之后,即可用服务单价乘以工作量,得出管理服务费用。但对于单价的确定,不可套用统一收费标准(国家规定了管理服务单价的除外),因为不同物业情况不同,必须具体问题具体分析。同时,确定单价时还必须根据竞争对手的状况,从战略战术上予以研究分析。

6.标价评估与调整

对于上述试算结果,投标者必须经过进一步评估才能最后确定标价,这主要是因为:

(1)试算所用基础数据可能部分是预测性的,部分为经验性的,不够精确可靠,估价人员应当对预测和经验数据的适用基础进行审查,必要时予以调整。

(2)风险等不可预见费用是主观设定的,应在计算结束后予以复核,综合各渠道所得信息分析作出报价决策。

（3）可能由于估价人员比较保守，致使估价偏高，对此可参考几个估价人员的估价结果，取平均值确定最终报价。

现行标价的评估内容大致包括两方面：一是价格类比；二是竞争形势分析。分析之后便可进行标价调整。

通过这一步骤，投标公司便可以确定出最终标价。

7. 办理投标保函

由于投标者一旦中标就必须履行受标的义务，为防止投标单位违约给招标单位带来经济上的损失，在投递物业管理投标书时，招标单位通常要求投标单位出具一定金额和期限的保证文件，以确保在投标单位中标后不能履约时，招标单位可通过出具保函的银行，用保证金额的全部或部分为投标单位赔偿经济损失。投标保函通常由投标单位开户银行或其主管部门出具。

投标保函所承担的主要担保责任有：

①投标人在投标有效期内不得撤回标书及投标保函。

②投标人被通知中标后必须按通知书规定的时间前往物业所在地签约。

③在签约后的一定时间内，投标人必须提供履约保函或履约保证金。

如果投标人违反上述任何一条规定，招标人就有权没收投标保函，并向银行索赔其担保金额。若投标人没有中标或没有任何违约行为，招标人就应在通知投标无效或未中标或投标单位履约之后，及时将投标保函退还给投标人，并相应解除银行的担保责任。

通常办理投标保函应经过以下程序：

①向银行提交标书中的有关资料，包括投标人须知，保函条款、格式及法律条款等。

②填写"要求开具保函申请书"及其他申请所要求填写的表格，按银行提供的格式一式三份。

③提交详细材料，说明物业管理服务量及预定合同期限。

投标保函的主要内容包括担保人、被担保人、受益人、担保事由、担保金额、担保货币、担保责任、索偿条件等。保函的有效期限通常在投标人须知中有规定，超过保函规定的有效期限，或在有效期内招标人因故宣布本次招标作废，投标保函自动失效。有效期满后，投标人应将投标保函退还银行注销。

除办理投标保函外，投标方还可以保证金的形式提供违约担保。此时，投标方保证金将作为投标文件的组成部分之一。

投标方应将保证金于投标截止之日前交至招标机构指定处。投标保证金可以银行支票或现金形式提交，保证金额依据招标文件的规定确定。未按规定提交投标保证金的投标，将被视为无效投标。

中标的投标方的保证金，在中标方签订合同并履约后5日内予以退还；未中标的投标方的保证金，在定标后5日内予以退还，均不用支付利息。

8. 封送标书、保函

投标文件全部编制好以后，投标人就可派专人或通过邮寄将标书投送给招标人。

封送标书的一般惯例是，投标人应将所有投标文件按照招标文件的要求，准备正本和副本（通常正本1份，副本2份）。标书的正本及每一份副本应分别包装，而且都必须用内外两层封套分别包装与密封，密封后打上"正本"或"副本"的印记（一旦正本和副本有差异，以正本为准),两层封套上均应按投标邀请书的规定写明投递地址及收件人,并注明投标文件的编号、物业名称、在某日某时(指开标日期)之前不要启封等。内层封套是用于原封退还投标文件的,因此应写明投标人的地址和名称,若是外层信封上未按上述规定密封及作标记,则招标方的工作人员对于把投标文件放错地方或过早启封概不负责。由于上述原因被过早启封的标书,招标人将予拒绝并退还投标人。

所有投标文件都必须按招标人在投标邀请书中规定的投标截止时间之前送至招标人。投标文件从投标截止之时起,有效期为 30 天。招标人将拒绝在投标截止时间后收到的投标文件。

(三)定标后的工作

1.中标后的合同签订与履行

经过评标与定标之后,招标方将及时发函通知中标公司。中标公司则可自接到通知之时作好准备,进入合同的签订阶段。

通常,物业委托服务合同的签订需经过签订前谈判、签订谅解备忘录、发送中标函、签订合同协议书几个步骤。由于在合同签订前双方还将就具体问题进行谈判,中标公司应在准备期间对自己的优劣势、技术资源条件以及业主状况进行充分分析,并尽量熟悉合同条款,以便在谈判过程中把握主动,避免在合同签订过程中利益受损。同时,物业服务公司还应着手组建物业管理专案小组,制订工作规划,以便合同签订后及时进驻物业。

物业委托服务合同自签订之日起生效,业主与物业服务公司均应依照合同规定行使权利、履行义务。

2.未中标的总结

竞标失利不仅意味着前期工作白白浪费,而且还将对公司声誉产生不利影响,因此,未中标公司应在收到通知后及时对本次失利的原因作出分析,避免重蹈覆辙。分析可从以下几方面考虑:

(1)准备工作不充分。投标公司在前期收集的资料是否不够充分,致使公司对招标物业的主要情况或竞争者了解不够,因而采取了某些不当的策略,导致失利。

(2)估价不准。投标公司还可分析报价与中标标价之间的差异,并找出存在差异的根源,是工作量测算得不准,还是服务单价确定得偏高,或是计算方法不对。

(3)报价策略失误。这里包含的原因很多,投标公司应具体情况具体分析。

对于以上分析得出的结果,投标公司应整理并归档,以备下次投标借鉴参考。

3.资料整理与归档

无论投标公司是否中标,在竞标结束后都应将投标过程中的一些重要文件进行分类归档保存,以备查核。这样一来可为中标公司在合同履行中解决争议提供原始依据,二来也可为竞标失利的公司分析失败原因提供资料。通常这些文档资料主要包括:①招标文件;②招标文件附件及图纸;③对招标文件进行澄清和修改的会议记录和书面文件;④投标文件及标书;⑤同招标方的来往信件;⑥其他重要文件资料。

三、物业管理投标文件

1.物业管理投标书的内容与组成

(1)物业管理投标书的组成。物业管理投标书,即投标人须知中规定投标者必须提交的全

部文件,主要包括:

①投标致函。投标致函,又叫投标综合说明,实际上就是投标方的正式报价信。

②附件。

A.公司简介。概要介绍投标公司的资质条件、以往业绩等情况。

B.公司法人地位及法定代表人证明。包括资格证明文件(营业执照、税务登记证、企业代码及行业主管部门颁发的资质等级证书、授权书、代理协议书等)、资信证明文件(保函、已履行的合同及商户意见书、中介机构出具的财务状况书等)。

C.公司对合同意向的承诺。包括对承包方式、价款计算方式、服务款项收取方式、材料设备供应方式等情况的说明。

D.物业管理专案小组的配备。简要介绍主要负责人的职务、以往业绩等。

E.物业管理组织实施规划。说明对该物业管理运作中的人员安排、工作规划、财务管理等内容。

(2)物业管理投标书的主要内容。

物业管理投标书除了按规定格式要求回答招标文件中的问题外,最主要的内容是介绍物业管理服务要点、服务内容、服务形式和费用。

①介绍本物业服务公司的概况和经历。除了介绍本公司的概况外,主要介绍本公司以前管理过或正在管理物业的名称、地址、类型、数量,要指出类似此次招标物业的管理经验和成果,并介绍主要负责人的专业、物业管理经历和经验。

②分析投标物业和管理要点。主要指出此次投标物业的特点和日后管理上的特点、难点,可列举说明,还要分析业主及用户对此类物业及管理上的期望、要求等。

③介绍本公司将提供的管理服务内容及功能。

A.开发设计建设期间的管理顾问服务内容。

B.物业竣工验收前的管理顾问服务内容。

C.用户入住及装修期间的管理顾问服务内容。

D.管理运作服务内容。

E.说明将提供的服务形式、费用和期限。

2.投标书写作技巧

投标标书的规范化是投标工作的重要一环,基于投标这一竞争性的经济活动在物业管理领域还不十分普遍,所以本书就标书的编写作一个介绍,以供参考。由于投标物业管理的对象呈多样性、产权呈多元性、要求存在差别性,在编写标书时应结合实际适当调整。

(1)标书的标题。标题一般由三部分组成,即投标对象名称＋内容＋文种,如××小区物业管理标书。如果前面要冠以投标单位就是四个部分组成,即投标单位＋投标对象名称＋内容＋文种,如×××物业服务公司关于××小区物业管理的建议书。至于标书这个文种的名称有"标书""建议书""投标方案"等。

(2)标书的序言。序言主要讲三个方面:对本公司作简短介绍;对投标对象认定;对拟管理的策略进行简述。也有的标书把对本公司的情况介绍作为序言的,而这种介绍寓意着对投标对象拟管理的方式方法具有推荐和设想的作用,对标书以下部分具有呼应效果。

(3)管理的方式、方法。这部分包括:①内部管理机构设置,指管理投标对象所设置的机构。②运作机制,包括计划目标管理、协调监督管理;经济管理、行政管理、质量管理、协调管理;经理日常管理责任制;等等。③工程流程。④信息反馈渠道。⑤管理工作的控制方式。主要对上至经理下至各部门的人员情况动态的掌握和控制以求以岗到人,各个岗位工作的落实。

（4）管理人员。

①管理人员的配备。依照高效、精简原则结合小区实际情况配置。

②管理人员的培训。

（5）必须具备的物质装备计划。包含:职工住房和管理用房计划,器械、工具、通信、治安装备以及办公用品计划。

（6）经费收支测算。

①测算依据。

②经费收支预算表。

③收支情况简表及分析。

④提高管理服务费标准后,收支预算一览表。

⑤未予考虑因素:住户入住率及公建配套不完善而影响收入等因素。

（7）管理规章制度。

①公约规章等管理条规。

②内部岗位责任制。

③管理运作制度。

④档案管理制度。

（8）各项管理指标。

①指标要求;不达标的处理;满意不满意以业主评价为准。

②争创优秀小区的设想。

（9）便民服务项目。包括有偿服务和无偿服务,列出各种代办服务和特约服务项目。

（10）社区文化。

（11）愿意承受的有关奖罚内容。

3.编制投标文件应注意的事项

（1）确保填写无遗漏,无空缺。

（2）不得任意修改填写内容。

（3）填写方式规范。

（4）不得改变标书格式。

（5）计算数字必须准确无误。

（6）报价合理。

（7）包装整洁美观。投标文件应保证字迹清楚、文本整洁,纸张统一,装帧美观大方。

（8）报价方式规范。凡是以电报、电话、传真等形式进行的投标,招标方一概不接受。

（9）严守秘密,公平竞争。

4.投标报价及技巧

投标报价是整个投标过程的核心,具有很强的政策性、技术性和专业性。例如:报价高不利竞争,低了未必能取胜且无利可图,甚至亏损,而且会严重影响今后的管理工作。因为物业管理的每一项目的实施都有相应的支付,只有低而适度的价格才能既中标又获利。低而适度的报价取决于经营管理费用的正确测定及确定合理的利润率。

【案例 4 - 1】

业主委员会招标成虚设 中标物业索要管理权

委托物业管理到底谁说了算？开发商、业主委员会还是业主？中了标却不能入场管理的A物业公司为此一直感到头痛,于是,他们将嘉业大厦业主委员会、开发商某公司以及和其同名的物业公司一同告上了法庭。日前,××市××区人民法院对此案进行了公开宣判。

庭审中,作为被告的嘉业大厦业主委员会满腹委屈。他们辩称,业主委员会于2001年4月经××区居住小区管理办公室批复依法成立。自此,嘉业大厦开发商某公司与其同名物业公司订立的前期物业服务合同将依法终止。因此,其他物业管理单位欲与嘉业大厦管委会签订物业服务合同的,应当依法与业主委员会开展洽商。考虑到当时众多业主曾与原开发商发生利益争议和诉讼,嘉业大厦业主委员会没有就是否与原物业公司续签正式物业服务开展工作。

2012年下半年开始,被告某开发公司和其同名物业公司均向嘉业业主委员会表示希望退出大厦服务,但该物业公司未经管委会同意,单方将物业管理服务转给其他公司经营。管委会明确向该物业公司和其委托公司表示,新的物业服务合同应当经过公开招投标并依法报审后,与中标的物业公司签订合同。于是,2012年11月,经公开招投标和评标,A物业公司中标,原物业公司未参加投标。2013年4月,业主委员会正式向被告开发公司及物业公司送达《交接通知》,而两公司却置之不理,致使中了标的A物业公司不能依法参与嘉业大厦物业服务。

现在,业主委员会同意全面履行与A物业公司所签订的物业管理委托合同,尽快办理入场交接手续,但因原物业公司拒不撤出,故A公司的经济损失及管理者酬金应由原物业公司负担。

法院审理后认为,根据《物业管理条例》有关规定,在业主委员会成立前,由该居住小区的开发建设单位负责物业管理,并可选择物业服务企业进行前期管理。业主委员会成立后,应由其决定物业服务企业的续聘或解聘。

本案被告物业公司作为受开发建设单位委托对嘉业大厦进行物业管理的企业,在大厦业主委员会成立后,其是否继续对大厦进行物业管理,应由嘉业业主委员会决定。嘉业业主委员会有权决定续聘该物业公司或重新选聘物业管理公司对大厦进行管理。

A物业公司依法定程序中标后,被告开发公司与物业公司之间的物业管理委托合同应予解除。现A物业公司要求履行其与嘉业业主委员会签订的物业管理委托合同的请求正当。嘉业业主委员会与A物业公司之间的物业管理委托合同生效后,A物业公司即可在履行合同后获得履行合同的预期利益(管理者酬金)。但其之所以未获得管理者酬金,系嘉业业主委员会未履行合同所致,故管委会应给付A物业公司依合同应获得的管理者酬金。

据此,法院判决,解除被告开发公司、物业公司与业主委员会签订的《嘉业大厦物业管理委托合同》,被告物业公司退出大厦物业管理,由A物业公司行使大厦的物业管理权,嘉业大厦业主委员会给付A物业公司2013年3月至2013年11月管理者酬金3.5万元。

情境小结

本情境主要介绍了物业管理招投标的相关法律制度。物业管理的招标是指物业所有权人在为物业选择管理者时,通过制订招标文件,向社会公布招标信息,由物业服务企业竞投、从中选择最佳者,并与之订立物业服务合同的过程,物业管理投标是指符合招标要求的物业服务企业,根据招标要求,提出投标申请,参与投标活动的过程。

物业管理招标阶段可分为准备阶段、招标阶段、投标阶段、信誉调查采样阶段、开标阶段、中标阶段、设立合同阶段。每个阶段都有既定的工作程序。

学习检测

一、不定项选择题

1. 下列说法错误的是( )。

A. 物业管理招标需要设立专门的招标机构

B. 房产管理部门不可指定招标代理机构

C. 招标代理机构是招标活动的最高权力机关

D. 招标人可自行组织成立招标机构

2. 开标在( )公开进行。

A. 提交投标文件截止时间　　B. 投标文件截止的第二天

C. 投标文件截止的第三天　　D. 招标方自行规定的时间

3. 招标人和中标人应当自中标通知书发出之日起( ),按照招标文件和中标人的投标文件订立书面合同。

A. 一周内　　　　　B. 15日内　　　　C. 20日内　　　　D. 30日内

4. 符合招标文件要求的物业服务企业,按照公布的招标文件中确定的各项管理服务要求与标准,根据国家有关法律、法规与本企业管理条件和水平,编制投标文件,积极参与投标活动的整个过程,称为( )。

A. 物业管理投标　　B. 物业管理招标　　　C. 物业管理开标　　　D. 物业管理评标

5. 招标人采取邀请招标方式的应当向( )个以上合格的法人或其他组织发出投标邀请书。

A. 2　　　　　　　B. 3　　　　　　　C. 5　　　　　　　D. 7

6. 根据建设部《前期物业管理招标投标管理暂行办法》的规定,以下表述中正确的是( )。

A. 新建现售商品房项目应当在现售前60日完成物业管理招标投标工作

B. 公开招标的物业管理项目,自招标文件发出之日起至投标人提交投标文件截止之日止,最短不得少于30日

C. 国家提倡非住宅物业的建设单位也通过招投标的方式,选聘具有相应资质的物业管理企业

D. 招标人采取公开招标方式的,应当在中国住宅与房地产信息网和中国物业管理协会网上发布免费招标公告

7. 前期物业管理招标的主体一般是( )。

A. 物业建设单位　　B. 业主大会　　　C. 业主委员会　　D. 物业产权人

8. 物业管理邀请招标的投标人是( )的。

A. 特定　　　　　　B. 不确定　　　　C. 数量不限　　　D. 不少于2家投标单位

9. 新开发的住宅及同一物业管理区域内的非住宅,( )选聘物业管理企业。

A. 既可以采取招投标方式,也可以采取其他方式

B. 可以采取招投标方式,不可以采取其他方式

C.不可以采取招投标方式,可以采取其他方式

D.既不可以采取招投标方式,也不可以采取其他方式

10.新开发住宅及同一物业管理区域内的非住宅,（　　　），经物业所在地的区、县人民政府房地产行政主管部门的批准,可以采用协议方式选聘具有相应资质的物业管理企业。

A.投标人少于 3 个　　　　　　　　　B.投标人少于 5 个

C.投标人少于 3 个,或住宅规模较小的　　D.投标人少于 5 个,或住宅规模较小的

二、简答题

1.物业管理招标的方式有哪些?

2.试列举物业管理招标文件的内容。

3.简述物业管理招标、投标程序。

4.物业管理评标过程中,评标委员会应做哪些工作?

三、案例分析题

2016 年下半年开始,被告某开发公司和其同名物业公司均向中加业主委员会表示希望退出大厦服务,但该物业公司未经管委会同意,单方将物业管理服务转给其他公司经营。管委会明确向该物业公司和其委托公司表示,新的物业服务合同应当经过公开招投标并依法报审后,与中标的物业公司签订合同。于是,2016 年 11 月,经公开招投标和评标,迪宇物业公司中标,原物业公司未参加投标。2017 年 4 月,业主委员会正式向被告开发公司及物业公司送达交接通知,而两公司却置之不理,致使中了标的迪宇物业公司不能依法参与中加大厦物业服务。

请分析此案并说明理由。

学习情境五
物业服务企业法律制度

学习目标

【知识目标】

1. 了解物业服务企业的概念与分类,了解物业服务企业的资质标准。

2. 熟悉物业服务企业的组织形式。

3. 掌握物业服务企业权利。

【技能目标】

1. 能够对物业服务企业的设立程序进行分析。

2. 能够从注册资本、人员、经验和业绩对物业服务企业的资质标准进行设定。

情境导入

几年前,刘某购买了一套商品房,位于二层。不久住户王某在刘某楼下一层地下室开了一家馄饨铺。从此以后,刘某及其家人便不得安宁。楼下的叫卖声吵得全家心烦意乱,无法安心休息和学习。更令刘某一家难以忍受的是,由于王某私自将其店铺的废水废料倒于楼下,时间一长气味难闻,令人作呕,以致刘某一家终日不敢开窗。刘某多次到物业公司投诉,请求物业公司依照《物业管理条约》制止王某的行为,但物业公司没有采取有效的措施加以制止。后王某继续将馄饨铺扩建成饺子城,又于次年年底改建成饭店。忍无可忍的刘某将物业公司告上了法庭。当地法院审理认为,刘某与物业公司在购房时签订的《物业管理条约》规定,业主若按时交纳物业管理费,物业公司将保证业主有一个安全、卫生、舒适的生活环境,并保证业主的合法权益不受他人侵害;物业公司的行为如果违反了约定,将承担相应的法律责任,造成业主利益受损的承担赔偿责任等。而刘某在按时交纳了物业管理费后,物业公司并未提供一个卫生、舒适的生活环境,反而由于其不作为行为致使王某的违法行为愈演愈烈,使刘某及其家人的合法权益受到了严重的损害,物业公司理应承担违约责任。为此,法院作出了判决,被告物业公司被判双倍返还原告住户两年的物业管理费,并就其不作为行为给原告造成的损害给予赔偿。

学习单元一　物业服务企业概述

一、物业服务企业的概念及特征

1. 物业服务企业的概念

物业服务企业是指具备县级以上物业管理主管部门核准颁发的资质证书,经工商行政管理机关注册登记,以社会化、专业化、经营型方式从事物业管理服务的企业。物业服务企业应具有独立的企业法人资格、明确的经营宗旨和管理章程,实行自主经营、独立核算、自负盈亏,能够独立承担民事法律责任。我国物业服务企业的产生始于20世纪80年代的深圳和广州,随后,上海、北京、南京、哈尔滨、海口等大、中城市也相继组建成立了数量可观的物业公司。

物业服务企业归属于我国的第三产业,属于服务业的范畴,《物权法》和《物业管理条例》明确了物业服务企业具有服务的性质,应以提供业主和使用人满意的服务为主要任务和目标。

2.物业服务企业的特征

(1)物业服务企业是营利性组织。物业服务企业是自主经营、独立核算、自负盈亏、自我发展的服务型企业。它通过向业主提供服务而收取一定费用,以维持企业的生存的发展。物业服务企业同过去的公有房屋的房管所不一样,它是适应社会主义市场经济及房地产业的发展需求而产生的,按照商业化模式运作。作为企业组织,物业服务企业必须依法定程序向工商行政管理机关办理注册登记,领取企业法人营业执照,取得物业管理经营权,并在工商行政管理机关核定的经营范围内按规定的经营方式从事物业管理活动。

(2)物业服务企业必须具备物业管理资质资格。《物业服务企业资质管理办法》规定:"在中华人民共和国境内申请物业服务企业资质,实施对物业服务企业资质管理,适用本办法。"该办法规定对物业服务企业必须在管理人员的素质要求,企业管理、财务管理及物业管理的业绩等方面进行全面考核,并由此设定不同等级的物业服务企业。

(3)物业服务企业的服务范围广泛,既可包括日常的物业维修保养,又可开展特色服务,还可代理有关部门收取水费、电费、维修基金、房租等。它服务的根本目的是保护物业,使其处于良好的使用状态,达到物业保值增值效果,同时,为业主节约交易成本,节省精力,取得相应的经济效果。

(4)物业服务企业的服务行为必须是依委托的行为,其服务对象即是辖区内全体业主。作为一种受托行为,其事务处理范围一般不能超越法律规定的范围和委托权限。物业服务企业的物业管理行为是受业主或业主管理团体的委托而有偿为其处理有关物业管理方面事务的行为。

(5)物业服务企业还承担着一定的社会公共职能,具有一定的社会责任。物业服务企业在物业管理活动中,因其涉及千家万户,涉及生活的方方面面,它已成为现代城市管理的重要组成部分,因而国家通过法律、法规、规章等行政干预及道德规范,要求物业服务企业对涉及物业小区内的公安、交通、市政、环卫、绿化、电信等社区生活秩序、环境秩序进行管理,以协助有关行政机关的管理活动,接受相关行政管理部门对其物业管理的特定方面的指导和监督。

二、物业服务企业的类型

(一)根据其经营服务方式的不同分类

1.委托服务型物业服务企业

这类企业也有人称为"实体型物业服务企业"。按接受委托业务分为两种情况:一种是由开发建设单位委托,承担对业主委员会成立前的前期管理。另一种是业主委员会成立后,由业主委员会选聘或在招标竞投中取得管理权,由业主委员会委托实施管理。无论哪一种形式,均应签订物业管理委托合同。

委托服务型物业服务企业只有经营管理权,而且大多数从事住宅小区的物业管理,以做好公共服务、专项服务和特约服务的工作为主。同时也兼营一些为小区内业主和非业主使用人生活提供方便的经营性项目。

2. 租赁经营型物业服务企业

有些房地产开发建设单位建成后的商业大厦、写字楼、工业大厦、批发市场等物业并不出售,而交给从事租赁经营的物业服务企业管理,通过租金收回投资。可见,此类物业服务企业不仅具有维护管理的职能,更主要的是对所管物业进行租赁经营,实质上是房地产开发的延续,通过物业的出租经营为开发建设单位回收项目投资和获得长期、稳定利润。

这类物业服务企业,虽然以物业的租赁经营业务为主,但管理服务也占有相当重要的地位。与住宅小区相比,写字楼、商业大厦等更需要高标准、高质量的管理。一栋物业是否达到"安全、舒适、快捷"的管理服务要求,直接影响物业租金收益,而且也对楼宇本身的价值有很大的连带关系。所以,这类物业服务企业不仅要坚持经营与管理并重,而且对管理人员的素质有较高的要求。

3. 委托代理型物业服务企业

这类企业可称为委托顾问型物业,物业服务企业国内又有人称为管理型物业服务企业。尽管代理的方式和内容有差异,但委托代理型物业服务企业的共同特点是只有管理层,不设或只设很少的操作层,清洁卫生、园林绿化、电梯维护、水电设备的运行维护、治安防范等均委托专业公司实施。物业服务企业与专业公司建立合同关系,并且要对专业公司的服务进行及时的监督、检查和考核。

这类委托代理型的物业服务企业只收取管理员的薪金及服务代理酬金,其余均属代收代支。从理论上说,这类物业服务企业所代表的是一种比较先进的管理模式,它不但恰如其分地充当"管家"的角色,既不喧宾夺主,出现"主人"与"管家"的错位,又不用对操作层的工作"事必躬亲",而且还能充分利用专业公司的优越性,降低业主支付的管理费用,提高管理服务质量。因为专业公司在多个物业中均从事同一性质的专业服务工作,可以灵活机动地调派工作人员,做到满负荷工作。另外,还可以采取较先进的设备和工艺提高劳动生产率。这些都是自己组建操作层的物业服务企业难以做到的。

(二)根据物业服务企业内部运作的不同分类

1. 管理型物业服务企业

此类物业服务企业一般是以其所拥有的特有物业管理的规划、经验和方法向业主提供物业服务的总括性管理,企业的从业人员大多是对物业管理熟悉的管理人员和各专业管理部门的技术骨干,企业一般不从事具体的物业管理服务活动,其具体的物业管理服务活动一般是由该物业服务企业以委托合同的方式由保安公司、设备维修公司、保洁公司、园林绿化服务公司、家政服务公司等专业型服务企业来承担。

2. 顾问型物业服务企业

此类物业服务企业一般是以其所拥有的特有物业管理的规划、经验和方法向业主提供物业管理方面的咨询服务,该类企业由少量具有丰富物业管理经验的人员组成,既不从事也不参与具体的物业管理与服务工作,而是以顾问的形式出现,收取顾问费。

3. 综合性物业服务企业

此类物业服务企业一般是以其拥有的特有物业管理的技术、经验、设备和方法向其业主提供各种类型的具体的物业管理与服务,企业的从业人员既包括对物业管理熟悉的管理人员和专业性技术骨干,也包括一般的管理与服务工作人员,其业务范围涉及所有的物业管理与服务领域。

(三)根据物业服务企业的组建方式不同分类

1.房地产开发商投资设立型物业服务企业

它是由房地产开发企业投资设立的分支机构,主要是管理由上级公司开发建设的房地产项目。这类公司的最大优势在于项目有保障,并对项目运行的全过程有所了解,便于与开发商协调工作。但由于其与房地产开发商有某种事实上和法律上的利害关系,因此在后续的房地产物业管理过程中,又成为业主与物业服务企业、业主与房地产开发商矛盾难以化解的重要原因。

2.行政机构转制型物业服务企业

它是由原具有行政管理职能的城市或街道房地产管理部门所属的房管所转换机制而设立或组建的物业服务企业。这类企业转制时间不长,行政色彩较浓,业务往往也仅限于传统的房地产管理现象。

3.单位内部组织型物业服务企业

即由房地产所有或使用的单位(如政府机关或大中型企业事业单位)自行设立或组建的对其属下的房地产物业进行管理的物业服务企业。这类物业服务企业一般为某一单位内部的一个相对独立的业务机构,一般情况下不参与物业管理业务的市场竞争,福利色彩较浓。

4.民间投资设立型物业服务企业

即由一般民间投资主体(自然人或企业法人)按照公司法所规定的条件与程序设立的,通过竞争取得房产管理权的法人型物业服务企业。这类物业服务企业具有独立的市场主体地位,富有活力,必须适应市场、提供较好的服务方可生存,是电信的新型物业服务企业。

(四)根据投资主体的经济成分不同分类

1.全民所有制物业服务企业

全民所有制物业服务企业的资产属于国家所有。这类企业从已有的全民所有制企业或行政事业单位中分离出来,以原有企业或行政事业单位的房屋管理和维修部门为基础,由原有企业或行政事业单位负责组建。这类企业在刚成立时,往往依附于原来企业或行政事业单位,管理的物业一般是由原有企业或行政事业单位自建的,具有自建自管的特点。随着物业管理市场的不断发育和全民所有制企业改革的不断深入,这类企业已逐步走上市场化发展的轨道。

2.集体所有制物业服务企业

集体所有制物业服务企业的资产属于集体所有。这类企业一般是以街道原有的房产管理机构为基础,由街道或其他机构负责组建,管理街道区域内的物业或其他物业。此外,这类企业还可以由集体所有制的房地产开发公司负责组建,主要管理企业自建开发的各类房产。

3.民营物业服务企业

民营物业服务企业是指民营性质的物业服务企业。

4.外资物业服务企业

外资物业服务企业是以外商独资经营、中外合资经营或合作经营等形式进行运作的物业服务企业。

5.其他物业服务企业

其他物业服务企业是指企业资产属于多种所有制经济成分的投资主体所有的物业服务企业。

(五)根据股东出资形式的不同分类

1.物业管理有限责任公司

物业管理有限责任公司是指由一定人数的股东出资设立,股东以其出资额为限对公司债务承担责任,公司以其全部资产对公司债务承担责任的公司。一般的有限责任公司一般由 2 个以上 50 个以下股东共同出资设立。

2.物业管理股份有限公司

物业管理股份有限公司的全部资产被划分为等额股份,股东以其所持股份为限对公司承担责任,公司以其全部资产对公司的债务承担责任。其设立可以采取发起设立或者募集设立的方式。发起设立是指由 5 人以上发起人认购公司应当发行的全部股份而设立公司。募集设立是指由 5 人以上发起认购公司应当发行股份的一部分,其余部分向社会公开募集而设立公司。国有企业改建为股份有限公司的,发起人可以少于 5 人,但应当采取募集设立方式。

3.股份合作型物业服务企业

股份合作型物业服务企业的股东通过订立合作经营章程,按其股份享有权利和义务,企业以其全部资产对其债务承担责任。

随着物业管理行业的深入发展,物业服务企业将进一步朝着集约化、集团化和国际化的方向发展,这样不仅可以创造规模经济效益,而且对于节约管理成本、实施品牌管理,以及促进物业服务企业的规范化和社会化发展,都是十分有益的。

三、物业服务企业的权利和义务

(一)物业服务企业的权利

物业服务企业是物业服务委托合同的执行者,它必须按照委托人的意志办事。因此物业服务企业的权利内容有三个方面:首先,有权采取完成委托任务所必需的行为;其次,有权获得劳动报酬;最后,有权根据物业服务合同制止违背全体业主利益的行为。

最主要的是,当物业服务企业接受某个辖区业主的委托后,便获得了该物业管理区域的管理权。物业服务企业有以下的具体权利:

1.根据有关法规,并结合实际情况制定管理办法

物业服务企业制订的小区管理办法可以是综合性的管理规章,也可以针对不同方面制订专项规章,例如卫生公约、保安公约等。物业服务企业制订规章属于对小区管理服务的重大措施,必须经小区业主大会或物业管理委员会认可后,管理规章才能生效。这些管理规章不属于政府行为,没有普遍的效力,只在小区居民范围内具有约束力,其性质属于团体自律性规章。

2.依照物业服务委托合同和管理办法对物业实施管理

《物业管理条例》规定:"一个物业管理区域由一个物业服务企业实施物业管理",即被委托的物业服务企业有权对该特定物业管理区域的物业实施专门管理和自主经营。其在该区内的专门管理与服务经营权不受侵犯。其自主的企业营业行为不受任何单位或个人的非法干预。

3.依照物业服务委托合同和有关规定收取管理费

《物业管理条例》规定:"物业服务收费应当遵循合理、公开以及费用与服务水平相适应的原则,区别不同物业的性质和特点,由业主和物业服务企业按照国务院价格主管部门会同国务院建设行政主管部门制定的物业服务收费办法,在物业服务合同中约定。"

4.有权制止违反规章制度的行为

《物业管理条例》规定:"对物业管理区域内违反有关治安、环保、物业装饰装修和使用等方面法律、法规规定的行为,物业服务企业应当制止,并及时向有关行政管理部门报告。"物业服务企业对小区的管理其实就是对小区居民之间的利益冲突、小区居民与外界之间的利益冲突进行协调的过程。物业公司必须具有对无端损害业主或本公司利益的行为的劝阻以及制止权。

5.有权要求业主委员会协助管理

管理委员会作为房屋所有人和使用人的代表,有责任协助物业服务企业做好工作,对于小区管理中出现的重大事件,或者个别难以解决的问题,物业服务企业可以将情况向管理委员会通报,有权要求管理委员会按照管理规章出面协调和解决,管理委员会应当予以支持和协助。

6.有权选聘专业公司承担专项管理业务

物业管理是多方面的管理与服务,物业服务企业本身不可能具备各方面的管理条件,因此根据管理项目的需要,一部分专项业务必须委托其他专营公司完成。比如将清扫小区街道和清理垃圾、化粪井的专项工作,转包给清洁公司等单位或人员承担;聘请保安公司承担小区治安管理工作等。

7.可以实行多种经营,以其收益补充管理经费

我国的物业管理开展不久,群众生活水平也还不高,不能像国外那样实行物业管理的高收费,但又不能沿用传统房产管理"以收定支"的做法,弥补经费不足的办法就是开展多种经营,以经营收益补充管理经费。

(二)物业服务企业的义务

1.全面履行物业服务合同,在物业管理区域内实施物业服务

《物业管理条例》规定:"物业服务企业应当按照物业服务合同的约定,提供相应的服务。物业服务企业未能履行物业服务合同的约定,导致业主人身、财产安全受到损害的,应当依法承担相应的法律责任。"物业服务企业的义务,首先是全面履行物业服务合同,按照国家和地方政府规定的技术标准和规范以及业主委员会审定的物业管理服务计划,实施物业管理。物业服务企业要经常对物业管理区域进行全面的巡视、检查,定期对住宅的共用部位、共用设备和公共设施进行养护,发现住宅的共用部位、共用设备或者公共设施损坏时,立即采取保护措施,并按照物业管理服务合同的约定进行维修。根据业主要求,对住宅的自用部位和自用设备进行维修和更新。物业服务企业提供的物业管理服务应当保持住宅和公共设施完好、环境整洁优美、公共秩序良好,保障物业使用的方便、安全。

物业服务合同一经签订,受国家法律保护,合同义务受国家法律监督。如果物业服务企业不全面履行合同,要承担相应的违约责任。物业服务合同终止时,业主大会选聘了新的物业服务企业的,物业服务企业之间应当做好交接工作,并将物业管理资料交还给业主委员会。

2.接受业主委员会和业主、物业使用人的监督

物业服务企业要定期向业主委员会报告工作,定期公布物业服务费用和代管资金收支账

目,接受质询和审计。根据业主委员会要求,列席业主大会及业主委员会会议,解答业主和业主委员会提出的咨询,听取意见和建议,改进和完善物业管理。

3. 协助政府部门和做好物业管理区域内的安全防范工作

物业服务企业应当协助做好物业管理区域内的安全防范工作,协助有关部门制止违法、违规行为,维护物业管理区域公共秩序,保障物业管理区域内业主的生命、财产安全。发生安全事故时,物业服务企业在采取应急措施的同时,应当及时向有关行政管理部门报告,协助做好救助工作。物业服务企业雇请保安人员的,应当遵守国家有关规定,保安人员在维护物业管理区域内的公共秩序时,应当履行职责,不得侵害公民的合法权益。

4. 接受有关行政管理部门的指导和监督

物业服务企业要自觉服从政府主管部门的指导和监督,物业服务企业要接受资质管理,依法登记成立。与业主委员会订立管理服务合同不得损害国家利益、社会公共利益或第三者利益。物业服务合同应到房地产主管部门备案。物业服务企业的管理和经营行为,要服从行政部门的管理。

【案例 5 - 1】

业主岳先生从前业主手中买得其在某小区的一套住房,付清了房款之后就搬进了新房。谁知业主岳先生刚刚入住该小区不久,便看到该小区的物业服务公司贴出的公告,公告上称由于近一年来物业服务公司入不敷出,亏损十余万,需要每户业主按照建筑面积增加 2 个月的物业管理费用。岳先生感到诧异,认为前面几个月的管理开支应该由当时的业主负责,而后入住的业主无责任承担,物业公司在乱收费。在与该物业服务公司争执不下时,岳先生向行政主管部门投诉。行政主管部门经查认为业主岳先生由于没有与前业主约定管理费承担的问题,裁定由岳先生承担所欠管理费。

请分析后回答以下问题:

(1)从以上的表述来看,该小区的物业服务费采取的是什么形式?

(2)物业服务公司为什么会出现财政赤字?

四、物业服务企业的设立

物业服务企业是随着房地产的发展和对物业管理的需要而产生的。物业服务企业的组建和其他企业一样,必须符合工商行政管理等部门的有关规定,获得批准才能成立。

(一)物业服务企业的资质条件

物业服务企业的资质条件,主要是为界定、查验、衡量这类公司具备或拥有的专业人员、受托管理物业的规模等方面的状况,是企业的实力、规模的标志。由于各地区物业管理的发展程度不同,具体的资质条件也各不相同。

(二)物业服务企业申请成立的程序

一般情况下,物业服务企业领到资质审批文件后,按有关规定向工商行政管理机关办理注册登记手续后才能对外营业。具体程序包括:

(1)根据上述成立条件,准备材料和文件。

(2)向所在地房地产主管部门提出申请。

(3)向所在地工商行政管理局申请企业名称登记、法人注册登记和开业登记。

（4）到税务部门进行税务登记，以及到公安机关（或授权单位）进行公章登记和刻制。

（三）资质申办

企业法人登记和税务登记完成以后，意味着新的物业服务企业就可以开展经营管理活动了。但若正式实施对物业项目的管理服务，还必须申报物业管理资质。物业管理资质实际上是物业管理市场的准入证，由国家建设主管部门和省市房地产主管部门进行管理。

【案例 5 - 2】

某房地产开发公司与另一家关联企业拟共同出资成立一家物业服务企业。公司注册资本为 300 万元，房地产开发公司出资 180 万元，占注册资本总额的 60%；关联企业出资 120 万元，占注册资本的 40%。双方签订了共同出资成立物业服务企业的合同。

组建过程如下：

（1）召开股东大会——确定公司名称、通过公司章程、公司设董事会。

（2）召开董事会。

（3）公司名称的预先核准登记（向工商局），验资。

（4）向工商局申请公司设立登记——领取工商注册登记申请表。

（5）向房管局提出公司设立申请——区房管局初审，向市房管局提出公司设立申请。

（6）办理公司注册登记，领取营业执照。

（7）房管局批复，带相关资料到工商局办理。

请问：（1）该组建物业服务企业应属于什么性质的公司？

（2）以上组建程序你认为还应做哪些工作？

五、物业服务企业的组织机构设置

（一）物业服务企业组织机构的设置要求

物业服务企业组织机构设置必须为实现公司的经营管理目标服务。它的设置必须满足以下三个基本要素：

1. 具备服务性功能

物业服务企业是专门从事物业管理与服务的企业。服务是它的宗旨，因此设置的组织机构必须具备这种功能。

2. 充分发挥员工的潜能

物业服务企业的每一项服务、管理必须依靠每一位员工来实现，所以组织机构设置应充分考虑调动每一位员工的积极性、创造性，充分发挥个人智慧。

3. 效率与效益

物业服务企业的组织结构设置应从实践出发，以低成本的投入达到最好的工作效率、经济效益、环境效益和社会效益。

（二）物业服务企业组织机构设置的原则

为了发挥物业服务企业组织机构的整体功能，实现公司的总目标，组织机构的设置应遵循以下原则：

1. 目标原则

公司有自己经营发展的目标，组织机构的设计必须以公司的总目标为依据。从某种意义上讲,组织机构的设置是实现公司总目标的一种手段。因目标设置机构,因机构设职、设人,这是组织机构设置的目标原则。

2.统一领导与层次管理原则

物业服务企业的经营战略和重大决策权应集中在高层领导手中,而日常工作的管理与经营的权利则逐级授权,实行层次化管理。统一领导是各项工作协调进行和实现总目标决策的保证,分层次管理则是充分发挥各级管理人员积极性的机制保障。

3.分工协作原则

分工协作是社会发展、市场经济的需要,它不仅可以提高生产率,而且能使资源整合,发挥整体效益。公司能否发挥整体效益,取决于组织机构的专业分工与相互协调。公司总目标如能分层次落实到各个部门,使之各司其职、相互协作,目标也就能实现。

4.责权对应原则

整个公司的责任和权力是对等的,委以责任的同时也必须委以自己完成任务所必需的权力。有责无权,不仅不能调动员工的积极性,而且使责任形同乌有,最终无法保证公司的任务的完成。

(三)物业服务企业职能机构及其职责

1.总经理室

总经理室一般设总经理和若干副总经理及“三师”(总会计师、总经济师、总工程师),部分企业还设有总经理助理,他们共同构成企业的决策层,对企业的重大问题作出决策。

2.人力资源部

人力资源部的主要职责包括:制定企业各项人力资源管理制度,编制人力资源发展和培训计划,优化人力资源结构和人力资源配置,设计实施薪酬管理方案,完成人员招募、任免、调配、考核、奖惩、培训、解聘、辞退等工作。

3.行政管理部

行政管理部的主要职责包括:编制实施行政管理、企业文化建设、品牌管理和信息化建设的规划和预算,建立相关规章制度、管理标准和工作标准,完成企业日常行政管理、企业文化和社区文化建设、品牌策划、后勤保障、内部信息管理、信息化建设、对外事务的联络等工作。

4.财务部

财务部的主要职责包括:坚持原则,遵守财经纪律,执行财务规章制度;编制财务计划,做好财务核算、成本控制、预算和决算管理、财务分析和财务管理等工作;督促检查各项目的财务收支情况,监督资金和资产的安全运作,增收节支;定期向总经理室汇报财务收支情况。

5.品质管理部

品质管理部的主要职责包括:企业质量管理体系运行和维护,各物业项目服务品质监督,客户满意度评价及监督,管理评审,协助新物业项目建立质量管理体系,外部质量审核的协调,内部服务品质审核的组织协调,客户服务监督管理,客户关系管理,客户投诉处理,客户满意度评价等。

6.市场拓展部

市场拓展部的主要职责包括:物业管理市场调查研究,物业管理市场拓展,物业项目可行性研究分析,制作标书,投标管理,新接管物业项目前期介入管理的组织和协调,顾问项目管理与协调等。

7.经营管理部

经营管理部的主要职责包括:制订和分解企业经营计划和经营目标,制定物业项目考核体系、考核指标和标准,组织对各物业项目进行目标考核等。

8.工程管理部

工程管理部的主要职责包括:工程维修和运行保障,合格工程维修分包商评审,各项维修保养工程和工程改造项目招标投标、预算及审价、合同评审工作,为各物业项目提供工程技术支持、工程设备运行和维修评审,支持新项目做好新接管物业的移交、验收和工程管理,负责或参与有关工程设备管理文件的编制等。

9.安全管理部

安全管理部的主要职责包括:各物业项目安全管理监督控制、安全管理指导的统筹安排、安全检查的统筹安排、安全管理评审、新项目安全管理支持和协助、负责或参与有关标书安全管理文件的编制等;具体负责公司安全管理制度及工作计划的制定与实施,并监督、指导、协调和考核各项目的执行情况;完成安全巡查、安全投诉处理、定期消防安全检查等工作;协助项目对重大安全事故或突发事件的调查和处理。

10.环境管理部

环境管理部的主要职责包括:负责清洁、绿化管理,保持环境卫生,实施企业对清洁和绿化分包方监管等;具体负责指导、监督各项目清洁绿化日常维护保养工作;负责对承包方的监督检查与考核;负责制定公共环境卫生防护的各类管理措施,组织编制并实施项目清洁绿化的大、中型维护保养计划。

(四)物业服务企业组织机构的基本类型

目前物业服务企业组织机构的基本类型主要有以下几种:

1.直线型

企业各级领导者执行全部管理职能,按垂直系统直接领导,不设专门职能机构。这种组织形式的主要优点是领导能够集指挥和职能于一身,命令统一,责权分明,指挥及时;主要缺点是要求领导者通晓多种专业知识,具备多方面的知识和技能。因此,直线型适用于业务量较小的小型物业服务企业的初期管理,不能适应较大规模和较复杂的物业管理。

2.直线职能制

各级主管人员直接指挥,职能机构是直线行政主管的参谋。职能机构对下面直线部门一般不能下达指挥命令和工作指示,只是起业务指导和监督作用。其优点是专业管理职能得以加强,适应涉及面广、技术复杂、服务多样化、管理综合性强的物业服务企业。相应地,缺点是机构人员较多,成本较高;横向协调困难,容易造成矛盾堆积,降低工作效率。直线职能制是我国目前中等规模的物业服务企业较多采用的一种组织结构形式。

3.事业部制

一是实行分权管理,将政策制定和行政管理分开;二是每个事业部都是一个利润中心,实行独立核算和自负盈亏。这种形式优点有:强化了决策机制,使公司最高领导摆脱了繁杂的行政事务,着重于公司重大事情决策;能调动各事业部门的积极性、责任心和主动性,增强了企业的活力;促进了内部的竞争,提高了公司的效率和效益;有利于复合型人才的考核培养,便于优秀人才脱颖而出。其缺点在于事业部之间的协调困难,机构重叠,人员过多。所以,一般只有规模大、物业种类繁多、经营业务复杂多样的大型综合型物业服务企业才会借鉴采用这种组织方式。

4. 矩阵制

在同一组织中既设置纵向的职能部门,又建立横向的管理系统;参加项目的成员受双重领导,既受所属职能部门的领导,又受项目组的领导。这种组织形式的优点是:加强了各职能部门之间的横向联系,充分利用了人力资源;有利于调动各方工作积极性,解决处理各自责任范围内的问题;具有较强的机动性和适应性。缺点是:组织结构的稳定性较差,机构人员较多,容易形成多头领导;部门之间关系复杂,协调工作量比较大,处理不当容易产生矛盾。矩阵制的组织结构在国外的物业管理企业中用得较多,在我国,多用在新的小区(大厦)物业管理处或在异地新组建的分公司筹建阶段。

学习单元二 物业服务企业资质管理

一、物业服务企业的资质等级及相应标准

为加强物业服务企业的资质管理,提高物业管理水平,促进管理行业的健康发展,我国对物业服务企业的资质管理部门做了严格的规定。《物业服务企业资质管理办法》第三条规定:"物业服务企业资质等级分为一、二、三级。"各资质等级物业服务企业的条件如下:

1. 一级资质

(1)物业管理专业人员以及工程、管理、经济等相关专业类的专职管理和技术人员不少于30人。其中,具有中级以上职称的人员不少于20人,工程、财务等业务负责人具有相应专业中级以上职称。

(2)物业管理专业人员按照国家有关规定取得职业资格证书。

(3)管理两种类型以上物业,并且管理各类物业的房屋建筑面积分别占下列相应计算基数的百分比之和不低于100%:①多层住宅200万平方米;②高层住宅100万平方米;③独立式住宅(别墅)15万平方米;④办公楼、工业厂房及其他物业50万平方米。

(4)建立并严格执行服务质量、服务收费等企业管理制度和标准,建立企业信用档案系统,有优良的经营管理业绩。

2. 二级资质

(1)物业管理专业人员以及工程、管理、经济等相关专业类的专职管理和技术人员不少于20人。其中,具有中级以上职称的人员不少于10人,工程、财务等业务负责人具有相应专业中级以上职称。

(2)物业管理专业人员按照国家有关规定取得职业资格证书。

(3)管理两种类型以上物业,并且管理各类物业的房屋建筑面积分别占下列相应计算基数的百分比之和不低于100%:①多层住宅100万平方米;②高层住宅50万平方米;③独立式住宅(别墅)8万平方米;④办公楼、工业厂房及其他物业20万平方米。

(4)建立并严格执行服务质量、服务收费等企业管理制度和标准,建立企业信用档案系统,有良好的经营管理业绩。

3. 三级资质

(1)物业管理专业人员以及工程、管理、经济等相关专业类的专职管理和技术人员不少于

10 人。其中,具有中级以上职称的人员不少于 5 人,工程、财务等业务负责人具有相应专业中级以上职称。

(2)物业管理专业人员按照国家有关规定取得职业资格证书。

(3)有委托的物业管理项目。

(4)建立并严格执行服务质量、服务收费等企业管理制度和标准,建立企业信用档案系统。

二、物业服务企业资质的申请与管理

1. 物业服务企业资质的申请

《物业服务企业资质管理办法》规定,新设立的物业服务企业应当自领取营业执照之日起 30 日内,持下列文件向工商注册所在地直辖市、设区的市的人民政府房地产主管部门申请资质:

①营业执照;

②企业章程;

③验资证明;

④企业法定代表人的身份证明;

⑤物业管理专业人员的职业资格证书和劳动合同,管理和技术人员的职称证书和劳动合同。

新设立的物业服务企业,其资质等级按照最低等级核定,并设一年的暂定期。申请核定资质等级的物业服务企业,应当提交下列材料:

①企业资质等级申报表;

②营业执照;

③企业资质证书正、副本;

④物业管理专业人员的职业资格证书和劳动合同,管理和技术人员的职称证书和劳动合同,工程、财务负责人的职称证书和劳动合同;

⑤物业服务合同复印件;

⑥物业管理业绩材料。

2. 物业服务企业资质的管理

(1)资质管理机关。

国务院建设主管部门负责一级物业服务企业资质证书的颁发和管理。省、自治区人民政府建设主管部门负责二级物业服务企业资质证书的颁发和管理,直辖市人民政府房地产主管部门负责二级和三级物业服务企业资质证书的颁发和管理,并接受国务院建设主管部门的指导和监督。设区的市的人民政府房地产主管部门负责三级物业服务企业资质证书的颁发和管理,并接受省、自治区人民政府建设主管部门的指导和监督。

资质审批部门应当自受理企业申请之日起 20 个工作日内,对符合相应资质等级条件的企业核发资质证书;一级资质审批前,应当由省、自治区人民政府建设主管部门或者直辖市人民政府房地产主管部门审查,审查期限为 20 个工作日。

(2)资质管理内容。

物业服务企业不得超越资质等级承接物业管理业务:一级资质物业服务企业可以承接各种物业管理项目;二级资质物业服务企业可以承接 30 万平方米以下的住宅项目和 8 万平方米

以下的非住宅项目的物业管理业务。三级资质物业服务企业可以承接20万平方米以下住宅项目和5万平方米以下的非住宅项目的物业管理业务。

任何单位和个人不得伪造、涂改、出租、出借、转让资质证书。企业遗失资质证书,应当在新闻媒体上声明后,方可申请补领。

企业发生分立、合并的,应当在向工商行政管理部门办理变更手续后30日内,到原资质审批部门申请办理资质证书注销手续,并重新核定资质等级。企业的名称、法定代表人等事项发生变更的,应当在办理变更手续后30日内,到原资质审批部门办理资质证书变更手续。企业破产、歇业或者因其他原因终止业务活动的,应当在办理营业执照注销手续后15日内,到原资质审批部门办理资质证书注销手续。

物业服务企业申请核定资质等级,在申请之日前一年内有下列行为之一的,资质审批部门不予批准:

①聘用未取得物业管理职业资格证书的人员从事物业管理活动的;

②将一个物业管理区域内的全部物业管理业务一并委托给他人的;

③挪用专项维修资金的;

④擅自改变物业管理用房用途的;

⑤擅自改变物业管理区域内按照规划建设的公共建筑和共用设施用途的;

⑥擅自占用、挖掘物业管理区域内道路、场地,损害业主共同利益的;

⑦擅自利用物业共用部位、共用设施设备进行经营的;

⑧物业服务合同终止时,不按照规定移交物业管理用房和有关资料的;

⑨与物业管理招标人或者其他物业管理投标人相互串通,以不正当手段谋取中标的;

⑩不履行物业服务合同,业主投诉较多,经查证属实的;

⑪超越资质等级承接物业管理业务的;

⑫出租、出借、转让资质证书的;

⑬发生重大责任事故的。

(3)对物业管理资质违法行为的处罚。

《物业服务企业资质管理办法》规定:物业服务企业超越资质等级承接物业管理业务的,由县级以上地方人民政府房地产主管部门予以警告,责令限期改正,并处1万元以上3万元以下的罚款。物业服务企业出租、出借、转让资质证书的,由县级以上地方人民政府房地产主管部门予以警告,责令限期改正,并处1万元以上3万元以下的罚款。物业服务企业不按照该办法规定及时办理资质变更手续的,由县级以上地方人民政府房地产主管部门责令限期改正,可处2万元以下的罚款。如有下列情形之一的,资质审批部门或者其上级主管部门,根据利害关系人的请求或者根据职权可以撤销资质证书:

①审批部门工作人员滥用职权、玩忽职守作出物业服务企业资质审批决定的;

②超越法定职权作出物业服务企业资质审批决定的;

③违反法定程序作出物业服务企业资质审批决定的;

④对不具备申请资格或者不符合法定条件的物业服务企业颁发资质证书的;

⑤依法可以撤销审批的其他情形。

【案例 5-3】

某小区物业公司擅自将小区的门卫室出租给他人做小卖部,业主们认为自己在购房时已分摊了门卫室的建筑面积,门卫室应属于所有业主共同所有,未经各所有人一致同意,他人无权出租。为此,业主诉至法院,要求物业公司停止侵害。

案例评析

物业公司的行为是违法的。

(1)小区门卫室是物业服务企业进行物业服务活动必须使用的建筑,应当属于物业服务用房。根据《物权法》第七十三条的规定,建筑区划内的物业服务用房属于业主共有。同时,《物业管理条例》第三十七条也规定,物业服务用房的所有权依法属于业主。因此,物业公司无权将其出租。

(2)物业服务企业基于物业服务合同的约定由业主授权对物业服务用房享有占有、使用的权利,因此物业服务企业对于物业服务用房的使用必须符合合同的约定,不得擅自改变物业服务用房的用途。对此《物业管理条例》第三十七条明确规定:"未经业主大会同意,物业服务企业不得改变物业服务用房的用途。"

知识链接

企业文化在物业服务企业中的作用

物业服务企业在管理过程中,需要重点解决的是"两大满意度"问题:

一是业主满意度。即业主对物业服务企业的服务质量的综合评价,反映物业服务企业的服务质量,这是对客户的承诺,是物业服务企业赖以生存的基础。

二是员工满意度。它是员工对企业的认可程度,包括收入水平、文化氛围,员工和管理层、员工和员工之间的关系。

员工满意度高是企业良好运转、提高企业的整体办事效率的前提,同时也是保障业主满意度的必要条件。一家物业服务企业要想使"两大满意度"同时得高分,除了科学的管理、市场运营外,企业文化也是不可或缺的一环。

何谓企业文化

企业文化也叫组织文化,是一个组织由其价值观、信念、仪式、符号、处事方式等组成的其特有的文化形象。企业文化是在一定的条件下,企业生产经营和管理活动中所创造的具有该企业特色的精神财富和物质形态。企业文化以企业为本,是一种管理文化。

企业文化由三个层次构成:

一是表面层的物质文化,称为企业的"硬文化",包括厂容、厂貌、机械设备,产品造型、外观、质量等。

二是中间层次的制度文化,包括领导体制、人际关系以及各项规章制度和纪律等。

三是核心层的精神文化,称为"企业软文化"。它包括各种行为规范、价值观念、企业的群体意识、员工素质和优良传统等,是企业文化的核心,被称为企业精神。

企业文化的内涵

企业文化的内涵可以理解为以下几个方面:

一是经营哲学。经营哲学是一个企业特有的从事生产经营和管理活动的方法论原则。它是指导企业行为的基础。一个企业在激烈的市场竞争环境中,面临着各种矛盾和多种选择,要求企业有一个科学的方法论来指导,有一套逻辑思维的程序来决定自己的行为,这就是经营哲学。

二是价值观念。所谓企业的价值观,是指企业员工对企业存在的意义、经营目的、经营宗旨的价值评价和为之追求的整体化、个异化的群体意识,是企业全体员工共同的价值准则。只有在共同的价值准则基础上才能产生企业正确的价值目标。有了正确的价值目标才会有奋力追求价值目标的行为,企业才有希望。因此,企业价值观决定着员工行为的取向,关系企业的生死存亡。

三是企业精神。企业精神是指企业基于自身特定的性质、任务、宗旨、时代要求和发展方向,并经过精心培养而形成的企业成员群体的精神风貌。企业精神要通过企业全体员工有意识的实践活动体现出来。企业精神是企业文化的核心,在整个企业文化中起着支配的地位。企业精神是企业的灵魂。

四是企业道德。企业道德是指调整该企业与其他企业之间、企业与顾客之间、企业内部员工之间关系的行为规范的总和。它是从伦理关系的角度,以善与恶、公与私、荣与辱、诚实与虚伪等道德范畴为标准来评价和规范企业。

五是团体意识。团体意识是指组织成员的集体观念。团体意识是企业内部凝聚力形成的重要心理因素。企业团体意识的形成使企业的每个员工把自己的工作和行为都看成是实现企业目标的一个组成部分,使他们对自己作为企业的成员而感到自豪,对企业的成就产生荣誉感,从而把企业看成是自己利益的共同体和归属。因此,他们就会为实现企业的目标而努力奋斗,自觉地克服与实现企业目标不一致的行为。

六是企业形象。企业形象是企业通过外部特征和经营实力表现出来的,被消费者和公众所认同的企业总体印象。由外部特征表现出来的企业的形象称表层形象,如招牌、徽标、商标、营业环境等,这些都给人以直观的感觉,容易形成印象;通过经营实力表现出来的形象称深层形象,它是企业内部要素的集中体现。

七是企业制度。企业制度是在生产经营实践活动中所形成的,对人的行为带有强制性,并能保障一定权利的各种规定。从企业文化的层次结构看,企业制度属中间层次,它是精神文化的表现形式,是物质文化实现的保证。

八是企业使命。所谓企业使命是指企业在社会经济发展中所应担当的角色和责任,是指企业的根本性质和存在的理由,说明企业的经营领域、经营思想,为企业目标的确立与战略的制定提供依据。

企业文化的功用

企业文化在企业管理中起着举足轻重的作用,主要通过以下五个功能所表现:

一是导向功能。所谓导向功能就是通过它对企业的领导者和员工起引导作用。企业文化的导向功能主要体现在经营哲学和价值观念的指导、企业目标的指引两个方面。

二是约束功能。企业文化的约束功能主要通过完善管理制度和道德规范来实现。企业文化的约束功能也体现在两方面,一是规章制度的约束,二是道德规范的约束。

三是凝聚功能。企业文化以人为本,尊重人的感情,从而在企业中造成了一种团结友爱、相互信任的和睦气氛,强化了团体意识,使企业员工之间形成强大的凝聚力和向心力。共同的价值观念形成了共同的目标和理想,员工把企业看成是一个命运共同体,把本职工作看成是实现共同目标的重要组成部分,整个企业步调一致,形成统一的整体。

四是激励功能。共同的价值观念使每个员工都感到自己存在和行为的价值,自我价值的实现是人的最高精神需求的一种满足,这种满足必将形成强大的激励。

五是调适功能。企业各部门之间、员工之间，由于各种原因难免会产生一些矛盾，解决这些矛盾需要各自进行自我调节；企业与环境、与顾客、与企业、与国家、与社会之间都会存在不协调、不适应之处，这也需要进行调整和适应。调适功能实际也是企业能动作用的一种表现。

发挥文化作用，提高管理水平

在物业服务企业运营中，只要积极采取有效措施，发挥企业文化的引导作用，在塑品牌上、在人才培养上、在服务质量上、在服务方式上下功夫，一定能够开拓一片新天地。

一是建立完整、科学的物业管理法律体系。建立完整、科学的物业管理法律体系已成为物业管理工作中的当务之急。应尽快完善物业企业制度，在补充物业企业制度的同时，还要建立现代企业制度，只有这样才能加快企业发展。

二是重视人才，德放首位。对于企业来说，没有最佳人才，只有最适合人才。人才具备的不仅仅是知识，更重要的还是心态、行为举止、不说假话，诚实是成为真正人才的基础。因此，物业服务企业在培养人才时把握这一点很重要。人才是一个企业的基石，德是一个人的灵魂。因此，物业服务企业在用人方面，德一定要放在第一位，即职业操守、遵守公司规定和企业文化。

三是物业管理信息化。我国物业服务企业龙头老大万科物业就非常重视管理创新，持续进行物业管理专业研究与探索，不断提高服务质量，以创造更好的经济效益及社会效益。万科物业的管理创新，一个重要特点就是重视信息化建设，公司每年都投入巨资进行信息化建设，是国内物业管理行业信息化建设的领跑者。信息化管理不仅能提高工作效率，还能提高服务质量，而且打造了品牌的核心竞争力。

四是倡导生态文化。物业服务企业的任务之一是通过保洁绿化服务等工作为业主提供优美的居住环境。生态文化作为新型的管理文化，既包括生态环境、生态伦理，又包括生态道德，它是解决人类与自然关系问题的思想观点和心理的总和。

五是弘扬"亲情文化"。物业服务企业是服务型企业，以人为本是物业服务企业文化建设的首要措施，以人为本体现了两方面的内容。第一是在经营理念中突出以业主为本，业主至上，时时想业主之所想，急业主之所急，持续超业主的期望。第二是突出以员工为本，对员工进行"感情投资"，将心比心，以心换心，用情连心。

六是培植诚信文化。"人无信不立"成为芸芸众生耳熟能详的口头禅。诚信决定着企业生存发展的基点，诚信是立业之道，兴业之本。作为市场竞争的主体，企业必须遵守和营造公平、有序的市场经济秩序。

七是营造活力文化。积极举办各类形式多样的联值活动，让员工与业主共同参加，增加相互之间的感情，在竞技活动中，展现生命的活力。例如：体育运动会、棋牌比赛、保健知识讲座、卡拉OK比赛等，积极制造的"活力文化"。激发员工的敬业精神首先应该充分肯定员工的自身价值，尊重员工的自我选择，使企业每一位员工真正有主人翁的感觉。

总之，企业文化建设可以直接影响员工的形象、文化素养和服务意识，对企业凝聚力、创作力的提升有重要作用；同时物业服务企业的企业文化也直接影响业主的日常行为，对创建环境优美、关系和谐的高素质小区起着核心作用。因此企业文化建设对物业服务企业更加重要，而目前很多企业忽视了这一点。

物业服务企业需要及时认识到企业文化对企业发展的重要意义，积极发展企业文化，利用企业文化构建和促进小区文化，形成健康和谐的文化氛围。企业只有科学、合理、具体地制订出适合自己的企业文化及其实施方案,同时建立完善的管理机构,才能不断激励员工凝聚力,不断提升公司领导者的管理水平,使员工在轻松和睦的环境下工作,使业主在优美舒适的环境下生活,营造出自己独特的团结、进取、和谐的企业文化氛围。

资料来源:陈中强.企业文化在物业服务企业中的作用[J].城市开发,2017(4):71-73.

情境小结

物业服务企业是依法成立、具备专门资质并具有独立企业法人地位、依据物业服务合同从事物业管理相关活动的经济实体。根据不同标准,可以对物业服务企业作出不同的划分。

物业服务企业在物业管理活动中有相应的权利和义务。

物业服务企业的组织机构设置应满足服务性功能、充分发挥员工的潜能、效率与效益三大基本要素,遵循目标原则、统一领导与层次管理原则、分工协作原则、责权对应原则。国家对物业服务企业实行资质管理。

学习检测

一、不定项选择题

1.物业服务企业是依法成立、具备专门资质并具有独立企业法人地位,依据(   )从事物业管理相关活动的经济实体。

A.物业管理服务内容　　　　　　　B.物业管理服务标准

C.物业服务合同　　　　　　　　　D.物业管理服务费用

2.物业服务企业的(   )登记内容包括:企业名称的预先审核、公司地址、注册资本、股东人数和法定代表人、公司人员和公司章程。

A.工商注册　　　　　　　　　　　B.资质申请

C.税务注册　　　　　　　　　　　D.组织机构代码注册

3.物业服务企业资质等级分为(   )。

A.甲、乙、丙级　　　　　　　　　B.一、二、三级

C.初、中、高级　　　　　　　　　D.A、B、C级

4.物业服务企业组织机构设置的要求是:按照(   )设置,统一领导,分层管理,分工协作,力求精干、高效、灵活。

A.组织规模　　　　　　　　　　　B.组织任务

C.组织名称　　　　　　　　　　　D.规模和任务

5.新设立的物业服务企业,其资质等级按低等级核定,并设(   )年的暂定期。

A.半年　　　　　　　　　　　　　B.一

C.二　　　　　　　　　　　　　　D.三

6.物业服务企业在领取营业执照之日起(   )天内,向当地的房地产主管部门申请资质。

A.10　　　　　　　　　　　　　　B.20

C.30　　　　　　　　　　　　　　D.60

7.企业各职能机构职责由各企业按(   )设定。

A.自身需求　　　　　　　　　　　B.有关规定

C.领导要求　　　　　　　　　　　D.同行的经验

8.省、自治区人民政府建设主管部门负责(　　)物业服务企业资质证书颁发和管理。

A.一级　　　　　　　　　　　B.二级

C.三级　　　　　　　　　　　D.四级

9.物业服务企业的特征可以归纳为(　　)。

A.独立的企业法人

B.具有一定的公共管理性质的职能

C.实施标准化管理

D.属于服务性企业

10.物业服务企业按照投资主体的经济成分划分,可分为全民所有制物业服务企业、集体所有制服务企业、(　　)和其他物业服务企业。

A.物业管理有限责任公司　　　B.外资物业服务企业

C.民营物业服务企业　　　　　D.物业管理股份有限公司

二、简答题

1.简述物业服务企业在物业服务活动中的权利和义务。

2.简述物业服务企业资质等级的分类。

三、案例分析题

1.由于家在一楼且位于小区一角,严先生在住房上自行开设的一扇窗户外安装了防盗栅栏。2017年1月28日下午1时许,两名窃贼进入小区,一人从严先生家自行开设的窗户爬了进去。正当小偷入室时,在隔壁小区目击一切的另一住户陈某,立即奔至严先生小区的门卫室向保安人员报告。保安接报后前去巡视却未发觉异常情况,于是保安便又折回了门卫室。下午3时许,严先生回家,发现家中现金被盗23300元,当即报案。尽管不久后两名窃贼在另行作案时被捕,但严先生却以因保安的疏忽直接导致家中失窃而将物业服务企业告上法庭。

请问:该物业服务企业保安人员是否具有承担确保物业管理区域内业主或使用人的人身、财产免遭不法侵害的义务?即在本案例中,保安人员应承担什么责任?

2.某物业服务企业注册资金为500万元,物业管理专业人员以及工程、管理、经济等相关专业类人员21人,工程、财务人员等业务负责人均为中级以上职称;物业管理人员按照国家有关规定已取得了职业资格证书;该物业服务企业管理多层住宅100万平方米、高层住宅50万平方米;该公司建立并严格执行服务质量、服务收费等企业管理制度和标准,已建立企业信用档案系统,有优良的经营管理业绩。

请问:该企业应该申请什么等级的资质?

学习情境六
物业服务合同法律制度

学习目标

【知识目标】

1. 了解物业服务合同的概念、特征和种类。

2. 熟知有关合同的订立、效力、履行、变更、转让和终止及违约责任的基本知识。

3. 掌握物业服务合同的内容。

【技能目标】

1. 起草物业服务合同的能力。

2. 进行物业服务委托项目的谈判技能。

情境导入

2016年5月,某投资公司将其开发的某住宅小区的住宅预售给业主。2016年9月,该住宅小区建成,迁入320家住户。2017年1月31日,投资公司和某物业公司签订物业服务合同。约定:投资公司将其开发的某住宅小区第一期37栋高级公寓的物业管理承包给某物业公司,承包期5年,承包金按实际住房面积计算,每月每平方米1元;合同签订后10日内,物业公司应向投资公司支付履行保证金50万元。同年5月12日,投资公司又和物业公司签订了维修承包合同,约定:某小区1—37栋楼房在保修期内的维修任务由投资公司总承包给物业公司维修,总承包工程款31万元。为此,物业公司向投资公司支付了履行保证金50万元。投资公司也陆续向物业公司交付了物业管理房产面积61028.25平方米及有关附属设施。物业公司在实施物业管理行为期间,向住户收取了物业管理费、维修基金、水电费等。

请问:投资公司与物业公司的承包合同是否有效?

学习单元一　物业服务合同

一、物业服务合同概述

1.物业服务合同的概念

物业服务合同是指在物业管理活动中,物业服务企业或专业服务企业通过参与招标活动接受委托从事物业管理服务,为保证物业管理活动顺利实施并实现物业管理服务目的,与委托人签订的明确双方民事权利义务并共同遵守的协议。

物业服务合同是确立委托人(建设单位或业主)与物业服务企业在物业管理活动中的权利

义务的法律依据。物业服务企业通过合同获得物业管理的权利,为全体业主提供服务。根据合同,物业服务企业提供相应的服务,而业主要支付对应的物业服务费用。物业服务企业和业主之间是民事合同的双方当事人,是平等的法律主体关系,享有相应的权利和义务,适用民事法律关系的平等、自愿、公平、等价有偿和诚实信用等基本原则。

需要强调的是,本书所谈的物业服务合同不包括物业管理企业在开展管理服务、经营租赁等活动中所涉及的劳务合同、供求合同、租赁合同、居间服务合同等。

2.物业服务合同的特征

(1)物业服务合同以权利义务关系为核心。物业服务合同以约定有关当事人在管理服务中的权利义务关系为核心,而其他经济合同,如房地产的开发、转让、中介等合同,均以相应的项目为核心。

(2)物业服务合同属于有偿的劳务合同。作为物业服务合同的标的与核心的物业管理服务,实质上是一种为委托人提供的带有管理、服务、经营性质的特殊劳务。物业管理企业作为经营性服务企业,为业主和使用人提供的服务是有偿的。

(3)物业服务合同既是诺成合同又是双务合同。只有经过要约(委托)和承诺,并在相互信任的基础上协商一致,物业服务合同才能成立。而且,物业服务合同对签约双方的权利与义务都作了明确的双向规定。

3.物业服务合同的种类

(1)前期物业服务合同,指在业主、业主大会选聘物业服务企业之前,建设单位选聘物业服务企业并与之签订的物业服务合同。

这一阶段,由于物业尚未出售或业主委员会尚未成立,所以应由建设单位(一般为房地产开发商)作为委托方与物业服务公司签订前期物业服务合同。

(2)物业服务合同,指业主大会授权业主委员会与物业服务企业签订的物业服务合同。

(3)物业服务分包合同,指物业服务企业或业主大会授权业主委员会与物业专营服务企业签订的专项服务合同。

4.合同法概述

(1)合同法的调整范围。合同法调整的范围包括:

①平等主体之间的民事关系。

②法人、其他组织之间的经济贸易合同关系,同时还包括自然人之间的买卖、租赁、借贷、赠与等合同关系。

③政府机关作为平等的主体与他方签订的合同,以及有关企事业单位之间签订的合同。

④有关婚姻、收养、监护等身份关系的协议,不适用《中华人民共和国合同法》(以下简称《合同法》)的规定。

(2)合同法的基本原则。合同法的基本原则是合同当事人在合同活动中应当遵守的基本准则,也是人民法院、仲裁机构在审理、仲裁合同纠纷时应当遵循的原则。它包括:平等原则;自愿原则;公平原则;诚实信用原则;遵守法律,不得损害社会公共利益原则;等等。

我国调整物业服务合同关系的法规颇多。《合同法》作为调整合同关系的基本法,其总则的原则规定适用于物业服务合同。《物业管理条例》对物业服务合同的有关内容也作了明确规定。

二、合同的订立、效力与履行

1.合同订立

合同的订立,是指两个或两个以上的当事人,依法就合同的主要条款经过协商一致,达成协议的法律行为。合同当事人可以是自然人,也可以是法人或者其他组织,但都应当具有与订立合同相应的民事权利能力和民事行为能力。

2.合同形式

合同的形式,又称合同的方式,是当事人合意的表现形式。《合同法》规定,当事人订立合同,有书面形式、口头形式和其他形式。

(1)书面形式。书面形式是指合同书、信件和数据电文(包括电报、电传、传真、电子数据交换和电子邮件)等可以有形地表现所载内容的形式。法律、行政法规规定或当事人约定采用书面形式的,应当采用书面形式。书面形式明确肯定、有据可查,对于防止争议和解决纠纷有积极意义。书面形式是当事人最为普遍采用的一种合同形式。

(2)口头形式。口头形式是指当事人双方就合同内容面对面或以通信设备交谈达成协议。口头形式直接、简便、迅速,但发生纠纷时难以取证,不易分清责任。

(3)其他形式。除了书面形式和口头形式,合同还可以采用其他形式成立。其他形式主要是指默示形式,指当事人未用语言明确表示成立,也未用书面形式签订,但根据当事人的行为或特定情形推定合同成立。如顾客将固定的货币投入自动售货机取得所需商品,则买卖合同成立。

《物业管理条例》明确规定物业管理服务合同应当采用书面形式。

【案例 6-1】

某物业服务企业与某住宅小区的业主委员会商定,由某物业服务企业对该小区进行物业管理,双方口头说明了管理事项未签订物业服务合同。几个月后的夏季,因为狂风暴雨的袭击,小区的外部设施和花草树木受损严重。事后,物业服务企业进行了全面清理和维护,为此垫付了一大笔钱,后来该物业服务企业贴出公告增收物业服务费,业主们认为没有委托物业服务企业管理这么多事项,且约定中说定了每月的服务费,业主们拒绝交增收的服务费。双方争执不下,物业服务企业遂向法院起诉。你认为物业服务企业的要求会得到法院的支持吗?

案例评析

法院认为,原告某物业服务企业为小区服务支付的费用有据可查,且每笔开支合理、正当,原告所管理事项与口头约定的日常管理事项并无大的矛盾。最后法院以公平、公正原则而不是以合同为依据,判决被告某小区业主支付给某物业服务企业在该管理事项中支出的费用。

本案纠纷产生的根源是双方没有签订书面的物业服务合同。法院在查明事实的基础上作出的判决是正确的合理的。

依据《合同法》第十条的规定,当事人订立合同,有书面形式、口头形式和其他形式。法律、法规规定采用书面形式的,应当采用书面形式,鉴于物业服务合同的内容复杂,牵涉众多,明文要求物业服务合同必须采用书面形式。《物业管理条例》第三十四条规定:"业主委员会应当与业主大会选聘的物业服务企业订立书面的物业服务合同。物业服务合同应当对物业管理事项、服务质量、服务费用、双方的权利义务、专项维修资金管理与使用、物业管理用房、合同期限、违约责任等内容进行约定。"

对于未以书面形式签订物业服务合同的法律后果，《物业管理条例》没有作出明确的规定。根据《合同法》第五十二条的规定，违反法律、行政法规等强制性规定的合同无效。但《合同法》第三十六条又规定，法律、行政法规规定或者当事人约定采用书面形式订立合同，当事人未采用书面形式但一方已经履行主要义务，对方接受的，该合同成立。也就是说，合同形式违法并不必然导致合同无效。本案的合同实际已经履行，法院确认了原告某物业服务企业为小区支付的费用，确认了每笔开支的合理性和正当性，宣判小区业主支付给某物业服务企业超支的费用是正确的。

3.合同内容

合同的内容通过合同条款表现出来。合同的条款是合同中经双方当事人协商一致，规定双方当事人权利义务的具体条文。合同当事人的权利义务，除法律规定的以外，主要由合同的条款确定。合同的条款是否齐备、准确，决定了合同能否成立、生效以及能否顺利地履行、实现。由于合同的类型和性质不同，合同的主要条款可能有所不同。根据《合同法》规定，合同的内容由当事人约定，一般应当包括以下条款：

（1）当事人的名称或者姓名和住所。当事人是合同法律关系的主体，合同中必须把各方当事人名称或者姓名和住所都记载准确、清楚。

（2）标的。标的是合同当事人双方权利和义务共同指向的对象。标的是合同成立的必要条件，是一切合同必备的条款。合同对标的的规定应当清楚明白，准确无误。

合同标的按照性质不同，分为四类：有形财产，如生产资料与生活资料、货币与有价证券等；无形财产，如商标、专利、著作权、技术秘密等；劳务，如运输合同中的运输行为，保管与仓储合同中的保管行为，接受委托进行代理、行纪、居间行为等；工作成果，如承揽合同中承担人完成的工作成果，建设工程承包人完成的建设项目，技术开发合同中研究开发人完成的研究开发成果等。

（3）数量。数量是对标的的量的规定，如单位个数、体积、面积、长度、容积、重量等，是对标的的计量。数量必须按照国家法定计量单位计量。

（4）质量。质量是标的的内在素质和外观形态相结合的综合指标，一般以品种、型号、规格、等级和工程项目的标准等体现出来。合同中必须对质量明确加以规定，国家有强制性标准规定的，必须按照规定的标准执行。

（5）价款或者报酬。价款或报酬是取得标的的一方当事人向对方支付的代价。价款一般指对提供财产的当事人支付的货币，如买卖合同的货款、租赁合同的租金等。报酬一般指对提供劳务或者工作成果的当事人支付的货币。

（6）履行期限、地点和方式。履行期限是指合同中规定的一方当事人向对方当事人履行义务的时间界限。它直接关系到合同义务完成的时间，是确定合同是否按时履行的依据。履行地点是指合同的费用、风险的承担，以及确定所有权是否转移、何时转移、发生纠纷后应由何地法院管辖的问题。履行方式是指合同当事人履行合同义务的具体做法。履行方式还包括价款或者报酬的支付方式、结算方式等。

（7）违约责任。违约责任是指合同当事人一方或者双方不履行合同或者不适当履行合同时，按照法律规定或者合同的约定应当承担的法律责任。违约责任是合同具有法律约束力的重要体现，也是保证合同履行的主要条款。

（8）解决争议的方法。解决争议的方法，是指合同当事人对合同的履行发生争议时解决的途径和方式。解决争议的方法主要有:当事人协商和解;第三人调解;仲裁;诉讼。

《合同法》还规定,当事人可以参照各类合同的示范文本订立合同。

4.合同订立的方式

根据《合同法》规定,当事人采取要约、承诺方式订立合同。合同是当事人之间设立、变更、终止民事权利义务关系的协议,当事人对合同的内容经过协商、达成一致意见的过程,就是通过要约和承诺完成的过程。

(1)要约。要约是希望和他人订立合同的意思表示。发出要约的当事人称为要约人,要约所指向的对方当事人则称为受要约人。

①要约应具备的条件。

A.内容具体确定。发出要约的目的在于订立合同,要约人必须是能够确定的;受要约人一般也是特定的,但在一些场合,要约人也可以向不特定人发出要约。要约的内容必须具有足以使合同成立的主要条件,一经受要约人承诺,合同即可成立。

B.表明受要约人一旦承诺,要约人即受该要约约束。要约是一种法律行为,要约人受到要约的约束,整个要约的内容必须能够表明:如果对方接受要约,合同即告成立。

②要约邀请。要约邀请是希望他人向自己发出要约的意思表示。要约邀请与要约不同,要约是一个一经承诺就成立合同的意思表示;而要约邀请的目的则是邀请他人向自己发出要约,自己承诺才成立合同。要约邀请处于合同的准备阶段,没有法律约束力。实践中要约与要约邀请往往很难区别,《合同法》规定,寄送的价目表、拍卖公告、招标公告、招股说明书等都属于要约邀请,商业广告的内容符合要约规定的,视为要约。

③要约生效时间。要约到达受要约人时生效。采用数据电文形式订立合同,收件人指定特定系统接收数据电文的,该数据电文进入该特定系统的首次时间,视为到达时间。要约到达受要约人,并不是指要约一定实际送达到受要约人或者其代理人手中,要约只要送达到受要约人通常的地址、住所或者能够控制的地方(如信箱等)即为送达。反之,即使在要约送达要约人之前要约人已经知道其内容,要约也不生效。

④要约的撤回、撤销与失效。

A.要约撤回。要约撤回是指要约在发出后、生效前,要约人使要约不发生法律效力的意思表示。法律规定要约可以撤回,撤回要约的通知应当在要约到达受要约人之前或者与要约同时到达受要约人。

B.要约撤销。要约撤销是指要约人在要约生效后、受要约人承诺前,使要约丧失法律效力的意思表示。撤销要约的通知应当在受要约人发出承诺通知之前到达受要约人。也就是说,要约已经到达受要约人,在受要约人做出承诺之前,要约人可以撤销要约。

由于撤销要约可能会给受要约人带来不利的影响,损害受要约人的利益,法律规定了两种不得撤销要约的情形:邀约人确定了承诺期限或者以其他形式明示邀约不可撤销;受要约人有理由认为要约是不可撤销的,并已经为履行要约作出了准备工作。

C.要约失效。拒绝要约的通知到达要约人;要约人依法撤销要约;承诺期限届满,受要约人未作出承诺;受要约人对要约的内容作出实质性变更。发生以上某种情况即为反要约,反要约是一个新的要约,使原要约失去效力,原要约人不再受要约的约束。

(2)承诺。承诺是受要约人同意要约的意思表示。

①承诺的条件。承诺应当具备以下条件:承诺必须由受要约人作出;承诺必须向要约人作

出;承诺的内容必须与要约的内容一致;承诺必须在有效期限内作出。

②承诺的方式。承诺方式是指受要约人将其承诺的意思表示传达给要约人所采用的方式。一般来说,承诺应当以通知的方式作出,并且与要约方式采用同样的通知方式。但是根据交易习惯或者要约表明可以通过行为作出承诺的,也可以作为承诺的方式。

③承诺的期限。承诺应当在要约确定的期限内到达要约人。要约没有确定承诺期限的,承诺应当依照下列规定到达:

A.要约以对话方式作出的,应当即时作出承诺,但当事人另有约定的除外。

B.要约以非对话方式作出的,承诺应当在合理期限内到达。受要约人超过承诺期限发出承诺的,除要约人及时通知受要约人该承诺有效外,为新要约。受要约人在承诺期限内发出承诺,按照通常情形能够及时到达要约人,但因其他原因承诺到达要约人时超过承诺期限的,除要约人及时通知受要约人因承诺超过期限不接受该承诺的以外,该承诺有效。

④承诺的生效。承诺通知到达要约人时生效。承诺不需要通知的,根据交易习惯或者要约的要求作出承诺的行为时生效。采用数据电文形式订立合同的,承诺到达的时间同上述要约到达时间的规定相同,承诺也可以撤回,撤回承诺的通知应当在承诺通知到达要约人之前或者与承诺通知同时到达要约人。

合同谈判成立的过程,就是要约、新要约、再要约直到承诺的过程。

一般情况下,承诺生效时合同即告成立。但当事人采用合同书形式订立合同的,自双方当事人签字或者盖章时合同成立。当事人采用信件、数据电文等形式订立合同的,可以在合同成立之间要求签订确认书,签订确认书时合同成立。

法律、行政法规规定或者当事人约定采用书面形式订立合同,当事人未采用书面形式但一方已经履行主要义务并且对方接受的,该合同成立。采用合同书形式订立合同,在签字或者盖章之前,当事人一方已经履行主要义务并且对方接受的,该合同成立。

承诺生效的地点为合同成立的地点。采用数据电文形式订立合同的,收件人的主营业地为合同成立的地点;没有主营业地的,其经常居住地为合同成立的地点。当事人另有约定的,按照其约定。当事人采用合同书形式订立合同的,双方当事人签字或者盖章的地点为合同成立的地点。

5.合同的效力

合同的效力即合同的法律效力,是指已经成立的合同在当事人之间产生的一定的法律约束力。有效合同对当事人具有法律约束力,国家法律予以保护,无效合同不具有法律约束力。《合同法》就合同的效力问题规定了有效合同、无效合同、可撤销合同、效力待定合同等四种情况。

(1)有效合同。依法成立的合同,自成立时生效。法律、行政法规规定应当办理批准、登记等手续生效的,自批准、登记时生效。当事人对合同的效力可以约定附条件或者附期限,那么自条件成就或者期限届至时生效。所谓附条件的合同,是指合同的双方当事人在合同中约定某种事实状态,并以其将来发生或不发生作为合同生效或不生效的限制条件。附期限的合同是指附有将来确定到来的期限作为合同的条款,并在该期限到来时合同的效力发生或终止。

合同生效后,对合同当事人就具有法律约束力,当事人应当按照合同的约定,履行自己的义务,不得擅自变更或者解除合同,如果不履行合同义务或者履行合同义务不符合规定,应当承担违约责任。合同生效成立后,对当事人以外的第三人产生法律约束力。任何单位或个人都不得侵犯当事人的合同权利,不得非法阻挠当事人履行义务。

一个有效的合同,一般应具备三个条件:合同当事人具有相应的民事权利能力和民事行为能力,即主体合法;意思表示真实;不违反法律或者社会公共利益。三个条件缺一不可,否则就可能导致合同无效或可撤销。

在以下情况下,法律允许采取补救措施,使之成为有效合同:

①限制民事行为能力人订立的合同,经法定代理人追认后,该合同有效。相对人(即合同另一方当事人)也可以催告法定代理人在一个月内予以追认。法定代理人未作表示的,视为拒绝追认。合同被追认之前,善意相对人有撤销的权利。撤销应当以通知的方式作出。但如果是纯获利益的合同或者是与其年龄、智力、精神健康状况相适应而订立的合同,不必经法定代理人追认,合同当然有效。

②行为人没有代理权、超越代理权或者代理权终止后以被代理人名义订立的合同,未经被代理人追认,对被代理人不发生效力,由行为人承担责任。相对人可以催告被代理人在一个月内予以追认。被代理人未作表示的,视为拒绝追认。合同被追认之前,善意相对人有撤销的权利。撤销应当以通知的方式作出。行为人没有代理权、超越代理权或者代理权终止后以被代理人名义订立合同,相对人有理由相信行为有代理权的,该代理行为有效。法人或者其他组织的法定代表人、负责人超越权限订立的合同,除相对人知道或者应当知道其超越权限的以外,该代表行为无效。

③无处分权的人处分他人财产,经权利人追认或者无处分权的人订立合同后取得处分权的,该合同有效。

(2)无效合同。无效合同是指虽经当事人协商成立,但因不符合法律要求而不被法律承认和保护的合同。无效合同不具有法律约束力和不发生履行效力。无效合同自始无效。根据《合同法》的规定,一方以欺诈、胁迫的手段订立合同,损害国家利益;恶意串通,损害国家、集体或者第三人利益;以合法形式掩盖非法目的;损害社会公共利益;违反法律、行政法规的强制性规定,合同无效。

合同无效后,因该合同取得的财产,应当予以返还;不能返还或者没有必要返还的,应当折价补偿。有过错的一方应当赔偿对方因此所受到的损失;双方都有过错的,应当各自承担相应的责任。当事人恶意串通,损害国家、集体或者第三人利益的,因此取得的财产收归国家所有或者返还集体、第三人。

(3)可撤销合同。可撤销合同是指因合同当事人订立合同时意思表示不真实,经有撤销权的当事人行使撤销权,使已经生效的意思表示归于无效的合同。可撤销合同一般具有如下特征:可撤销合同在未被撤销前是有效的合同;可撤销合同一般是意思表示不真实的合同;可撤销合同的变更或撤销要由有撤销权的当事人通过行使撤销权来实现;可撤销合同的变更或撤销须由人民法院或仲裁机构作出。《合同法》规定了三种可撤销的合同:

①因重大误解订立的合同。重大误解是指当事人因对标的物等产生错误认识,致使该行为结果与自己的意思相悖,并造成较大损失的情形。重大误解直接影响到当事人所应享有的权利和承担的义务,所以经一方当事人请求,可以变更或撤销。

②显失公平的合同。显失公平的合同,是指一方当事人在紧迫或者缺乏经验的情况下订立的使当事人之间的权利义务严重不对等的合同。这种合同使当事人在经济利益上严重失衡,违反了公平合理的原则。显失公平的合同应予撤销。

③一方以欺诈、胁迫的手段或者乘人之危订立的合同。一方以欺诈、胁迫的手段或者乘人之危,使对方在违背真实意思情况下订立的合同受害方有权请求人民法院或者仲裁机构变更或者撤销。与上述因欺诈、胁迫订立的无效合同相比较,二者的区别在于是否损害了国家利益。损害国家利益的为无效合同;未损害国家利益的,受欺诈、胁迫的一方可以自主决定该合同有效或撤销。

被撤销的合同,同无效合同一样,自始没有法律约束力。合同被撤销的,不影响合同中独立存在的有关解决争议方法的条款的效力。对因该合同取得的财产,应当予以返还。有过错的一方应当赔偿对方因此所受到的损失。双方都有过错的,应当各自承担相应的责任。需要注意的是,撤销权的行使是有时效和限制的。有下情形之一的,撤销权消灭:具有撤销权的当事人自知道或者应当知道撤销事由之日起一年内没有行使撤销权;具有撤销权的当事人知道撤销事由后明确表示或者以自己的行为放弃撤销权。

(4)效力待定合同。效力待定合同,是指合同订立后尚未生效,须权利人追认后才能生效的合同。对于某些方面不符合合同生效的要件,法律允许根据情况予以补救的合同,为效力待定合同。

6.合同的履行

合同的履行是指合同生效后,双方当事人按照合同规定的各项条款,完成各自承担的义务和实现各自享有的权利,使当事人的合同目的得以实现的行为。合同的履行是合同法律约束力的首要表现。当事人应当按照约定全面履行自己的义务。正确履行合同的结果是,使双方的权利得以实现,合同关系归于消灭。

(1)合同履行的规则。

①当事人就有关合同内容约定不明确时的履行规则。合同生效后,当事人就质量、价款或者报酬、履行地点等内容没有约定或约定不明确的,可以协议补充;不能达成补充协议的,按照合同有关条款或者交易习惯确定。仍不能确定,适用下列规定:

A.质量要求不明确的,按照国家标准、行业标准履行;没有国家标准、行业标准的,按照通常标准或者符合合同目的的特定标准履行。

B.价款或者报酬不明确的,按照订立合同时履行地的市场价格履行;依法应当执行政府定价或者政府指导价的,按照规定履行。

C.履行地点不明确、给付货币的,在接受货币一方所在地履行;交付不动产的,在不动产所在地履行;其他标的,在履行义务一方所在地履行。

D.履行期限不明确的,债务人可以随时履行,债权人也可以随时要求履行,但应当给对方必要的准备时间。

E.履行方式不明确的,按照有利于实现合同目的的方式履行。

F.履行费用的负担不明确的,由履行义务一方负担。

②执行政府定价或者政府指导价的合同的履行规则。执行政府定价或政府指导价的,在合同约定的交付期限内政府价格调整时,按照交付时的价格计价。逾期交付标的物的,遇价格上涨时,按照原价格执行;价格下降时,按照新价格执行。逾期提取标的物或者逾期付款的,遇价格上涨时,按照新价格执行;价格下降时,按照原价格执行。

③涉及第三人的合同履行。

A.向第三人履行的合同。向第三人履行的合同又称利他合同,指双方当事人约定,由债务人向第三人履行债务,第三人直接取得请求权的合同。债权人与债务人向第三人履行的合同,债权人可以事先征得第三人的同意,也可以不告知第三人,但债务人按照合同向第三人履行时,应当通知第三人。当事人约定由债务人向第三人履行债务的,债务人未向第三人履行债务或者履行债务不符合约定,应当债权人承担违约责任。

B.由第三人履行的合同。由第三人履行的合同又称第三人负担的合同,指双方当事人约定债务由第三人履行的合同。该合同以债权人、债务人为合同双方当事人,第三人不是合同的当事人。第三人只负担向债权人履行,不承担合同责任。第三人同意履行后又反悔的,或者债务人事后征询第三人意见,第三人不同意向债权人履行的,或者第三人向债权人瑕疵履行的,违约责任均由债务人承担;第三人不履行的,债务人可以不代第三人履行,债务人不代为履行,应当赔偿损失;第三人瑕疵履行的,瑕疵责任由债务人承担。

(2)抗辩权的行使。抗辩权就是指的双务合同中,一方当事人在对方不履行或履行不符合约定时,依法对抗对方要求或否认对方权利主张的权利。《合同法》规定了同时履行抗辩权、后履行抗辩权和不安抗辩权三种。

①同时履行抗辩权。同时履行抗辩权是指在没有规定履行顺序的双务合同中,当事人一方在对方当事人未为对待给付以前,有权拒绝先为给付。

同时履行抗辩权的行使,需具备以下条件:基于同一双务合同;合同未明确约定履行的顺序;双方债务已届清偿期;一方当事人有证据证明应同时履行义务的对方当事人未履行或未适当履行合同;对方有履行的可能性。

同时履行抗辩权只是暂时阻止对方当事人请求权的行使,而不是永久地终止合同。当对方当事人完全履行了合同义务,同时履行抗辩权即告消灭,主张抗辩权的当事人就应当履行自己的义务。当事人因行使同时履行抗辩权致使合同迟延履行的,迟延履行责任由对方当事人承担。

②后履行抗辩权。后履行抗辩权是指合同当事人互负债务,有先后履行顺序,先履行一方未履行的,后履行一方有权拒绝其履行要求。先履行一方履行债务不符合约定的,后履行一方有权拒绝其相应的履行要求。

后履行抗辩权的行使有四个条件:当事人基于同一双务合同,互负债务;当事人的履行有先后顺序;应当先履行的当事人不履行合同或不适当履行合同;后履行抗辩权属于后履行义务人所享有。

后履行抗辩权不是永久性的,它的行使只是暂时阻止了当事人请求权的行使。先履行一方的当事人如果完全履行了合同义务,则后履行抗辩权消灭,后履行当事人就应当按照合同约定履行自己的义务。

③不安抗辩权。不安抗辩权是指当事人互负债务,有先后履行顺序的,先履行的一方有确切证据证明另一方丧失履行债务能力时,在对方没有履行或者没有提供担保之前,有权中止合同履行的权利。《合同法》规定,应当先履行债务的当事人,有确切证据证明对方有下列情形之一的,可中止履行:经营状况严重恶化;转移财产、抽逃资金,以逃避债务;丧失商业信誉;有丧失或者可丧失履行债务能力的其他情形。

不安抗辩权的成立,一般情况下会导致中止履行合同的后果。所谓中止履行合同,是指先履行合同的当事人停止履行或延期履行合同。在对方当事人恢复了履行能力或提供了相应的担保后,先履行一方当事人应当恢复合同的履行。中止履行合同后,如果对方在合理期限内未恢复履行能力并且未提供适当担保的,中止履行合同的一方可以解除合同。

三、合同的变更、转让和终止

1.合同的变更

合同的变更,是指合同成立后,当事人双方根据客观情况的变化,依照法律规定的条件和程序,对原合同进行修改或者补充。合同的变更是在合同的主体不改变的前提下对合同内容或标的的变更,合同性质和标的性质并不改变。如有关标的物数量的增减、质量标准的修改、履行地点的变动、标的物包装要求的改变等,都属于合同的变更。当事人在变更合同时,也应本着协商的原则进行。当事人可以依据有关法律规定,就变更合同事项达成协议。合同变更后,变更后的内容就取代了原合同的内容,当事人就应当按照变更后的内容履行合同。为了减少在合同变更时可能发生的纠纷,当事人对合同变更的内容约定不明确的,推定为未变更。

2.合同的转让

合同的转让有三种情况:合同权利转让、合同义务转移、权利和义务一并转让。

(1)合同权利转让。合同权利转让,又称债权转让,是指不改变合同权利的内容,由债权人将合同权利的全部或者部分转让给第三人。这里转让权利的人称之为让与人,受让权利的人称之为受让人。合同权利全部转让的,原合同关系消灭,受让人取代原债权人的地位,成为新的债权人,原债权人脱离合同关系。合同权利部分转让的,受让人作为第三人加入到合同关系中,与原债权人共同享有债权。债权人转让主权利时,附属于主权利的从权利也一并转让,受让人在取得债权时,也取得与债权有关的从权利,但该从权利专属于债权人自身的除外。债权人转让对人不发生效力。但有下列三种情形时,债权人不得转让合同权利:根据合同性质不得转让,如当事人信任关系订立的委托合同、赠与合同都属于合同权利不得转让的合同;根据当事人约定不得转让;依照法律规定不得转让。

(2)合同义务转让。合同义务转让是指不改变合同的内容,债务人将其合同义务全部或部分地转移给第三人。债务人将其全部合同义务转让给第三人,由该第三人取代债务人的地位,叫作免责的债务承担。债务人将其合同义务部分地转让给第三人,如果该债务人与第三人连带地向债权人负责,叫作并存的债务承担;如果该债务人与第三人各自按份负其责任,则按按份之债的规则处理。

(3)合同权利义务的一并转让。合同权利义务的一并转让,是指合同当事人一方将自己在合同中的权利和义务一并转让给第三人。

合同关系的一方当事人将权利和义务一并转让时,除了应当征得另一方当事人的同意外,还应当遵守合同法有关转让权利和义务转移的其他规定。当事人订立合同后合并的,由合并后的法人或者其他组织行使合同权利,履行合同义务。当事人订立合同后合并的,除债权人和债务人另有约定的以外,由合并的法人或者其他组织对合同的权利和义务享有连带债权,承担连带债务。

3.合同权利义务的终止

合同的权利义务终止,是指由于一定的法律事实发生,使合同权利义务归于消灭的法律现象。合同当事人双方终止合同关系,合同确立的权利、义务关系随之消灭。

根据《合同法》规定,有下列情形之一的,合同的权利义务终止:

(1)债务已经按照约定履行。即债务人按照标的、质量、数量、价款或报酬、履行期限、履行地点和方式全面履行。

(2)合同解除。合同解除是指合同有效成立后,当具备法律规定的合同解除条件时,因当事人一方或双方的意思表示而使合同关系归于消灭的行为。合同解除有约定解除和法定解除两种情况。

①约定解除。根据合同自愿原则,当事人在法律规定范围内享有自愿解除合同的权利。

②法定解除。法定解除是指在合同成立后,没有履行或没有完全履行完毕之前,当事人在法律规定的解除条件出现时,行使解除权而使合同关系消灭。《合同法》规定,因不可抗力致使不能实现合同目的;在履行期限届期满之前,当事人一方明确表示或者以自己的行为表明不履行主要债务;当事人一方迟延履行主要债务,经催告后在合理期限内仍未履行;当事人一方迟延履行债务或者有其他违约行为致使不能实现合同目的;法律规定的其他情形,有以上情形之一的,当事人可以解除合同。

当事人一方主张解除合同时,应当通知对方。合同自通知到达对方时解除。对方有异议的,可以请求人民法院或者仲裁机构确认解除合同的效力。法律、行政法规规定解除合同应当办理。《物业管理条例》规定:前期物业服务合同可以约定期限;但是,期限未满、业主委员会与物业服务企业签订的物业服务合同生效的,前期物业服务合同终止。

(3)债务相互抵销。债务相互抵销是指当事人互负到期债务,又互享债权,以自己债权充抵对方的债权,使自己的债务与对方的债务在对等数额内消灭。当事人主张抵销的,应当通知对方。通知自到达对方时生效。抵销不得附条件或者附期限。

(4)债务人依法将标的物提存。提存是指由于债权人的原因,债务人无法向其交付合同标的物而将该标的物交给提存机关保存,以终止合同权利义务关系的行为。《合同法》规定,债权人无正当理由拒绝受领;债权人下落不明;债权人死亡未确定继承人或者丧失民事行为确定监护人;法律规定的其他情形,有以上情形之一,难以履行债务的,债务人可以将标的物提存。

标的物提存后,除债权人下落不明的以外,债务人应当及时通知债权人或债权人的继承人、监护人。标的物提存后,毁损、灭失的风险由债权人承担。提存期间,标的物的孳息归债权人所有。提存费用由债权人承担。债权人领取提存物的权利,自提存之日起5年内不行使而消灭,提存物扣除存物费用后归国家所有。

(5)债权人依法免除债务。即债权人自愿放弃了全权债务人的债务即被解除。债权人免除债务人部分或者全部债务的,合同的权利义务部分或者全部终止。

(6)债权债务同归于一人。由于某种事实的发生,一项合同中原本由一方当事人享有的债权和由另一方当事人负担的债务统归于一方当事人,使该合同的履行失去了实际意义,合同的权利义务终止。

(7)法律规定或者当事人约定终止的其他情形。

四、违约责任

1.违约责任的概念

违约责任即违反合同的民事责任,是指合同当事人一方不履行合同义务或者履行合同义务不符合约定时,依照法律规定或者合同约定所承担的法律责任。

依法成立的合同,对当事人双方来说,都具有法律约束力。如果不履行或者履行义务不符合约定,就要承担违约责任。一般来说,违约责任的追究,要在合同履行期限届满时才能生效,因为只有在履行期限届满时才能确定债务人是否履行了合同或履行义务是否符合约定。但在合同生效后,履行期限届满前,当事人一方明确表示或者以自己的行为表明不履行合同义务的,对方可以在履行期限届满之前要求其承担违约责任。

2.承担违约责任的形式

违约的当事人承担违约责任的主要形式有以下四种:

(1)继续履行。订立合同的目的是为了实现合同的约定,即实际履行合同。继续履行合同,既是为了实现合同目的,又是一种违约责任。当事人一方未支付价款或者报酬的,对方可以要求其支付价款或者报酬。当事人一方不履行非金钱债务或者履行非金钱债务不符合约定的,对方可以要求履行,但有法律上或者事实上不能履行、债务的标的不适于强制履行或履行费用过高债权人在合理期限内未要求履行等情形之一的除外。

(2)采取补救措施行。质量不符合约定的,应当按照当事人的约定承担违约责任。受损害方可以根据标的的性质以及损失的大小,合理选择要求对方采取修理、更换、退化、减少价款者报酬等补救措施。

(3)赔偿损失。当事人一方不履行合同义务或者履行合同义务不符合约定的,在履行义务或者采取补救措施后,对方还有其他损失的,应当赔偿损失。损失赔偿额应当相当于因违约所造成的损失,包括合同履行后可以获得的利益,但不得超过违反合同一方订立合同预见到或者应当预见到的因违反合同可能造成的损失。

当事人一方违约后,对方应当采取适当措施防止损失的扩大;没有采取适当措施致使损失扩大的,不得就扩大的损失要求赔偿。当事人因防止损失扩大而支出的合理费用,由违约方承担。

(4)支付违约金。违约金指合同当事人一方由于不履行合同或者履行合同不符合约定时,按照合同的约定,向对方支付的一定数额的货币。为了保证合同的履行,保护自己的利益不受损失,合同当事人可以约定一方违约时向对方支付一定数额的违约金,也可以约定因违约产生的损失赔偿额的计算方法。

违约金是对不能履行或者不能完全履行合同行为的一种带有惩罚性质的经济补偿手段,不论违约的当事人一方是否已经给对方造成损失,都应当支付。约定的违约金低于造成的损失的,当事人可以请求人民法院或者仲裁机构予以增加;约定的违约金过分高于造成的损失的,当事人可以请求人民法院或者仲裁机构予以适当减少。当事人迟延履行约定违约金的,违约方支付违约金后,还应当履行债务。

当事人既约定违约金,又约定定金的,一方违约时,对方可以选择适用违约金或者定金违约金条款。但由于二者在目的、性质、功能等方面具有共性而不能并用。当事人执行定金条款后不足以弥补所受损害的,仍可以请求赔偿损失。

3.违约责任的免除

一般来说,在合同订立之后,如果一方当事人没有履行合同或者履行合同不符合约定,应当向对方承担违约责任。但是,当事人一方违约是由于某些无法防止的客观原因造成的,则是可以根据情况免除违约方的违约责任。《合同法》规定,因不可抗力不能履行合同的,根据不可抗力造成违约的,违约方虽然没有过错,但法律规定因不可抗力造成的违约也要承担违约责任的,违约方虽无过错也要承担违约责任。当事人一方因不可抗力不能履行合同的,应当及时通知对方,并应当在合理期限内提供有关部门出具的证明。

【案例6-2】

一次签字,价值万元

W公司某项目电梯外包给A公司负责维保。2014年6月4日、16日,7月21日,1#、15#电梯钢丝绳分别出现不同程度断线、断股现象。A公司提出更换钢丝蝇,要求W公司在A公司出具的配件供应单上签字。W公司工程部派人经过现场查看,发现五根复绕式钢丝绳中有一根已有两处出现严重的断丝散股现象,并且由于断丝时间较长导致电梯机房曳引轮处的横档杆被严重划伤,据此判断A公司的维保技术存在问题,口头告知A公司等日后查明原因后再付款,遂在配件供应单上签字。A公司对对曳引钢丝绳进行了更换,共花费人民币13532.4元。由于W公司认为钢丝绳的更换是由于A公司维保不当造成的,一直未付款。

后由于A公司维保多次出现问题,W公司于2015年1月与A公司提前终止了维保合同。6月,A公司向W公司提出支付其在维保合同期内更换钢丝绳费用的请求,被W公司拒绝。7月,A公司向法院提起诉讼,一审法院认为W公司提供了大量的证据,但均不足以证明电梯钢丝绳的更换是由于A公司的维保不当造成的,W公司败诉。

W公司不服提出上诉,二审法院以维保合同约定"因正常使用磨损导致修理或更换配件时,单体配件费用不超过人民币2000元,由乙方承担,如超过人民币2000元,则该配件的所有费用由甲方承担,但乙方必须书面通知甲方,得到甲方的书面同意后再进行修理更换",而W公司工作人员曾在A公司出具的配件供应单上签字,即认可A公司的做法,故需要承担相关费用为由驳回上诉。

案例评析

(1)为了应急及保证业主正常使用,W公司工作人员在紧急情况下签字,但是在签字时只是口头对A公司进行了说明,并没有在配件供应单上加以注明,事后也没有就出现的争议与对方进行沟通和协商,明确责任。由于W公司管理人员的工作失职,造成了公司的经济损失。

(2)钢丝绳断丝后,经过现场勘查所发现的系列问题,一方面说明A公司的日常保养、巡查形同虚设,另一方面,也说明W公司对A公司的监控处于失控状态。

案例启示

(1)要向员工传递签字就意味着要承担相应责任的意识。尤其是涉及合同履行、责任划分方面的文件上签字,更要谨慎从事。如果情况紧急,必须要签字,要注意附上相关说明,以规避风险,并且在事后及时进行备忘,明确责任。

(2)外包合同需要对外包方的工作标准进行详细明确的界定,这是评价外包方的服务是否符合要求的前提和法律依据。

五、物业管理合同的内容

根据《合同法》、《物业管理条例》以及《前期物业服务合同(示范文本)》和实际中的合同订立情况,物业管理合同主要包括以下内容:

1.物业基本情况

物业基本情况,包括物业的名称、建成年月、类型、功能布局;物业坐落的位置;物业的东西南北四至;物业的占地面积和建筑面积。

2.委托管理事项

委托管理事项主要阐述管理项目的性质、管理项目的组成,即具体负责哪些方面的问题,有哪些管理任务等。它主要包括以下内容：

(1)建筑物本体建筑的维修养护与更新改造。

(2)物业共用设备、设施的使用管理、维修、养护和更新。

(3)物业区域内市政公用设施和附属建筑物、构筑物的使用管理、维修、养护与更新。

(4)附属配套建筑和设施,包括商业网点等的维修、养护与管理。

(5)环境卫生管理与服务。

(6)秩序管理与服务。

(7)物业档案资料管理。

(8)环境的美化与绿化管理。

(9)供暖管理。

(10)社区文化建设。

(11)对于业主和物业使用人房屋的自用部位、自用设施及设备的维修、养护,在当事人提出委托时应接受委托并收取合理费用。

(12)业主或业主管理委员委托的其他物业管理服务事项。

3.管理服务费用

根据《物业服务收费管理办法》的有关规定,物业服务合同中的管理费用应包括：

(1)管理费用的构成,即物业管理服务费用包括哪些项目。

(2)管理费用的标准,即每个收费项目收费的标准。

(3)管理费用的总额,即合计每平方米面积或每户每月(或每年)应缴纳的费用总计。

(4)管理费用缴纳的方式与时间,即是按年缴纳、按季缴纳还是按月缴纳,是分别缴纳还是汇总缴纳,什么时间或日期缴纳等。

(5)管理费用的结算,即是实报实销还是多退少补等。

(6)管理费标准的调整规定,即管理费调整的办法与依据。

(7)逾期缴纳管理费用的处理办法,如处罚标准与额度等。

(8)某些管理费用的承担责任,如房屋大中修费用如何分摊或承担等。

(9)专项服务和特约服务收费的标准。

(10)共用部位共用设施、设备维修基金的管理办法。

4.合同双方的权利和义务

根据《物权法》《物业管理条例》《物业服务收费管理办法》等有关法律法规规定的业主与物业服务企业的权利和义务,明确合同双方的权利和义务。

5.管理服务质量及标准的约定

根据《物业管理条例》《全国物业管理示范住宅小区、大厦、工业区标准及评分细则》《普通住宅小区物业管理服务等级标准(试行)》等有关法规规定,约定物业管理服务质量及标准。

6.合同期限

该条款关系到委托双方责任的时间界限,要明确起止的具体时间。前期物业服务合同的期限,应按照《物业管理条例》第二十六条规定执行,即前期物业服务合同可以约定期限;但是期限未满,业主委员会与物业服务企业签订的物业服务合同生效的,前期物业服务合同终止。

7.违约责任

根据《中华人民共和国民法通则》《合同法》《物业管理条例》等有关法规规定,明确规定违约责任,订立索赔条款、约定解决索赔的基本原则、提出索赔的期限、索赔的通知方法、递交的证明文件和票据等。

8.合同更改、补充和终止的约定

根据《中华人民共和国民法通则》《合同法》等有关法规规定,约定双方更改、补充和终止合同的具体规定。

9.合同争议解决办法的约定

根据《中华人民共和国民法通则》《合同法》等有关法规规定,约定合同争议解决的方式和条件。

10.约定的其他事项

一般有保密条款、转委托的限制、合同生效期限的约定等。

学习单元二　物业管理规约规定

一、管理规约

管理规约,即业主公约,是全体业主共同订立的有关物业的共有部分和共同事务管理的协议,是对有关物业的使用、维护、管理,业主的共同利益,业主应当履行的义务,违反管理规约应当承担的责任等事项依法作出约定,对全体业主和使用人具有约束力。业主转让或者出租物业时,应当将管理规约作为物业转让合同或者租赁合同的附件,对受让人或者承租人具有同等约束力。管理规约一般按照原国家建设部 2004 年 9 月统一制定的《业主临时公约(示范文本)》,由业主大会根据物业辖区实际情况进行修改和补充,并报市级住宅主管部门和区住宅管理部门备案。管理规约不得与国家法律、法规和规章相抵触。

按照管理规约订立阶段不同,管理规约分为临时管理规约和管理规约。

临时管理规约是建设单位按国家有关物业管理的法规政策,依照《业主临时公约(示范文本)》的基本内容,结合所准备销售物业的实际情况,制定的管理规约。

管理规约主要内容有:

(1)住宅区名称、地点、面积及户数;

(2)公共场所及公共设施状况;

(3)业主大会的召集程序及住宅区重大事项决定方式;

(4)业主使用其住宅和住宅区内公共场地以及公用设施的权益;

(5)业主参与住宅区物业管理的权利;

(6)业主对业主委员会及物业服务公司的监督权;

(7)住宅区物业各项维修、养护和管理费用的缴纳;

(8)业主在本住宅区内应遵守的行为准则;

(9)违反管理规约的责任等;

(10)其他事项。

二、业主手册

业主手册,也称业主守则、住户手册,是由物业服务企业根据管理规约及政府的有关法规制定的有关业主应遵守的管理规则。业主手册较为详尽地反映住户应遵守的管理规定、住户的权利和义务、物业服务公司的职责权限、违规处罚以及其他应注意事项等内容。制定业主手册时应注意内容要合法,尤其处罚部分应注意是否拥有处罚权。

业主手册主要内容有:

(1)物业概况,包括物业简介、物业的地理位置、物业的住户数、物业公共及附属配套设施等情况介绍。

(2)物业的管理,包括物业服务企业、项目管理处、业主委员会、管理费用等情况介绍。

(3)业主和使用人须知,包括业主和使用人的权利和义务、业主和使用人的权益和责任、约束性条款。

(4)日常管理和维修的内容,包括房屋的管理和维修、公共设施及配套附属设施的管理与维修、清洁卫生、治安保卫、庭园绿化、车辆停放、消防安全。

三、业主大会议事规则

业主大会议事规则是就业主大会的议事方式、表决程序、业主委员会的组成和成员任期等事项作出约定。

业主大会议事规则主要内容有:

(1)制定依据;

(2)业主大会的组成;

(3)业主大会宗旨;

(4)物业管理区域基本情况;

(5)业主大会议事内容;

(6)业主大会会议形式;

(7)业主代表的职责;

(8)业主大会表决形式;

(9)召开业主大会会议的条件;

(10)召开业主大会会议的程序;

(11)业主投票权的确定;

(12)业主委员会职责;

(13)业主委员会委员条件;

(14)业主委员会组成和任期;

(15)业主委员会会议;

(16)业主委员会印章的使用管理;

(17)业主大会档案资料管理;

(18)业主委员会活动经费;

(19)业主大会议事规则的生效。

四、物业管理规定

物业管理规定是由物业服务企业制定的一份综合性的管理文件,是各项专业管理的依据。

制定管理规定的目的是为了规范业主或使用人的行为,监督管理人员的工作质量,保障物业、公共设备和设施的正常使用,创造一个安全、方便、文明、舒适的工作环境或生活环境。业主和使用人、物业服务企业员工都必须遵守执行。

物业管理规定由一系列具体到某一方面的管理规定所组成。物业管理规定的主要内容包括:治安管理规定、消防管理规定、电视监控管理规定、机动车辆管理规定、非机动车辆管理规定、进出物品管理规定、清洁卫生管理规定、绿化管理规定、楼宇维修养护管理规定、设备养护管理规定、室内装修管理规定、电梯使用管理规定、禁止违章用地及违章搭建管理规定、费用分摊与缴纳管理规定、物业服务项目管理规定等。

【案例 6 - 3】

业主擅自封闭平台违反约定仍赢官司

黄某的房屋客厅北侧窗外凹入处是一个小平台,这个平台没有任何特殊用途,只能用来放空调室外机。黄某所在 13 楼 2 层 10 户业主的房屋北侧均有同样的平台。大家认为平台为窃贼提供了落脚地、危及自身安全,多次向小区物业服务公司书面申请要求封闭,但物业服务公司没有答复。之后,黄某等 10 户业主用相同的塑钢窗封闭了平台。

物业服务公司把黄某告到法院,要求黄某马上拆除铝塑窗,恢复外墙原状。物业服务公司对胜诉有十足的把握,他们认为,黄某擅自用铝塑窗封闭平台,侵占了该楼房全体业主对公共部位的所有权,改变了房屋及配套设施的外观,既违反了《住宅室内装饰装修管理办法》,又违反了双方签订的管理规约"未经政府有关部门批准和业主委员会、相邻业主同意,擅自改变房屋结构、外貌和用途"的规定。但判决结果出乎物业服务公司的意料,法院审理后驳回了物业服务公司的诉讼请求。

人民法院审理案件应当依据法律,因为法律具有一般普遍性的特点。适用法律处理个案,能够保证"同等情形应当为类似处理"这一基本的平等原则。但是,正因为法律具有一般普遍性的特点,仅仅依据法律不可能准确、妥当地处理每个案件,所以它无法完全适应个案的特殊情况,这就需要用"衡平"来弥补法律的缺陷。所谓"衡平",是指就个案具体情形为最妥当裁判的法律原则。适用衡平原则一方面要就个案的具体情形,分别考虑各方当事人行为的目的、方式、结果,加以对比评判,看何者更合情理;另一方面,应当分析法律规范的意旨,对当事人的利益状态加以衡量,看是否能使当事人之间的利益达到法律规范所要求的平衡。

具体到本案,就业主而言:首先,封闭平台是为了消除安全隐患,而非占用获益;其次,曾多次和物业服务公司协商,并提交了书面申请,之后 10 户业主统一行动,用同样的材料封闭平台;最后,封闭后的平台,对楼的结构和外观没有任何不良影响,也不妨害任何人的使用利益。业主的行为虽然在表面上违反了物业公约,但论其行为目的、方式和结果,都合情合理。

就物业服务公司而言:首先,平台存在危险隐患,但物业服务公司对此没有任何应对方案;其次,当业主与之协商并提交申请时,没有证据显示物业服务公司明确告知业主不许封闭平台,或对业主的要求作出正式答复;再次,业主施工过程中,物业服务公司没有采取任何方式及时加以阻止,以避免业主遭受损失;最后,物业服务公司要求业主拆除封闭窗,除了没有经过批准的理由之外,再无其他理由,平台封闭对物业服务公司没有造成任何损失。可见,物业服务公司没有考虑到业主的正当利益和合理要求,只考虑自己管理方便,并无任何有效方案消除业主面临的安全隐患。

最后,就当事人之间的利益衡量而言:管理规约之所以规定"未经批准不得擅自更改房屋结构外貌",目的显然在于防止私搭乱建、占用公共部分、影响楼房的外观和使用,而平台除了放置业主的空调室外机并无其他用途,封闭平台对楼的外观和使用没有影响。因此拆除封闭窗,除了会给业主造成经济损失,使业主重新面临安全隐患之外,不会给任何人带来利益。

综上,管理规约中虽然有"未经批准不得擅自更改房屋外貌"的规定,但当事人的行为以及其利益衡量确实存在着特殊之处,因此不能按一般的法律规定处理,法院根据本案的实际情况"衡平"了双方当事人之间的利益,因此判决更显公正公平。

知识链接

物业服务合同与委托合同

按《合同法》三百九十六条的规定,委托合同是委托人和受托人约定,由受托人处理委托人事务的合同。根据该章的其他条款的规定,以下方面明确委托合同的特征。

(1)合同由委托人和受委托人签订,此两方当事人为委托合同的主体。

(2)受委托人的主要义务是处理委托人的事务。

(3)受委托人应当按照委托人的指示处理委托事务。

(4)委托合同有有偿、无偿之分。

(5)受委托人在处理委托事务时,因不可归责于自己的事由受到损失的,可以向委托人要求赔偿损失。

(6)委托人和受委托人可以随时解除委托合同。

对应物业服务合同的内容和特征,不难看出二者存在以下主要区别:

(1)委托合同的目的是以处理委托人事务为目的。所谓委托人的事务,一般是指与委托人有利害关系,委托人若不委托处理就不得不亲自为之的事务。反观物业管理关系中的管理服务,其实质是作为管理服务人的物业服务公司所提供的专业化、技术化的有偿服务,由于物业管理具有需要专业化、技术化的技术服务的特点,作为业主、业主委员会并不都能够亲自来处理,同时对于一个大型的住宅区而言,如果每一个业主都事必躬亲,那么住宅区的秩序就无法维持。可以看出,物业管理事项与被委托事务存有明显差别。

(2)《合同法》第三百九十九条明确规定:"受托人应当按照委托人的指示处理委托事务。"这实质上是规定了受托人的忠实义务。但物业服务的管理服务并不是完全按照业主、业主委员会的指示处理的,物业服务公司在物业管理的管理服务工作是依据合同约定的范围、项目,遵循物业管理的法律、法规以及物业管理行业的规范,独立自主地开展物业管理服务的经营活动的。在物业服务公司开展的物业管理服务的经营活动中,业主、业主委员会只有监督权,而没有干涉和指挥权。物业服务公司也没有服从业主、业主委员会指示的忠实义务。

(3)委托合同中受托人在委托合同范围内所获得的法律后果,归属于委托人,因此委托合同由委托人承担责任。同时,《合同法》第四百零七条还规定:"受托人处理事务时,因不可归责于自己的事由受到损失的,可以向委托人要求赔偿损失。"而物业管理则不同,无论是侵权责任还是违约责任一般都由物业服务合同的双方当事人各自分别承担自己的责任。

(4)委托合同是诺成合同、非要式合同。委托合同的成立只需双方当事人达成意思一致即可,无须以一定物的交付或一定行为的完成为要件,订立合同也无须遵循固定的形式;而物业服务合同则是要式合同、格式合同,必须依照物业管理法律、法规所规定的招标投标的方式来确定物业服务公司,签署物业服务合同,并且一般要求要采用物业管理示范文本,最终合同的相关内容和履行还要接受城建、市容及居委会等相关部门的监督。

（5）委托合同与物业服务合同在合同存续期限上有较大差异，被委托人处理的事务往往比较单一，时间比较短；而物业服务则不同，物业服务公司所提供的是系统的、专业化的服务，这个服务是长期的、连续不断的、反复进行的，如果物业服务合同签署的期间较短，就可能因物业服务公司追求短期效应，采取不恰当的方式从事物业管理，从而不利于物业管理设施的长期保养。此外，出于物业管理关系的特殊性，物业管理一方当事人不得像委托合同当事人那样可以随时解除合同。

（6）两种合同采用的报酬支付方式不同，物业管理收费的方式与委托合同不同。物业管理收费方式一般是依据管理规约以及物业服务合同的规定由业主或住户按月交纳。而委托合同所规定的费用是将处理事务的费用与给委托人的报酬分别规定的，处理事务的费用可以预付，也可以由受托人垫付，而后由委托人偿还，对于报酬则采用完成委托事务后支付或无偿委托不支付报酬，这种支付费用及报酬的方式显然与物业管理收费有着巨大的差别。

（7）委托合同一般是基于委托人对受托人的特别信任为前提条件建立的；而物业服务合同则是通过招标投标之后获得的，物业管理人一般皆需要获得一定的资格认定证书方可以成为物业服务合同的招标对象。

（8）委托合同可以为有偿合同，也可以为无偿合同，而物业服务合同一般皆为有偿合同。

从以上的诸多方面，可以明显看出物业服务合同与委托合同存有若干重大差异，物业服务合同远非委托合同的一种，现在实践和理论中以委托合同为物业服务合同定性的做法曲解了物业服务合同的本质特征，混淆了基本的法律关系，对于实践中物业管理纠纷的解决贻害不浅。

情境小结

本章主要介绍合同、物业服务合同及物业管理规约等相关知识，其重点是物业服务合同、物业管理规约的内容要求。

掌握物业服务合同，首先要了解物业服务合同的概念、特征，熟知有关合同的订立、效力、履行、变更、转让和终止及违约责任的基本知识，才能真正掌握物业服务合同的内容。掌握物业服务合同的内容，还离不开对物业管理服务业务的准确认识和把握，在学习时要有意识地注意相关课程之间的联系，尤其是对物业管理实务中物业管理服务业务方面的介绍，要全面了解、准确把握，这样才能很好地掌握协商、签订物业服务合同的核心，做到对物业服务合同的真正掌握。学习掌握管理规约、业主手册、业主大会议事规则、物业管理规定的内容要求，一是要把握物业管理服务各项业务，二是要准确理解运用物业管理法律法规，这样才能保证拟写上述这些物业管理规约规定时的针对性和合法性。

学习检测

一、不定项选择题

1. 合同的形式有（   ）。

1. 口头形式　　　　B. 书面形式　　　　C. 事实合同　　　　D. 其他形式

2. 合同签订应遵循的基本原则有（   ）。

A. 主体平等　　　　B. 合同自由　　　　C. 权利义务公平对等　　D. 诚实信用

E.公平合理　　　　F.守法和维护社会公益

3.前期物业服务合同,是指(　　　)与物业服务企业就前期物业管理双方权利义务所达成的协议。

A.业主　　　　B.业主大会　　　　C.业主委员会　　　　D.物业建设单位

4.《物业管理条例》明确规定前期物业管理服务由(　　　)选聘物业管理企业。

A.业主　　　　B.业主大会　　　　C.建设单位　　　　D.业主委员会

5.前期物业服务合同的主要内容有(　　　)。

A.合同当事人　　　　B.物业基本情况　　　　C.服务内容与质量　　　　D.服务费用

E.物业的经营与管理　　F.承接检查和使用维护　　G.专项维修资金

H.违约责任　　　　　　I.其他事项

6.签订前期物业服务合同时,应注意的事项有(　　　)。

A.物业的承接验收　　　　　　　　B.双方的权利义务

C.物业服务的费用　　　　　　　　D.合同的解除或终止

7.物业服务合同是指物业服务企业与(　　　)之间,就物业管理服务及相关的物业管理活动所达成的权利义务关系的协议。

A.物业建设单位　　　　　　　　　B.业主大会

C.业主或业主大会授权的业主委员会　　　D.业主委员会

8.物业服务合同与前期物业合同的主要区别是(　　　)。

A.订立合同的当事人不同　　　　　　B.合同的内容不同

C.双方权利义务不同　　　　　　　　D.合同期限不同

9.签订物业服务合同时,应注意的事项有(　　　)。

A.明确业主委员会的权利义务

B.明确物业服务企业的权利和义务

C.对违约责任的约定

D.对免责条款的约定

E.物业服务合同的主要条款宜细不宜粗

F.费用收取应明确

G.合同的签订要实事求是

H.明确违约责任的界定及争议解决的方式

10.物业服务合同,可以在(　　　)原因下终止。

A.合同约定的期限届满,双方没续签合同

B.企业与业主大会双方协商一致解除合同的

C.因不可抗拒致使合同无法履行的

D.企业宣告破产

E.法律、法规规定的其他情形

二、简答题

1.简述物业服务合同的概念和种类。

2.简述合同的订立与合同的形式。

3.简述有关合同内容约定不明确及执行政府定价或者政府指导价的合同的履行规则。

4.简述合同的变更与终止。

5.简述违约责任的概念及承担违约责任的形式。

三、案例分析题

1.2015 年 9 月底,某县物业公司与该县某住宅小区业主委员会签订了物业服务合同。2016 年 1 月,物业公司通知住户缴纳物业服务费,收费标准为县物价局核定的每户每月 10 元人民币。但住户刘某没有缴纳。物业公司又分别于 2016 年 3 月 10 日和 2016 年 7 月 5 日,向刘某发出两次催缴费用的通知。刘某以自己未与物业公司签订合同,未接受物业公司服务为由拒绝支付物业管理费。2017 年 4 月 3 日,物业公司将刘某告上法院,要求其支付所欠物业管理费 210 元。试问此案应如何审理?

2.2015 年,某实业公司购车一辆,同年,在某大厦购买 A 座 408 号一套房屋,在小区租车位,并按月向被告缴纳车辆出租费 90 元。每次汽车出入某大厦均按规定交收出入证。出入证规定,汽车进入某大厦小区须领取此证方可入内,汽车驶出某大厦小区须交回此证方可放行。2016 年 8 月 7 日,将该车辆向保险公司投保,签订了机动车辆保险单,规定车辆失窃险限额为20 万元。2017 年 8 月 6 日下午,李某开车返回某大厦,入门时从门卫处保安人员手中领取 36 号车辆出入证,大厦保安人员张某、朱某当即登记该车进入某大厦。当晚 10 点,保安人员张某、朱某看见有人将该车开出某大厦时,要求司机交出入证,司机说出去接人就回来,保安人员未收回出入证就将车道闸放开,让汽车开出去。李某于 8 月 7 日上午发现车辆被盗,及时通知被告物业公司,并向公安机关、保险公司报案。事后,要求物业公司承担经济赔偿责任,物业公司不同意赔偿,保险公司也未予赔偿,于是诉诸法院。试问车辆被盗,物业公司是否承担经济赔偿责任?

3.2016 年 2 月 4 日,李某与上海市某物业公司签订一份《物业服务合同》,将其位于上海市区房屋委托给该物业公司进行管理。双方约定,委托期限为 2016 年 2 月 6 日至 2019 年 12 月 31 日,委托管理项目包括房屋共用部位、共用设备的修缮和管理;消防、电梯、机电设备、园林绿化地、道路、停车场等公用设施的维修、养护和管理;清洁卫生、安全保卫及其他物业管理事项。双方还对各自的权利义务和违约责任作了约定,2016 年起缴纳物业管理费。2017 年某日,李某在其所住大楼的电梯内遭受不法分子的袭击受伤,李某以物业公司未尽物业管理职责,未履行其在电梯中设置电梯工的承诺,导致伤害后果的发生为由提起诉讼,要求物业公司承担违约责任,并要求解除物业服务合同。

试问物业公司是否要承担违约责任,物业服务合同能否解除?

学习情境七
物业服务费用法律制度

学习目标

【知识目标】

1. 了解物业服务费用的用途。

2. 理解住宅专项维修资金的性质、使用范围和使用流程。

3. 了解物业管理服务其他服务的法律规定。

【技能目标】

能够运用物业服务费用的相关法律制度处理物业纠纷。

情境导入

为让业主缴纳物业费，物业公司奇招百出。江岸区惠济路 2 号的中行宿舍每天下午 4 点左右就会打开高音喇叭，反复播放催收 2018 年上半年物业费的通知。市民郝先生拨打了晚报新闻热线 82333333，表示不堪其扰。

郝先生称，他们公司就在中行宿舍附近，最近每天下午 4 点左右，喇叭就会响起，通知该小区的居民交纳 2018 年上半年的物业费，"下午 4 点还没下班，已严重影响了我们的工作，真的是难以忍受，为什么不能想一个其他办法呢？"对此，他很是不解。

昨天下午 4 点，晚报记者来到中行宿舍，喇叭通知声已经没有。小区居民陈先生称这几天下班回家都听到了喇叭催缴物业费的声音。对于物业此种做法，他也表示不能接受，"小区物业应该帮助居民消除噪音源，而不是不顾意见制造噪音。都希望居住环境是安静的，不用大喇叭催促，我们也会按时交钱，这样催着喊着，只能让大家反感。"

随后从该小区物业了解到，用喇叭通知交物业费是 2018 年 2 月 1 日开始的，每天下午 4 点开始播放，播放 1 个小时左右。对于喇叭造成的噪音扰民问题，工作人员表示已收到居民的投诉，从昨天开始已经停止了播报，并称以后不会再用此方法，物业费收缴工作等年后改成由工作人员上门通知。

资料来源：费权.物业公司大喇叭催收物业费让居民难忍[N].武汉晚报,2018－02－10.

请问：该小区物业的做法有什么不妥？应如何处理？

学习单元一　物业服务收费的法律规定

一、物业服务收费概述

(一)物业服务收费的概念

1.物业服务收费

物业服务收费是指物业服务企业按照物业服务合同的约定,对房屋及配套的设施设备和相关场地进行维修、养护、管理,维护相关区域内的环境卫生和秩序,向业主所收取的费用。即我们通常所说的物业服务费。

这是由国家发展和改革委员会、原建设部 2003 年 11 月颁布的《物业服务收费管理办法》第二条所规定。

收取物业服务费是物业服务企业的权利,缴纳物业服务费是业主的义务。

2.物业服务收费的作用

(1)物业服务收费是物业服务企业的主营收入之一,是物业服务企业收入的主要来源。物业服务费作为物业服务企业向业主和使用人提供管理、服务而收取的报酬,是维持物业服务企业正常运营的基本经济保障。

(2)物业服务收费是维持并保证物业管理项目共有部位、共有设备设施各项使用功能正常发挥的必要费用,是开展保洁、绿化、秩序维护等业务的资金来源。

(3)物业服务收费是影响购房的因素之一。物业服务收费对购房人来说,将成为一笔长期的固定开支,并且还与物业服务质量有直接联系,因此,购房人能否承受,物业服务收费是否质价相符,都对购房人的购房心理产生影响。

(二)物业服务收费的原则

根据《物业管理条例》《物业服务收费管理办法》的有关规定,物业服务收费应当遵循合理、公开以及费用与服务水平相适应的原则。

1.合理原则

物业服务收费应根据《物业服务收费管理办法》《物业服务定价成本监审办法(试行)》相关规定,贯彻合理使用、合理收益的原则,根据物业服务费用的构成,合理分摊、科学计算,制定合理的标准。

政府物业管理主管部门、物价管理部门既要支持物业服务企业的正当收费,又要坚决制止收费中的不合理行为。物业服务收费的成本费用应当符合有关法律、行政法规和国家统一的会计制度的规定,影响物业服务定价成本各项费用的主要技术、经济指标应当符合行业标准或者社会公允水平。

业主和使用人应按照谁享用、谁受益、谁负担的原则,依照物业服务合同的约定,及时、足额地缴纳物业服务费。

2.公开原则

物业服务企业与业主是平等的民事主体法律关系,按照物业服务合同的约定,根据《物业管理条例》《物业服务收费管理办法》《物业服务定价成本监审办法(试行)》相关规定,物业服务收费的成本费用应当为与物业服务直接相关或者间接相关的费用,业主有权对物业服务收费情况进行检查和监督,物业服务企业应公开费用收支情况,并按业主委员会的要求履行报告、解释义务。

3.服务费用与服务水平相适应原则

物业服务收费应按照物业管理项目的类型、规模、功能、设备设施配备情况及物业服务标准,按质取费,物业服务收费的成本费用应当与物业服务内容及服务标准相对应,根据物业服务质量的高低,确定物业服务收费标准。

4.专款专用原则

物业服务收费支出构成或费用组成,在《物业服务收费管理办法》《物业服务定价成本监审办法(试行)》中都有明确而具体的规定,必须严格执行,专款专用,不得随意使用,以确保业主的利益不受损害。

【案例 7-1】

服务不到位 能否拒缴物业费?

物业服务不到位,业主能否拒交物业费?近两年来,物业服务纠纷呈逐年上涨趋势。

物业服务到位否,成物业纠纷诉讼主因

海安法院副院长李宏林通报 2016 年度该院的十大典型案例,其中包括了一起物业纠纷案。

某小区业主胡某 2016 年被物业公司以未缴纳 2010 年至 2015 年物业费为由诉至法院,要求其支付物业费和滞纳金。胡某则辩称,物业公司安装电梯使用装置,并通过“升级”电梯卡的方式限制其使用电梯,构成不当履行。胡某还反诉要求物业公司退出该小区,退还其已缴纳的 2009 年和 2010 年的物业费。海安法院一审判决胡某支付 2010 年至 2015 年的物业费 7689 元,驳回物业公司其他的诉讼请求及胡某的反诉请求。

海安法院副院长孙卫华介绍,物业服务纠纷中,物业费收缴的问题尤为突出,而业主对物业服务水平不满意,是引发诉讼的主因。根据我国的相关法律,只要在物业公司提供了基本物业服务的前提下,业主都应该交纳服务费用,物业公司的工作做得不好,不能构成业主拒绝缴纳物业费的理由。虽然法律规定,物业公司的行为损害了业主的利益,业主可以请求赔偿,但必须提供证明,否则法院很难支持业主的主张。

诉讼大厅的调解室,成为案件“分流点”

前不久,海安某小区保安在指挥业主停车时,业主不慎将车剐蹭,车辆维修费 500 元。事后,业主要求物业“负责”,但物业认为这是保安个人行为,与公司无关。此事引发业主强烈不满,拒缴物业费。物业公司来到法院准备起诉业主。但在海安法院人民调解工作室调解员吴盛茂的调解下,双方最终签订调解协议。

在海安法院,2016 年一年受理的此类案件只有 30 余件,大量案件在进入诉讼程序之前就达成了调解协议,其“秘籍”就是该院 2015 年出台的《关于审理物业服务费用纠纷案件的若干意见》。该意见针对物业公司通过对业主停止供应水、电、气或不恰当地限制门禁、电梯使用实现物业费收取等不良现象,均一一画出“红线”。

业内人士认为,该意见就统一物业纠纷案件争议问题做出了处理规则,既保证同案同判,也对相关法律或司法解释的制定具有借鉴意义。根据这一意见,仅 2016 年一年,经吴盛茂调解成功的物业纠纷就有 80 多起。

案例评析

"如果确实是物业服务不到位,业主可对物管公司提出反诉,要求对所欠物管费少交或者不交,但业主需要向法庭提供物管公司服务不到位的证据。"李宏林介绍,这主要包括两方面:业主个人住宅中,物管本应上门解决的问题却一直未处理的,业主一定要记得拍照、录像取证,其后上门告诉物管,通过录音记录对方答复;另外,收集物管对小区环境服务不周到之处的证据。同时需表明,因为物管服务打折,物管费不能按此前约定价格收取,要求降低物管费甚至不交,这时就很有可能得到法院的部分支持。如果业主不愿反诉,也可拿着该类证据直接和物业公司交涉。

李宏林说,在物业公司服务不到位的时候,业主可以用法律武器捍卫自己的合法权益。同时,缴纳物业费也是业主的义务,因此,无论物业公司还是业主都应依法履行自己的义务和责任,保障小区的良好环境。

资料来源:彭军君.服务不到位 能否拒缴物业费?法院提醒:取证非常重要[EB/OL].(2017 - 03 - 13).http://www. zgnt. net/content/2017 - 03/13/content_2507778. html.

二、物业服务收费法律规定

(一)物业服务收费的构成

物业服务收费的构成,在《物业服务收费管理办法》《物业服务定价成本监审办法(试行)》中都有明确而具体的规定。

1. 物业服务成本或者物业服务支出构成

物业服务成本或者物业服务支出构成一般包括以下部分:

(1)管理服务人员的工资、社会保险和按规定提取的福利费等;

(2)物业共用部位、共用设施设备的日常运行、维护费用;

(3)物业管理区域清洁卫生费用;

(4)物业管理区域绿化养护费用;

(5)物业管理区域秩序维护费用;

(6)办公费用;

(7)物业服务企业固定资产折旧;

(8)物业共用部位、共用设施设备及公众责任保险费用;

(9)经业主同意的其他费用。

2. 物业服务成本或者物业服务支出构成具体内容

(1)人员费用是指管理服务人员工资、按规定提取的工会经费、职工教育经费,以及根据政府有关规定应当由物业服务企业缴纳的住房公积金和养老、医疗、失业、工伤、生育保险等社会保险费用。

(2)物业共用部位、共用设施设备日常运行和维护费用是指为保障物业管理区域内共用部位、共用设施设备的正常使用和运行、维护保养所需的费用。不包括保修期内应由建设单位履行保修责任而支出的维修费、应由住宅专项维修资金支出的维修和更新、改造费用。

(3)清洁卫生费是指保持物业管理区域内环境卫生所需的购置工具费、消杀防疫费、化粪池清理费、管道疏通费、清洁用料费、环卫所需费用等。

(4)绿化养护费是指管理、养护绿化所需的绿化工具购置费、绿化用水费、补苗费、农药化肥费等。不包括应由建设单位支付的种苗种植费和前期维护费。

(5)秩序维护费是指维护物业管理区域秩序所需的器材装备费、安全防范人员的人身保险费及由物业服务企业支付的服装费等。其中器材装备不包括共用设备中已包括的监控设备。

(6)办公费是指物业服务企业为维护管理区域正常的物业管理活动所需的办公用品费、交通费、房租、水电费、取暖费、通信费、书报费及其他费用。

(7)固定资产折旧是指按规定折旧方法计提的物业服务固定资产的折旧金额。物业服务固定资产指在物业服务小区内由物业服务企业拥有的、与物业服务直接相关的、使用年限在一年以上的资产。

(8)物业共用部位、共用设施设备及公众责任保险费用是指物业服务企业购买物业共用部位、共用设施设备及公众责任保险所支付的保险费用,以物业服务企业与保险公司签订的保险单和所交纳的保险费为准。

(9)管理费分摊是指物业服务企业在管理多个物业项目情况下,为保证相关的物业服务正常运转而由各物业服务小区承担的管理费用。

(10)经业主同意的其他费用是指业主或者业主大会按规定同意由物业服务费开支的费用。

(二)物业服务收费的定价方式

根据《物业管理条例》《物业服务收费管理办法》有关规定,物业服务收费有政府指导价和市场调节价两种。

1.政府指导价

政府指导价是指有定价权限的人民政府价格主管部门会同房地产行政主管部门根据物业管理服务等级标准等因素,制定相应的基准价及其浮动幅度,并定期公布定价方法。

物业管理服务具有一定的公益性,其社会影响范围较大,但由于物业管理行业起步较晚,物业管理市场发展还不够规范,社会收入水平与物业管理有偿服务的发展趋势还不能完全相适应等因素,根据《中华人民共和国价格法》重要的公益性服务价格政府在必要时可以实行政府指导价或者政府定价的规定,物业服务收费方式之一为政府指导价。对政府指导价的具体执行,是物业服务收费的具体收费标准由业主与物业服务企业根据规定的基准价和浮动幅度在物业服务合同中约定。

政府指导价这种定价方法主要适用于普通住宅物业服务收费。

需要注意的是,物价部门和房地产主管部门在确定指导价格时,一是应当充分听取物业服务企业、业主和使用人的意见,既能满足物业服务企业的健康发展需要,也要考虑业主和使用人的经济承受能力,以物业管理服务成本费用为基础,结合物业管理服务内容、服务质量确定。二是物价部门对确定的指导价格,应当根据物价等因素的变化适时进行调整,并及时公布。

2.市场调节价

市场调节价是指物业管理服务收费标准由供求双方,即业主和物业服务企业进行协商确定,在物业服务合同中约定的定价方法。一般非住宅物业、高档住宅物业的服务费及其他收费实行市场调节价。

实行市场调节价的物业服务收费,随着人们生活水平的提高以及物业管理市场的完善,将逐渐成为主要的物业服务收费定价方式。这是因为它符合市场经济的要求,是物业管理专业化、规范化成熟表现的一种市场行为。

(三)影响物业服务收费定价的因素

(1)根据物业本身的实际情况收费。

①物业类型。商品房、别墅、普通商品房、高级商用楼、写字楼与经济适用房、危改回迁房的物业管理收费不同。

②物业配备的实施条件。物业所配备的设施各不相同,有进口的,有国产的;数量上也不尽相同,各自投入的成本差异导致服务收费不同。

③物业管理的规模大小和管理形式。主要包括物业管理的规模、管理的形式(封闭式管理还是开放式管理),确定人员的配备和部门的设置。

(2)根据物业服务项目、服务质量收费。

(3)根据市场供给需求情况收费。

(四)物业管理费收取模式

根据《物业服务收费管理办法》有关规定,物业服务企业可以与业主约定按照包干制或者酬金制等形式采取物业服务费用。

包干制是指由业主向物业服务企业支付固定物业服务费用,盈余或者亏损均由物业服务企业享有或者承担的物业服务计费方式。

包干制的物业服务费用构成包括物业服务成本、法定税费和物业服务企业的利润。

酬金制是指在预收的物业服务资金中按约定比例或者约定数额提取酬金支付给物业服务企业,其余全部用于物业服务合同约定的支出,结余或者不足均由业主享有或者承担的物业服务计费方式。

酬金制预收的物业服务资金包括物业服务支出和物业服务企业的酬金。

根据《物业服务收费管理办法》规定,酬金制与包干制的主要区别如表7-1所示。

表7-1 酬金制与包干制的主要区别

	酬金制	包干制
物业费的构成	物业服务支出和物业服务企业的酬金	物业服务成本、法定税费和物业管理企业的利润
物业费是否可做他用	属于代管性质,为所交纳的业主所有,物业服务企业不得将其用于物业服务合同约定以外的支出	物业公司可根据内部管理需要自行安排
经营收支是否公示	物业服务企业应当向业主大会或者全体业主公布物业服务资金年度预决算并每年不少于一次公布物业服务资金的收支情况	物业公司自负盈亏,无需公示经营收支表
业主对经营收支的参与权	业主或者业主大会对公布的物业服务资金年度预决算和物业服务资金的收支情况提出质询时,物业服务企业应当及时答复	物业公司自负盈亏,业主不参与经营收支的了解和质询

	酬金制	包干制
经营收支能否审计	物业公司或者业主大会可以按照物业服务合同约定聘请专业机构对物业服务资金年度预决算和物业服务资金的收支情况进行审计	不审计
管理的便利性	需要公示收支报告,受业主的监督和制约较多,程序复杂	物业公司自主经营,无需过多受制于业主
能否打折收取物业费	物业公司无权免收或打折收取部分业主的物管费	物业公司有权选择免收或打折收取部分业主的物管费
亏损风险承担主体	业主	物业公司
大额开支参与权	可根据物业服务合同约定,业委会对大额开支的招标与合约进行参与	不参与
物业服务水平的提升	有更多的监督和对话机制,更有助于提高物业服务水平	信息不对称,不利于提高物业服务水平

国外物业服务收费模式多采用酬金制,而国内目前还是以包干制为主;随着行业的发展,酬金制收费模式有逐步扩大的趋势。

(五)物业服务收费的管理、监督

根据《物业服务收费管理办法》《物业服务定价成本监审办法(试行)》《物业服务收费明码标价规定》有关规定,对物业服务收费实行物业服务收费明码标价制度、物业服务费使用公示制度、物业服务收费监审制度。

1.物业服务收费明码标价制度

按照《物业服务收费明码标价规定》有关规定,根据《中华人民共和国价格法》、《物业管理条例》和《关于商品和服务实行明码标价的规定》,物业服务企业向业主和使用人收取物业服务费遵循公开、公平和诚实信用的原则,实行明码标价,标明服务项目、收费标准等有关情况。

物业服务企业实行明码标价应当做到价目齐全、内容真实、标示醒目、字迹清晰。物业服务收费明码标价的内容包括物业服务企业名称、收费对象、服务内容、服务标准、计费方式、计费起始时间、收费项目、收费标准、价格管理形式、收费依据、价格举报电话等。实行政府指导价的物业服务收费应当同时标明基准收费标准、浮动幅度,以及实际收费标准。

以上物业服务收费明码标价信息内容,物业服务企业应在其服务区域内的显著位置或收费地点予以公示,公示方式可采取公示栏、公示牌、收费表、收费清单、收费手册、多媒体终端查询等方式。

实行明码标价的物业服务收费的标准等发生变化时,物业服务企业应当在执行新标准前一个月,将所标示的相关内容进行调整,并应标示新标准开始实行的日期。

2.物业服务费使用公示制度

根据《物业管理条例》《物业服务收费管理办法》有关规定,物业服务企业对物业服务收费的使用情况应予定期公示。

物业服务企业应向业主大会或者全体业主公布物业服务资金年度预决算,物业服务资金的收支情况的公布每年不少于一次。对物业服务收费采取酬金制方式的物业服务企业,物业服务企业或者业主大会可以按照物业服务合同的约定,聘请专业机构对物业服务资金年度预决算和物业服务资金的收支情况进行审计并予以公示。

业主或者业主大会对物业服务企业公布的物业服务资金年度预决算和物业服务资金的收支情况有权提出质询。对业主或者业主大会的质询物业服务企业应当及时答复。

3. 物业服务收费监审制度

根据《物业服务定价成本监审办法(试行)》有关规定,对实行政府指导价物业服务收费标准的物业服务企业实施定价成本监审的行为,物业服务定价成本监审工作由政府价格主管部门负责组织实施,房地产主管部门应当配合价格主管部门开展工作。

政府价格主管部门负责组织实施定价成本监审行为时,在本行政区域内物业服务企业数量众多的,可以选取一定数量、有代表性的物业服务企业进行成本监审。核定物业服务定价成本,应当以经会计师事务所审计的年度财务会计报告、原始凭证与账册或者物业服务企业提供的真实、完整、有效的成本资料为基础。

【案例 7-2】

靖江一市民欠 400 元物业费 上了法院失信"黑名单"

靖江市民黄先生需要乘坐高铁出差,他发现自己竟然不能买高铁车票,一查才知道,他因为 400 多元物业费及滞纳金而上了法院失信"黑名单"。

黄先生于 2010 年入住靖江市区某小区,起初,他每年都按时缴纳物业费。2013 年的一天,黄先生停放在小区内的一辆自行车被盗,他认为,物业公司对此负有不可推卸的管理责任,遂向物业公司讨要说法。但物业公司拒绝作出任何赔偿,这样的态度让他很不满意,从那以后,他便拒绝再缴纳物业费。"小区物业只知道收钱不知道服务。"黄先生说,他觉得小区的安保措施不得力,收费还偏高,因此拒绝缴费。

2013 年至 2015 年间,物业公司多次电话联系和上门催缴无果后,将黄先生告上法庭,追讨三年的物业费及滞纳金共计 4000 余元。

法院审理时,物业公司出具了之前与黄先生签订的物业管理服务协议,协议上清楚标注了价格等内容。公司负责人承认公司服务可能存在不足之处,但他认为,这不能成为业主不缴纳物业费的理由,要求黄先生补缴费用及滞纳金。

法院审理后判决黄先生应支付物业服务费及案件受理费合计 3455 元。判决生效后,黄先生一直在外出差,未及时履行判决缴清相关费用,物业公司向法院申请强制执行。

执行过程中,执行法官一直未能联系上黄先生。经法院调查发现,黄先生名下有房屋及银行存款,鉴于其有能力履行而拒不履行法定义务,法院遂依法裁定,扣划其银行存款近 3000元,将执行款发还物业公司。还差 400 多元执行款未能执行完毕,由于金额较小,法院未对黄先生名下的房产进行查封。最终,物业公司同意终结该案执行程序,同时,法院作出执行决定书,将被执行人黄先生纳入失信被执行人名单。

黄先生买高铁票被拒后,赶紧主动到物业公司缴清了剩余的费用。物业公司收齐余款后,到法院出具了结案申请,法院随即将黄先生从失信被执行人名单中删除。

案例评析

这是一例典型的失信被执行人案件,虽然涉案数额较小,但却表明了法院判决的严肃性。

业主缴纳物业管理费是应尽的义务。随着大数据时代的发展,各系统部门的信息共享,社会信用体系的不断完善,法院的执行措施不再拘泥于小范围内的查询扣划款项,通过公布失信被执行人名单、限制高消费、限制出入境、追究刑事责任等措施的实施,不断压缩失信被执行人的生存空间,对于促使被执行人自觉履行义务,促进树立诚信守约的社会风尚,具有重要的积极意义。

资料来源:韩青.业主因为 400 元物业费 进了失信"黑名单"[N].靖江日报,2016-09-02.

(六)物业服务收费中的欠费管理

业主逾期不交纳物业服务费用的处理有两种办法:①业主委员会应当督促其在规定的期限内交纳。②物业服务企业可以向人民法院起诉。

<h2 style="text-align:center">学习单元二　住宅专项维修资金的法律规定</h2>

一、住宅专项维修资金概述

1.住宅专项维修资金的概念

根据《住宅专项维修资金管理办法》第二条规定,住宅专项维修资金是指专项用于住宅共用部位、共用设施设备保修期满后的维修和更新、改造的资金。

住宅专项维修资金包括房屋共用部位维修基金和共用设施设备维修基金两部分。房屋共用部位维修基金是指专项用于房屋共用部位大修理的资金。共用设施设备维修基金是指专项用于共用设施和共用设备大修理的资金。

【案例 7-3】

上海市虹口区久乐大厦小区业主大会诉上海环亚实业总公司业主共有权纠纷案

2004 年 3 月,被告上海环亚实业总公司(以下简称环亚公司)取得上海市虹口区久乐大厦底层、二层房屋的产权,底层建筑面积 691.36 平方米、二层建筑面积 910.39 平方米。环亚公司未支付过上述房屋的专项维修资金。2010 年 9 月,原告久乐大厦小区业主大会(以下简称久乐业主大会)经征求业主表决意见,决定由久乐业主大会代表业主提起追讨维修资金的诉讼。久乐业主大会向法院起诉,要求环亚公司就其所有的久乐大厦底层、二层的房屋向原告缴纳专项维修资金 57566.9 元。被告环亚公司辩称,其于 2004 年获得房地产权证,至本案诉讼有 6 年之久,原告从未主张过维修资金,该请求已超过诉讼时效,不同意原告诉请。

上海市虹口区人民法院于 2011 年 7 月 21 日作出(2011)虹民三(民)初字第 833 号民事判决:被告环亚公司应向原告久乐业主大会缴纳久乐大厦底层、二层房屋的维修资金 57566.9 元。宣判后,环亚公司向上海市第二中级人民法院提起上诉。上海市第二中级人民法院于 2011 年 9 月 21 日作出(2011)沪二中民二(民)终字第 1908 号民事判决:驳回上诉,维持原判。

案例评析

法院生效裁判认为:《物权法》第七十九条规定,"建筑物及其附属设施的维修资金,属于业主共有。经业主共同决定,可以用于电梯、水箱等共有部分的维修。"《物业管理条例》原第五十四条(现第五十三条)第二款规定,"专项维修资金属于业主所有,专项用于物业保修期满后物业共用部位、共用设施设备的维修和更新、改造,不得挪作他用"。《住宅专项维修资金管理办法》第二条第二款规定,"本办法所称住宅专项维修资金,是指专项用于住宅共用部位、共用设施设备保修期满后的维修和更新、改造的资金"。依据上述规定,维修资金性质上属于专项基金,系为特定目的,即为住宅共用部位、共用设施设备保修期满后的维修和更新、改造而专设的资金。它在购房款、税费、物业费之外,单独筹集、专户存储、单独核算。由其专用性所决定,专项维修资金的缴纳并非源于特别的交易或法律关系,而是为了准备应急性地维修、更新或改造区分所有建筑物的共有部分。由于共有部分的维护关乎全体业主的共同或公共利益,所以维修资金具有公共性、公益性。

《物业管理条例》第七条第四项规定,业主在物业管理活动中,应当履行按照国家有关规定交纳专项维修资金的义务。原第五十四条(现第五十三条)第一款规定:"住宅物业、住宅小区内的非住宅物业或者与单幢住宅楼结构相连的非住宅物业的业主,应当按照国家有关规定交纳专项维修资金。"依据上述规定,缴纳专项维修资金是为特定范围的公共利益,即建筑物的全体业主共同利益而特别确立的一项法定义务,这种义务的产生与存在仅仅取决于义务人是否属于区分所有建筑物范围内的住宅或非住宅所有权人。因此,缴纳专项维修资金的义务是一种旨在维护共同或公共利益的法定义务,其只存在补缴问题,不存在因时间经过而可以不缴的问题。

业主大会要求补缴维修资金的权利,是业主大会代表全体业主行使维护小区共同或公共利益之职责的管理权。如果允许某些业主不缴纳维修资金而可享有以其他业主的维修资金维护共有部分而带来的利益,其他业主就有可能在维护共有部分上支付超出自己份额的金钱,这违背了公平原则,并将对建筑物的长期安全使用,对全体业主的共有或公共利益造成损害。

基于专项维修资金的性质和业主缴纳专项维修资金义务的性质,被告环亚公司作为久乐大厦的业主,不依法自觉缴纳专项维修资金,并以业主大会起诉追讨专项维修资金已超过诉讼时效进行抗辩,该抗辩理由不能成立。原告根据被告所有的物业面积,按照同期其他业主缴纳专项维修资金的计算标准算出的被告应缴纳的数额合理,据此判决被告应当按照原告诉请支付专项维修资金。

资料来源:指导案例 65 号:上海市虹口区久乐大厦小区业主大会诉上海环亚实业总公司业主共有权纠纷案[EB/OL].(2016 - 09 - 30).http://www.court.gov.cn/shenpan-xiangqing-27811.html.

2.住宅专项维修资金的用途

《物权法》第七十九条规定:"经业主共同决定,可以用于电梯、水箱等共有部分的维修。"《住宅专项维修资金管理办法》规定住宅专项维修资金专项用于住宅共用部位、共用设施设备保修期满后的维修和更新、改造,不得挪作他用。

至于业主专有部分以外的哪些部分为共有部分,哪些设施为建筑物的附属设施,要根据每一栋建筑物、每一个建筑区划的不同情况具体分析。根据《住宅专项维修基金管理办法》规定:

(1)住宅共用部位,是指根据法律、法规和房屋买卖合同,由单幢住宅内业主或者单幢住宅内业主及与之结构相连的非住宅业主共有的部位,一般包括住宅的基础、承重墙体、柱、梁、楼板、屋顶以及户外的墙面、门厅、楼梯间、走廊通道等。

(2)共用设施设备,是指根据法律、法规和房屋买卖合同,由住宅业主或者住宅业主及有关非住宅业主共有的附属设施设备,一般包括电梯、天线、照明、消防设施、绿地、道路、路灯、沟渠、池、井、非经营性车场车库、公益性文体设施和共用设施设备使用的房屋等。

【案例 7 - 4】

"电梯响声特别大，一进去就滴滴地乱叫。"徐先生入住城南某小区已经 8 年了，2012 年以来，小区电梯总有些小毛病，这让徐先生很不放心。可每次联系物业公司，物业都称要动用维修基金才能修理。10 月 15 日上午，徐先生致电长沙市司法局 12348 法律咨询热线："修电梯的钱难道不该物业从收取的物业费中出吗？"

12348 法律咨询热线律师李玉琴表示，小区维修电梯使用维修基金是合法的。因为，徐先生已经入住小区 8 年，电梯肯定已经过了开发商保修期。房产开发商采购电梯时与电梯销售商签订的采购合同中有保修年限的条款，一般是 2 年。而一部电梯每年的养护费大约 1 万多元，包含电梯的年维保费用及年检费用。一般物业公司是委托给专业的电梯维保单位，养护费已包括在物业费里，但养护费不包含更换较大配件。因此，根据《住宅专项维修资金管理办法》，小区公共设施维修费用可以由维修资金进行支付。

资料来源：任文婧.修电梯可以用维修基金[N].潇湘晨报，2012 - 10 - 16.

3. 住宅专项维修资金管理的原则

住宅专项维修资金管理实行专户存储、专款专用、所有权人决策、政府监督的原则。

（1）专户存储原则。业主交存的住宅专项维修资金，由业主大会、物业所在地政府代管部门或负责部门委托所在地一家商业银行，作为本行政区域内住宅专项维修资金的专户管理银行，并在专户管理银行开立住宅专项维修资金专户。开立住宅专项维修资金专户，应当以物业管理区域为单位设账，按房屋户门号设分户账；未划定物业管理区域的，以幢为单位设账，按房屋户门号设分户账。

（2）专款专用原则。住宅专项维修资金只能专项用于住宅共用部位、共用设施设备保修期满后的维修和更新、改造，不能挪作他用。即使住宅专项维修资金的存储利息、按照国家有关规定将住宅专项维修资金用于购买国债的增值收益，也必须转入住宅专项维修资金滚存使用。

（3）所有权人决策原则。住宅专项维修资金的所有权人是全体业主，住宅专项维修资金的筹集和使用须召开业主大会，由全体业主共同决定。

（4）政府监督原则。全国住宅专项维修资金的指导和监督工作由国务院建设主管部门会同国务院财政部门负责；县级以上地方人民政府建设（房地产）主管部门会同同级财政部门负责本行政区域内住宅专项维修资金的指导和监督工作。

住宅专项维修资金的使用，须向所在地建设（房地产）主管部门申请列支，待审核同意后方可使用。

二、设立住宅专项维修资金的意义

当物业保修期满后，物业维修养护的责任由保修单位转移到物业产权人身上，在业主分散的情况下，如果没有住宅专项维修资金，要在短时间内向业主筹集物业共用部位、共用设施设备维修或更新、改造的费用十分困难。住宅专项维修资金的设立，为物业及时得到维修养护提供了基础性条件。《物业管理条例》第七条明确规定，业主在物业管理活动中，应履行按照国家有关规定交纳专项维修资金的义务。住宅专项维修资金相当于房屋的"医疗和养老保险金"，其建立有利于提高和保持房屋完好率，延长房屋的使用寿命，达到物业保值增值的目的。

三、住宅专项维修资金所有权的归属

住宅专项维修资金所有权归属于全体业主共同所有。

《物权法》第七十九条规定,建筑物及其附属设施的维修资金,属于业主共有。《物业管理条例》第五十三条第二款也规定,住宅专项维修资金属于业主所有,专项用于物业保修期满后物业共用部位、共用设施设备的维修和更新、改造,不得挪作他用。《住宅专项维修资金管理办法》第九条规定:"业主交存的住宅专项维修资金属于业主所有。从公有住房售房款中提取的住宅专项维修资金属于公有住房售房单位所有。"这些规定内容均表明,住宅专项维修资金所有权归属于全体业主共同所有。目前,物业服务企业所管理的住宅专项维修资金,只是接受委托业主或业主委员会的委托,履行代管义务,为业主或业主委员会进行代管的。

住宅专项维修资金的筹集和使用须召开业主大会,由全体业主共同决定。其表决通过应当经专有部分占建筑物总面积三分之二以上的业主且占总人数三分之二以上的业主同意。

四、住宅专项维修资金的交存

(一)住宅专项维修资金的交存条件

住宅物业、住宅小区内的非住宅物业或者住宅小区外与单幢住宅结构相连的非住宅物业的业主,应当按照规定交存住宅专项维修资金。归一个业主所有且与其他物业不具有共用部位、共用设施设备的住宅除外。

符合上述两种情况的物业且属于出售公有住房的,售房单位应当按照国家有关规定交存住宅专项维修资金。

(二)住宅专项维修资金的交存额度

(1)商品住宅的业主、非住宅的业主按照所拥有物业的建筑面积交存住宅专项维修资金,每平方米建筑面积交存首期住宅专项维修资金的数额为当地住宅建筑安装工程每平方米造价的5%至8%。

所在地政府主管部门应当根据本地区情况,合理确定、公布每平方米建筑面积交存首期住宅专项维修资金的数额,并适时调整。

(2)出售公有住房的,按照下列规定交存住宅专项维修资金:

①业主按照所拥有物业的建筑面积交存住宅专项维修资金,每平方米建筑面积交存首期住宅专项维修资金的数额为当地房改成本价的2%。

②售房单位按照多层住宅不低于售房款的20%、高层住宅不低于售房款的30%,从售房款中一次性提取住宅专项维修资金。

(三)住宅专项维修资金的交存方式

(1)商品住宅的业主应当在办理房屋入住手续前,将首期住宅专项维修资金存入住宅专项维修资金专户。

未按规定交存首期住宅专项维修资金的,开发建设单位或者公有住房售房单位不得将房屋交付购买人。

(2)已售公有住房的业主应当在办理房屋入住手续前,将首期住宅专项维修资金存入公有

住房住宅专项维修资金专户或者交由售房单位存入公有住房住宅专项维修资金专户。

公有住房售房单位应当在收到售房款之日起 30 日内,将提取的住宅专项维修资金存入公有住房住宅专项维修资金专户。

(3)专户管理银行、代收住宅专项维修资金的售房单位应当出具由财政部或者省、自治区、直辖市人民政府财政部门统一监制的住宅专项维修资金专用票据。

(四)住宅专项维修资金的续交

业主分户账面住宅专项维修资金余额不足首期交存额 30% 的,应当及时续交。

成立业主大会的,续交方案由业主大会决定。其表决通过应当经专有部分占建筑物总面积三分之二以上的业主且占总人数三分之二以上的业主同意。

未成立业主大会的,续交的具体管理办法由所在地政府主管部门会同同级财政部门制定。

五、住宅专项维修资金的保管

(一)业主大会成立前

(1)商品住宅业主、非住宅业主交存的住宅专项维修资金,由物业所在地政府主管部门代管。

所在地政府主管部门应当委托所在地一家商业银行,作为本行政区域内住宅专项维修资金的专户管理银行,并在专户管理银行开立住宅专项维修资金专户。

开立住宅专项维修资金专户,应当以物业管理区域为单位设账,按房屋户门号设分户账;未划定物业管理区域的,以幢为单位设账,按房屋户门号设分户账。

(2)已售公有住房住宅专项维修资金,由所在地政府主管部门负责管理。

负责管理公有住房住宅专项维修资金的部门应当委托所在地一家商业银行,作为本行政区域内公有住房住宅专项维修资金的专户管理银行,并在专户管理银行开立公有住房住宅专项维修资金专户。

开立公有住房住宅专项维修资金专户,应当按照售房单位设账,按幢设分账;其中,业主交存的住宅专项维修资金,按房屋户门号设分户账。

(二)业主大会成立后

(1)业主大会应当委托所在地一家商业银行作为本物业管理区域内住宅专项维修资金的专户管理银行,并在专户管理银行开立住宅专项维修资金专户。

开立住宅专项维修资金专户,应当以物业管理区域为单位设账,按房屋户门号设分户账。

(2)业主委员会应当通知所在地政府主管部门;涉及已售公有住房的,应当通知负责管理公有住房住宅专项维修资金的部门。

(3)所在地政府主管部门或负责管理公有住房住宅专项维修资金的部门应当在收到通知之日起 30 日内,通知专户管理银行将该物业管理区域内业主交存的住宅专项维修资金账面余额划转至业主大会开立的住宅专项维修资金账户,并将有关账目等移交业主委员会。

(4)住宅专项维修资金划转后的账目管理单位,由业主大会决定。业主大会应当建立住宅专项维修资金管理制度。

业主大会开立的住宅专项维修资金账户,应当接受所在地政府主管部门的监督。

六、住宅专项维修资金的使用

(一)住宅专项维修资金的使用原则

住宅专项维修资金的使用应当遵循方便快捷、公开透明、受益人和负担人相一致的原则。

住宅共用部位、共用设施设备的维修和更新、改造费用,按照下列规定分摊:

(1)《物权法》第八十条规定:"建筑物及其附属设施的费用分摊、收益分配等事项,有约定的,按照约定;没有约定或者约定不明确的,按照业主专有部分占建筑物总面积的比例确定。"基于业主可以行使建筑物区分所有权,对于如何负担建筑物及其附属设施的费用,如何分配建筑物及其附属设施的收益,业主可以依法处分,故本条规定,建筑物及其附属设施的费用分摊、收益分配等事项,有约定的,按照约定。没有约定或者约定不明的,本条作了原则性、指导性规定,即按照业主专有部分占建筑物总面积的比例确定。

(2)售后公有住房之间共用部位、共用设施设备的维修和更新、改造费用,由相关业主和公有住房售房单位按照所交存住宅专项维修资金的比例分摊;其中,应由业主承担的,再由相关业主按照各自拥有物业建筑面积的比例分摊。

(3)售后公有住房与商品住宅或者非住宅之间共用部位、共用设施设备的维修和更新、改造费用,先按照建筑面积比例分摊到各相关物业。其中,售后公有住房应分摊的费用,再由相关业主和公有住房售房单位按照所交存住宅专项维修资金的比例分摊。

(4)住宅共用部位、共用设施设备维修和更新、改造,涉及尚未售出的商品住宅、非住宅或者公有住房的,开发建设单位或公有住房单位应当按照尚未售出商品住宅或者公有住房的建筑面积,分摊维修和更新、改造费用。

(二)住宅专项维修资金的使用程序

1.业主大会管理前

住宅专项维修资金划转业主大会管理前,需要使用住宅专项维修资金的,按照以下程序办理:

(1)物业服务企业根据维修和更新、改造项目提出使用建议;没有物业服务企业的,由相关业主提出使用建议。

(2)住宅专项维修资金列支范围内专有部分占建筑物总面积三分之二以上的业主且占总人数三分之二以上的业主讨论通过使用建议。

(3)物业服务企业或者相关业主组织实施使用方案。

(4)物业服务企业或者相关业主持有关材料,向所在地政府主管部门申请列支;其中,动用公有住房住宅专项维修资金的,向负责管理公有住房住宅专项维修资金的部门申请列支。

(5)所在地政府主管部门或负责管理公有住房住宅专项维修资金的部门审核同意后,向专户管理银行发出划转住宅专项维修资金的通知。

(6)专户管理银行将所需住宅专项维修资金划转至维修单位。

2.业主大会管理后

住宅专项维修资金划转业主大会管理后,需要使用住宅专项维修资金的,按照以下程序

办理:

(1)物业服务企业提出使用方案,使用方案应当包括拟维修和更新、改造的项目、费用预算、列支范围、发生危及房屋安全等紧急情况以及其他需临时使用住宅专项维修资金的情况的处置办法等。

(2)业主大会依法通过使用方案。

(3)物业服务企业组织实施使用方案。

(4)物业服务企业持有关材料向业主委员会提出列支住宅专项维修资金;其中,动用公有住房住宅专项维修资金的,向负责管理公有住房住宅专项维修资金的部门申请列支。

(5)业主委员会依据使用方案审核同意,并报所在地政府主管部门备案;动用公有住房住宅专项维修资金的,经负责管理公有住房住宅专项维修资金的部门审核同意;所在地政府主管部门或负责管理公有住房住宅专项维修资金的部门发现不符合有关法律、法规、规章和使用方案的,应当责令改正。

(6)业主委员会、负责管理公有住房住宅专项维修资金的部门向专户管理银行发出划转住宅专项维修资金的通知。

(7)专户管理银行将所需住宅专项维修资金划转至维修单位。

3.紧急情况

发生危及房屋安全等紧急情况,需要立即对住宅共用部位、共用设施设备进行维修和更新、改造的,按照以下规定列支住宅专项维修资金:

(1)住宅专项维修资金划转业主大会管理前,物业服务企业或者相关业主持有关材料,向所在地政府主管部门申请列支;其中,动用公有住房住宅专项维修资金的,向负责管理公有住房住宅专项维修资金的部门申请列支;主管部门或负责部门审核同意后,向专户管理银行发出划转住宅专项维修资金的通知;专户管理银行将所需住宅专项维修资金划转至维修单位。

(2)住宅专项维修资金划转业主大会管理后,物业服务企业持有关材料向业主委员会提出列支住宅专项维修资金;其中,动用公有住房住宅专项维修资金的,向负责管理公有住房住宅专项维修资金的部门申请列支。业主委员会依据使用方案审核同意,并报所在地政府主管部门备案;动用公有住房住宅专项维修资金的,经负责部门审核同意。业主委员会或负责部门向专户管理银行发出划转住宅专项维修资金的通知。专户管理银行将所需住宅专项维修资金划转至维修单位。

(3)发生危及房屋安全等紧急情况后,业主和使用人按规定实施维修和更新、改造的,所在地政府主管部门可以组织代修,维修费用从相关业主住宅专项维修资金分户账中列支;其中,涉及已售公有住房的,还应当从公有住房住宅专项维修资金中列支。

(三)住宅专项维修资金的其他使用情况

(1)在保证住宅专项维修资金正常使用的前提下,可以按照国家有关规定将住宅专项维修资金用于购买国债。利用住宅专项维修资金购买国债,应当在银行间债券市场或者商业银行柜台市场购买一级市场新发行的国债,并持有到期。

利用业主交存的住宅专项维修资金购买国债的,应当经业主大会同意;未成立业主大会的,应当经专有部分占建筑物总面积三分之二以上的业主且占总人数三分之二以上业主同意。

利用从公有住房售房款中提取的住宅专项维修资金购买国债的,应当根据售房单位的财政隶属关系,报经同级财政部门同意。

(2)下列资金应当转入住宅专项维修资金滚存使用:

①住宅专项维修资金的存储利息;

②利用住宅专项维修资金购买国债的增值收益;

③利用住宅共用部位、共用设施设备进行经营的,业主所得收益,但业主大会另有决定的除外;

④住宅共用设施设备报废后回收的残值。

(四)住宅专项维修资金使用的禁止行为

(1)禁止利用住宅专项维修资金从事国债回购、委托理财业务或者将购买的国债用于质押、抵押等担保行为。

(2)下列费用不得从住宅专项维修资金中列支:

①依法应当由建设单位或者施工单位承担的住宅共用部位、共用设施设备维修、更新和改造费用;

②依法应当由相关单位承担的供水、供电、供气、供热、通信、有线电视等管线和设施设备的维修、养护费用;

③应当由当事人承担的因人为损坏住宅共用部位、共用设施设备所需的修复费用;

④根据物业服务合同约定,应当由物业服务企业承担的住宅共用部位、共用设施设备的维修和养护费用。

七、住宅专项维修资金的监督管理

(一)房屋转让、灭失时住宅专项维修资金的处理

(1)房屋所有权转让时,业主应当向受让人说明住宅专项维修资金交存和结余情况并出具有效证明,该房屋分户账中结余的住宅专项维修资金随房屋所有权同时过户。

受让人应当持住宅专项维修资金过户的协议、房屋权属证书、身份证等到专户管理银行办理分户账更名手续。

(2)房屋灭失的,按照以下规定返还住宅专项维修资金:

①房屋分户账中结余的住宅专项维修资金返还业主。

②售房单位交存的住宅专项维修资金账面余额返还售房单位;售房单位不存在的,按照售房单位财务隶属关系,收缴同级国库。

(二)住宅专项维修资金的监督

(1)所在地政府主管部门、负责管理公有住房住宅专项维修资金的部门及业主委员会,应当每年至少一次与专户管理银行核对住宅专项维修资金账目,并向业主、公有住房售房单位公布下列情况:

①住宅专项维修资金交存、使用、增值收益和结存的总额;

②发生列支的项目、费用和分摊情况;

③业主、公有住房售房单位分户账中住宅专项维修资金交存、使用、增值收益和结存的金额；

④其他有关住宅专项维修资金使用和管理的情况。

业主、公有住房售房单位对公布的情况有异议的有权要求复核。

(2)专户管理银行应当每年至少一次向所在地政府主管部门、负责管理公有住房住宅专项维修资金的部门及业主委员会发送住宅专项维修资金对账单。

所在地政府主管部门、负责管理公有住房住宅专项维修资金的部门及业主委员会对资金账户变化情况有异议的，可以要求专户管理银行进行复核。

专户管理银行应当建立住宅专项维修资金查询制度，接受业主、公有住房售房单位对其分户账中住宅专项维修资金使用、增值收益和账面余额的查询。

(3)住宅专项维修资金的管理和使用，应当依法接受审计部门的审计监督。

(4)住宅专项维修资金的财务管理和会计核算应当执行财政部有关规定。财政部门应当加强对住宅专项维修资金收支财务管理和会计核算制度执行情况的监督。

(三)住宅专项维修资金的发票

住宅专项维修资金专用票据的购领、使用、保存、核销管理，应当按照财政部以及省、自治区、直辖市人民政府财政部门的有关规定执行，并接受财政部门的监督检查。

【案例 7-5】

物业服务费收缴不足，物业公司可以挪用专项维修基金吗？

某小区在业主委员会成立后，经过业主委员会的同意，房地产行政主管部门将专项维修基金移交给该小区的物业公司代管。由于很多业主拖欠物业管理费，该物业服务企业财政支出困难，于是挪用了部分专项维修基金，作为物业管理服务企业的日常开支。后来业主委员会在检查和监督物业服务企业代管的专项维修基金时，发现了该挪用行为。于是书面督促物业在规定的期限内将挪用款项返还。物业服务企业对业主委员会的通知置之不理，业主委员会遂向法院起诉。

被告辩称的理由是：专项维修基金虽然挪为他用，但最终仍然用在为小区居民的服务上，并没有贪污或浪费，而且造成挪用的原因在于一些业主不交无物业服务费，致使物业服务企业入不敷出，物业实属迫不得已。

你认为法院该如何审理？为什么？

案例评析

(1)根据《物业管理条例》的规定，专项维修基金属全体业主所有，专款专用，用于物业保修期满后共同部位、共用设施设备的维修和更新、改造，不得挪作他用。物业公司在保管专项维修基金后，业主委员会可以定期检查和监督物业公司对专项基金的管理和使用情况。

(2)业主发现物业擅自挪用专项维修基金，可以依法提起诉讼，还可以向县级以上人民政府房地产行政主管部门进行投诉。

(3)本案中物业公司的辩称理由是不成立的。物业公司可以通过诉讼的手段收取应收的物业费，不能以错误的方法加以解决问题。

(4)法院判决被告在法定期限交出专项维修基金管理权，返还挪用的资金。

学习单元三 物业管理服务其他收费的法律规定

一、物业管理服务其他收费

根据《物业管理条例》《物业服务收费管理办法》有关规定,物业服务企业可以根据业主的委托提供物业服务合同约定以外的服务项目,服务报酬由双方约定;物业服务企业还可以接受委托代收供水、供电、供气、供热、通信、有线电视等公用事业费用。这里所提到的两大项服务收费,就是物业管理服务其他收费。

这其中物业服务企业根据业主的委托提供物业服务合同约定以外服务项目的收费,是特约服务项目收费;物业服务企业接受公用事业单位委托代收供水、供电、供气、供热、通信、有线电视等有关费用,是公用事业服务项目收费。

二、特约服务项目收费

物业服务的对象是物业管理区域内的全体业主,其标准是物业服务企业与业主在物业服务合同中的各项约定。这些约定对全体业主而言,依据物业服务合同享受到的服务是完全相同的。但是,由于每个个体的业主都是独立的民事主体,他们的生活背景、兴趣爱好、生活需求情况各异,在全体业主共有的共同需求之外,个体业主就会产生与他人不同的特殊需求。而这种特殊需求并不是该业主所在物业管理区域内所有业主的需求,无法在物业服务合同中进行约定。只能是该个体业主与物业服务企业就其特殊需求事项单独约定,所约定的服务项目即特约服务项目,并就此项目订立物业服务合同以外的独立的特约服务协议。

由于物业服务企业是一个营利性法人,因此,针对业主特殊需求提供的特约服务项目,需要接受服务的业主支付一定的服务报酬,即特约服务项目收费。根据《物业管理条例》《物业服务收费管理办法》等有关规定,服务报酬的数额、支付方式、支付时间等均由物业服务企业与业主双方约定。《物业管理条例》第四十三条规定:"物业服务企业可以根据业主的委托提供物业服务合同约定以外的服务项目,服务报酬由双方约定。"

《物业服务收费管理办法》第二十条规定:"物业管理企业根据业主的委托提供物业服务合同约定以外的服务,服务收费由双方约定。"《物业服务收费明码标价规定》第九条规定:"物业管理企业根据业主委托提供的物业服务合同约定以外的服务项目,其收费标准在双方约定后应当以适当的方式向业主进行明示。"

特约服务属于派生服务的范畴,提供特约服务,并不是物业服务企业的法定义务。所以《物业管理条例》第四十三条规定中是"可以"而不是"应当"提供特约服务。但是,为业主提供特约服务,对业主和物业服务企业来讲,是件双赢的好事。对业主而言,可以满足自身需求,提高生活质量;对物业服务企业而言,可以提高企业的亲和力和业主的认同感,同时也可以获得一定的经济效益。因此,虽然提供特约服务不是物业服务企业应尽的义务,物业服务企业多是尽量予以满足,甚至有些物业服务企业出于经营策略考虑,无偿为业主提供某些特约服务。在实在没有条件的情况下,应当予以说明,并尽力通过其他方式帮助业主解决问题。

值得注意的是,物业服务企业提供特约服务的时候,不得超越县级以上人民政府房地产行政主管部门核定的企业资质规定的服务范围,更不得违法提供服务。

三、公用事业服务项目收费

物业管理区域内,公用事业单位向业主和使用人提供的水、电、气、热、通信、有线电视等是一种特殊的商品,其合同民事法律关系主体是公用事业单位与业主和使用人。其合同是由相应的单位向人们提供水、电、气、通信、有线电视等,由使用人支付价款的合同,双方当事人的关系是一种买卖关系。业主和使用人在享受供水、供电、供气、通信、有线电视等服务时理应缴费,公用事业单位也应当向业主和使用人这些最终用户收取有关费用。物业服务企业与该合同民事法律关系没有任何联系,没有义务向这些公用事业单位支付以上费用,也没有义务向业主收取以上费用。《物业管理条例》第四十四条规定:"物业管理区域内,供水、供电、供气、供热、通信、有线电视等单位应当向最终用户收取有关费用。物业服务企业接受委托代收前款费用的,不得向业主收取手续费等额外费用。"《物业服务收费明码标价规定》第八条规定:"物业管理企业接受委托代收供水、供电、供气、供热、通信、有线电视等有关费用的,也应当依照本规定第六条、第七条的有关内容和方式实行明码标价。"

但是,如果上述公用事业单位每次均向每一个业主收费,会导致交易成本增高,对当事人双方均无益处。而物业服务企业却因管理项目的优势,能够更有效地完成此项工作。因此,公用事业单位就会委托物业服务企业,代其向业主收取相关费用。公用事业单位委托物业服务企业代收费用的,两者之间形成是一种委托关系。由受托人处理委托人事务,除当事人另有约定外,受托人完成委托人委托事务的,委托人应当向其支付报酬。物业服务企业接受公用事业单位的委托,代其收取有关费用,并因此可以获得报酬。但该委托合同民事法律关系主体是公用事业单位与物业服务企业,业主与此没有任何联系,因此,物业服务企业不得以任何名目向业主收取供水、供电、供气、通信、有线电视等服务费用以外的费用。

当然,公用事业单位不能利用自己垄断经营的优势,强迫物业服务企业代其收缴本应当由其收缴的费用;另一方面业主也不能拒交水、电、气、热、有线电视等费用,让物业服务企业承担相关费用。

情境小结

本情境主要介绍物业服务收费、住宅专项维修资金、物业管理服务其他收费等相关知识,其重点是物业服务收费的构成、住宅专项维修资金使用程序。

学习本情境,首先要了解物业服务收费、住宅专项维修资金、物业管理服务其他收费的概念和基本内容。在此基础上,学习物业服务收费知识时,熟读有关规定,把握物业服务收费的管理与监督制度,结合对物业管理服务实际业务的认识了解,掌握物业服务收费的构成。学习住宅专项维修资金时,要从住宅专项维修资金的归属、用途入手,熟读住宅专项维修资金的有关法律规定,熟知住宅专项维修资金交存、保管的规定要求,掌握住宅专项维修资金使用程序。

学习物业管理服务其他收费知识,一是了解其他收费种类,二是了解相关法规所规定的基本原则要求就可以了。

学习检测

一、不定项选择题

1.由业主向物业服务企业向企业支付固定的物业服务费用的计费方式是( )。

A.酬金制 　　 B.分成制 　　 C.包干制 　　 D.分红制

2.专项维修基金属于( )所有。

A.全体业主 　　 B.行政管理部门 　　 C.物业公司 　　 D.建设单位

3.在预收的物业管理费中按约定比例或约定数额提取酬金支付给物业服务企业的计费方法是( )。

A.酬金制 　　 B.分成制 　　 C.包干制 　　 D.分红制

4.住宅专项维修资金可按照国家规定用于购买( )。

A.基金 　　 B.一手国债 　　 C.理财产品 　　 D.股票

5.房屋的结构部分是指( )。

A.基础 　　 B.门窗 　　 C.承重构件 　　 D.非承重墙

E.屋面 　　 F.楼地面 　　 G.给排水管线

6.业主分户账面住宅专项维修资金余额不足首期交存额( )的,应当及时续交。

A.20% 　　 B.25% 　　 C.30% 　　 D.35%

7.住宅专项维修资金划转后的账目管理单位,由( )建立住宅专项维修资金管理制度进行管理。

A.业主委员会 　　 B.业主大会 　　 C.业主 　　 D.住宅专项维修资金监督小组

8.住宅专项维修资金应当专项用于住宅共用部位、共用设施设备保修期满后的维修和更新、改造,( )。

A.可以他用 　　 B.不得挪作他用 　　 C.可以部分使用 　　 D.可灵活使用

9.一般而言,业主和供水、供电、供气、供热、通信、有线电视等单位之间,是一种( )关系。

A.合同 　　 B.雇佣 　　 C.委托 　　 D.上下级

10.物业服务收费办法是由国务院价格主管部门会同( )制定的。

A.业主委员会 　　 　　 　　 B.国家财政部

C.物业服务企业 　　 　　 　　 D.国务院建设行政主管部门

二、简答题

1.简述物业服务收费的概念和原则。

2.简述物业服务收费的管理、监督制度。

3.简述住宅专项维修资金的概念和用途。

4.简述业主大会管理后,使用住宅专项维修资金办理程序。

三、案例分析题

某物业管理公司以前从来没有发生过物业费重复收的现象,2017年3月份开始,这种事情开始出现,而且非常普遍,主要表现为:①有业主认为已经发生重复收费去和物业要,但由于没保存好发票,物业拒绝退费。②发生重复收费,业主拿着重复日期的发票对账,拿到退费。③这种现象最普遍,业主明明交了物业费,比如2017年6—9月的,但过段日子,业主会接到物业追讨2017年6—9月的电话或短信,影响非常不好,导致一些业主对物业产生了极其不信任,一些业主收到催讨的电话或短信,并且不能确认是否交了那个时段的物业费,已经不敢交物业费了,就怕重复缴费,物业也会拒绝退费。你认为该物业管理公司应怎样处理此事?

学习情境八
物业管理实务法律制度

学习目标

【知识目标】

1.了解物业承接验收的条件和应提交的资料、承接验收交接双方的责任,掌握承接验收的内容和技术标准。

2.了解物业装修管理的概念;熟知违反装修管理的法律责任等相关知识;掌握装修管理的内容与程序等内容。

3.了解物业设备设施管理的观念和特点,物业设备设施的分类,物业设备设施管理标准。

4.了解房屋修缮的概念和特点、熟知房屋修缮工程的分类、掌握房屋修缮管理。

5.了解物业环境管理、物业安全管理的概念和基本内容及物业安全管理的标准。

【技能目标】

1.具备办理物业承接验收的能力。

2.运用装修管理的相关法律法规进行装修管理。

情境导入

A公司建设了一座涉外商务大厦,由于当时A公司自身并不具备直接管理大厦的经验和能力,便聘用F公司负责项目的物业管理工作。由于F公司是以低价中标,因而财务压力很大,在实际管理运作中经常偷工减料,对管理成本进行非正常压缩,造成客户大量投诉,大厦形象受到影响。这种情况下,A公司决定提前一年终止委托合同,自己组建机构接管。项目交接时双方分别就项目现状进行了逐项检查和记录,在检查到空调机组时,因正值冬季,环境温度无法达到开机条件,在粗略看过机房后,接收人员便在"一切正常"的字样下签了名。春夏之交,在进行空调运行准备过程中发现,F公司对机组的维护保养工作做得很差,竟然在过去的一年里从未给机组加过油,有的机头已不能启动,需要更换部分零件。F公司要求A公司支付双方约定的提前终止委托管理的补偿费用,而A公司则认为F公司在受委托期间未能正常履行其管理职责,造成设备受损,补偿费用要扣除相当部分。这时F公司的律师出场了,手里拿着有A公司工作人员"一切正常"签字的交接验收记录的复印件向A公司提出了法律交涉。

请问:F公司的证据有效吗?A公司应吸取什么教训?

学习单元一 物业承接验收管理法津制度

一、物业承接验收概述

1.承接验收的概念

承接验收是指在竣工验收合格的基础上,以主体结构安全和满足使用功能为主要内容的验收,同时接受图纸、说明文件等物业资料。在条件具备或物业服务企业早期介入充分、准备充足时,物业的承接查验也可以和建设工程竣工验收同步进行。物业服务企业对物业进行查验之后将发现的问题提交建设单位处理,然后同建设单位进行物业移交并办理移交手续。

2.承接验收的性质

承接验收是物业服务企业在承接物业前的一个重要环节,通过承接验收,签署一系列的文件,实现权利和义务的同时转移,从而在法律上界定清楚交接双方的关系,明确了交接双方的责、权、利关系。

物业的承接验收不仅包括房屋本体、附属设备、配套设施,而且还包括道路、场地和环境绿化等,承接验收的重点应放在对物业的使用功能的验收和对物业资料的接收上。

3.承接验收的类型

承接验收的对象有两种,一是新建房屋;二是原有房屋,即指已取得房屋所有权证,并已投入使用的房屋,其交接人为业主委员会。

(1)新建物业的承接验收。新建物业,即开发商已完成竣工验收的建设项目。新建物业的交接人为开发商,承接验收发生在开发商与物业服务公司之间,承接验收主要侧重在对物业的产权情况、质量状况的检验接收。

(2)原有物业的承接验收。原有物业的承接验收有两种情况:一是发生在原有物业首次招聘物业服务公司之时;二是发生在物业服务公司的更换交替之时。原有物业的承接验收较之新建物业的承接验收涵盖的内容更多,工作难度更大。

4.承接验收的主要内容

(1)物业资料。一般来说,物业服务企业应接收查验下列资料:

①竣工总平面图,单体建筑、结构、设备竣工图,配套设施、地下管网工程竣工图等竣工验收资料;

②设施设备的安装、使用和维护保养等技术资料;

③物业质量保修文件和物业使用说明文件;

④物业管理所必需的其他资料。

(2)物业共用部位。按照《物业管理条例》的规定,物业服务企业在承接物业时,应对物业共用部位进行查验。主要内容包括:①主体结构及外墙、屋面;②共用部位楼面、地面、内墙面、天花、门窗;③公共卫生间、阳台;④公共走廊、楼道及其扶手、护栏等。

(3)共用设施设备。物业的共用设施设备种类繁多,各种物业配置的设备不尽相同。共用设施设备承接查验的主要内容有:低压配电设施,柴油发电机组,电气照明,插座装置,防雷与接地,给水排水、电梯、消防水系统,通信网络系统,火灾报警及消防联运系统,排烟送风系统,安全防范系统,采暖和空调等。

(4)园林绿化工程。园林绿化分为园林植物和园林建筑。物业的园林植物一般有花卉、树木、草坪、绿(花)篱、花坛等,园林建筑主要有小品、花架、园廊等。这些均是园林绿化的查验内容。

(5)其他公共配套设施。物业其他公共配套设施查验的主要内容有:物业大门、值班岗亭、围墙、道路、广场、社区活动中心(会所)、停车场(库、棚)、游泳池、运动场地、物业标识、垃圾屋及中转站、休闲娱乐设施、信报箱等。

5.物业承接验收的方式

承接查验不同于工程项目建设的竣工验收,是在物业建设单位竣工验收的基础上,对建设单位移交的物业资料、有关单项验收报告,以及对物业共用部位、共用设施设备、园林绿化工程和其他公共配套设施的相关合格证明材料,对物业公共部位配套功能设施是否按规划设计要求建设完成等进行核对查验。承接查验还应对设施设备进行调试和试运行,还应督促建设单位及时解决发现的问题。

查验的相关资料由建设单位提供,物业服务企业主要是进行必要的复核。物业服务企业应督促建设单位尽快安排验收。建设单位无法提供相关合格证明材料,物业存在严重安全隐患和重大工程缺陷,影响物业正常使用人,物业服务企业可以拒绝承接物业。

物业管理的承接查验主要以核对的方式进行,在现场检查、设备等情况下还可采用观感查验、使用查验、检测查验和试验查验等具体方法进行检查。

(1)观感查验。观感查验是对查验对象外观的检查,一般采取目视、触摸等方法进行。

(2)使用查验。使用查验是通过启用设施或设备来直接检验被检查对象的安装质量和使用功能,以直观地了解其符合性、舒适性和安全性等。

(3)检测查验。检测查验通过运用仪器、仪表、工具等对检测对象进行测量,以检测其是否符合质量要求。

(4)试验查验。试验查验通过必要的试验方法(如通水、闭水试验)测试相关设施设备的性能。

二、物业承接验收的程序

1.新建房屋承接验收的程序

(1)开发商书面提请承接单位承接验收,并提交相应的资料。

(2)承接单位按照承接验收标准,对开发商提交的申请和相关资料进行审核,具备条件的,应在15日内签发验收通知并约定验收时间。

(3)承接单位会同开发商按照承接验收的主要内容及标准进行验收。

(4)验收过程中发现的问题,按质量问题的处理办法处理。

(5)经检验符合要求时,承接单位应在7日内签发验收合格凭证,并及时签发承接文件。

2.原有房屋承接验收的程序

(1)业主或业主委员会书面提请承接单位承接验收,并提交相应的资料。

(2)承接单位按照承接验收标准,对业主或业主委员会提交的申请和相关资料进行审核,对具备条件的,应在15日内签发验收通知并约定验收时间。

(3)承接单位会同业主或业主委员会按照承接验收的主要内容及标准进行验收。

（4）查验房屋的情况，包括建筑年代、用途变迁、拆改添建等；评估房屋的完好与损坏程度及现有价值；对在验收过程中发现的问题，按危险和损坏问题处理办法处理。

（5）交接双方共同清点房屋、装修、设备和附着物，核实房屋的使用状况。

（6）经检验符合要求时，承接单位应在 7 日内签发验收合格凭证，签发承接文件，并办理房屋所有权的转移登记（若无产权转移，则无须办理）。

三、承接验收的内容和技术标准

1. 新建物业承接验收的内容及标准

根据《房屋承接验收标准》，重点从质量与使用功能等方面进行检验。其具体的内容包括：主体结构；外墙；屋面；楼地面；装修；电气；水、卫、消防；采暖；附属工程及其他等方面的质量要求和使用标准。

经常引用的具体标准有：①《建筑地基基础设计规范》（GB 50007—2011）；②《混凝土结构设计规范》（GB 50010—2010）；③《建筑抗震设计规范》（GB 50011—2010）；④《屋面工程质量验收规范》（GB 50207—2012）；⑤《电气装置安装工程电力变流设备施工及验收规范》（GB 50255—2014）；⑥《建筑给水排水及采暖工程施工质量验收规范》（GB 50242—2002）；⑦《室外排水设计规范》（GB 50014—2006）；⑧《建筑设计防火规范》（GB 50016—2014）；⑨《民用建筑可靠性鉴定标准》（GB 50292—2015）。

2. 原有物业承接验收的内容及标准

（1）质量与使用功能的检验。

①以《民用建筑可靠性鉴定标准》和国家有关规定作为检验依据。

②从外观检查建筑物整体的变异状态。

③检查房屋结构、装修和设备的完好与损坏程度。

④查验房屋使用情况（建筑年代、用途变迁、拆改添建、装修和设备），评估房屋现有价值，建立资料档案。

（2）危险和损坏问题的处理。

①属有危险的房屋，应由交接人负责排险解危后，才能承接。

②属有损坏的房屋，由交接人和承接单位协商解决，既可约定期限由交接人负责维修，也可采用其他补偿形式。

③属法院判决没收并通知承接的房屋，按法院判决办理。

3. 承接验收问题的处理

发生物业工程质量问题的原因主要有以下几个方面：设计方案不合理或违反规范造成的设计缺陷；施工单位不按规范施工或施工工艺不合理甚至偷工减料；验收检查不细、把关不严；建材质量不合格；建设单位管理不善；气候、环境、自然灾害等其他原因。对于承接查验中所发现的问题，一般的处理程序如下：

（1）收集整理存在问题。

①收集所有的物业查验记录表；

②对物业查验记录表内容进行分类整理，将承接查验所发现问题登记造表；

③将整理好的工程质量问题提交给建设单位确认，并办理确认手续。

（2）处理方法。

工程质量问题整理出来之后，由建设单位提出处理方法。在实际工作过程中，物业管理企业在提出质量问题的同时，还可以提出相应的整改意见，便于建设单位进行针对性整改。

从发生原因和处理责任看，工程质量问题可分为两类：第一类是由施工单位引起的质量问题。若质量问题在保修期内发现或发生，按《房屋建筑工程质量保修办法》规定，应由建设单位督促施工单位负责。第二类是由于规划、设计考虑不周而造成的功能不足、使用不便、运行管理不经济等问题。这类问题应由建设单位负责作出修改设计，改造或增补相应设施。

（3）跟踪验证。

为使物业工程质量问题得到及时圆满地解决，物业管理企业要做好跟踪查验工作。

物业服务企业应安排专业技术人员分别负责不同专业的工程质量问题，在整改实施的过程中进行现场跟踪，对整改完工的项目进行验收，办理查验手续。对整改不合要求的工程项目则应继续督促建设单位处理。

四、物业承接验收交接双方的责任

1. 交接人的责任

（1）提前做好房屋交验准备。房屋竣工后要及时提出承接验收申请，未经承接验收的新建房屋一律不得分配使用。

（2）在承接验收时，应严格按照承接验收标准进行验收，验收不合格的负责返修。

（3）房屋承接交付使用后，如发生重大质量事故，应由接交人会同建设、设计、施工等单位，共同分析研究，查明原因。如属设计、施工、材料的原因由交接人位负责处理。如属使用不当、管理不善的原因，则应由接交人负责处理。

（4）按规定负责保修，并应向接交人预付保修保证金和保修费。

（5）新建房屋承接后，应负责在 3 个月内组织办理承租手续，逾期不办应承担因房屋空置而产生的经济损失和事故责任。

2. 接交人的责任

（1）对建设单位提出的承接验收申请应在 15 日内审核完毕、及时签发验收通知并约定时间验收。

（2）经检验符合要求，应在 7 日内签署验收合格凭证，并应及时签发承接验收文件。

（3）承接验收时，应严格按照承接验收条件进行验收，对在验收中发现的问题应明确记录在案，并会同交接人共同协议处理办法，商定复验时间，督促施工单位限期改正。

（4）房屋承接交付使用后，如发生重大质量事故，应会同建设、设计、施工等单位，共同分析研究，查明原因。如属管理不善的原因，应负责处理。

（5）根据协议，可负责代修、保修。承接验收时如有争议，交接双方应尽可能协商解决，如不能协商解决时双方均应申请市、县房地产管理机关进行协调或裁决。

【案例 8-1】

业主委员会诉物业服务公司移交有关物业管理资料案

历时半年有余，经过两次开庭，一度炒得沸沸扬扬的上海阳光花园业主委员会诉嘉华物业管理(上海)有限公司移交有关物业管理资料一案已经初见分晓。上海市徐汇法院依据《物权法》的有关规定作出一审判决，被告"嘉华物业"应当向原告上海阳光花园业委会提供相关房屋及设备交接验收资料、建设施工工程图纸、水电煤工程图纸等资料的复印件以及业主入户的资料复印件和小区物业服务收支账册的复印件;第三人上海鑫盛房地产发展有限公司应当向上海阳光花园业委会提供相关的物业查验报告,相关房屋设施、设备的安装、使用和维护保养等技术资料以及物业质量保修文件和物业使用说明文件。

经审理查明,上海阳光花园小区自 2014 年 12 月竣工后,开发商鑫盛房地产公司即委托"嘉华物业"为小区提供前期物业管理服务,陆续向该物业公司移交了小区的图纸、资料等。阳光花园业主委员会成立后,"嘉华物业"与之签订了为期二年半的物业管理服务合同,合同约定的管理期限为 2014 年 1 月 1 日起至 2016 年 6 月 30 日止;同时约定,合同终止时,物业公司必须向业委会移交全部管理用房及物业管理的全部档案资料。2015 年 9 月,阳光花园第三届业主委员会正式启动选聘物业服务公司的招投标工作,上海宏城物业公司中标,"嘉华物业"落聘。阳光花园业委会通知"嘉华物业"向"宏城物业"办理移交手续,并要求"嘉华物业"在 2015 年 12 月 31 日 24 点以前撤离阳光花园小区。事后,"嘉华物业"既没有撤出小区,又拒绝移交相关的物业管理资料,小区物业管理一度出现"双马并槽",纠纷胶着,讼争频频。

阳光花园业委会诉称,"嘉华物业"在物业管理服务合同到期后,按照合同约定和相关法律法规的规定,理应履行法定职责,移交相关房屋的资料和文件。而"嘉华物业"则辩称,业委会作为业主大会的代理人,不能以自己的名义提起诉讼;部分业主代表擅自以业主大会的名义起诉是不合法的。且终止合同的通知未满足提前三个月的条件,解除合同无效。被告迄今为止仍在阳光花园小区提供物业管理服务,一旦失去资料,将给物业管理服务带来极大的灾难,故不同意原告的诉讼请求。第三人"鑫盛房地产公司"述称,作为开发商,相关的物业资料只有向物业公司移交的义务,没有向原告移交的义务,因此也不同意原告的诉讼请求。

法院认为,原告经 34 名业主代表中 22 名业主代表或业主讨论通过,提起移交有关的物业管理资料之诉,事关涉及小区业主公共利益,符合诉讼主体资格。原告要求被告物业公司移交有关的物业管理资料,要求第三人开发商履行商品房买卖合同的附随义务,理由正当,符合《物权法》和《物业管理条例》的相关规定,据此作出上述判决。

学习单元二　物业装饰装修管理法律制度

一、物业装修与装修管理

1. 装修

装修是业主和使用人(也可合称为装修人)在办理完入住手续后,为了提高物业居住或使用质量,根据自己生活或工作的特点和要求,在正式入住之前,对所购(所租)房屋进行重新设计、分隔、装饰、布置等活动。

装修不同于建筑装饰装修。建筑装饰装修是为了使建筑物、构筑物内外空间达到一定的环境质量要求,使用装饰装修材料对建筑物、构筑物外表和内部进行装饰处理的工程建筑活动。这里所说的装修仅限于房屋室内装修,是业主和使用人对房屋室内进行的装饰装修的建筑活动。

2. 装修管理

装修管理是指物业服务企业在业主和使用人进行装修期间,对装修方案、装修材料、装修质量以及装修人员等方面的综合管理。

业主和使用人在办理入住手续后有权对自己所购(所租)物业进行装修。但由于入住后,特别是入住新建楼宇的业主和使用人,几乎都要进行装修,因此,为保障公共设施的正常使用、楼宇安全和房屋外观的统一美观,为了全体业主的共同利益,必须规范业主和使用人的装修行为,装修必须在国家法规政策、标准规定的范围内进行。装修管理常用法规政策有《物业管理条例》《住宅室内装饰装修管理办法》,国家标准《住宅装饰装修工程施工规范》(GB 50327—2001)、《建筑装饰装修工程施工质量验收规范》(GB 50210—2013),行业标准《住宅室内装饰装修工程质量验收规范》(JGJ/T 304—2013)等,这些规定的内容涵盖了装修前的申请登记、装修期间的检查监督、装修完成后的验收等各个装修环节。

二、物业装修管理的内容与程序

按照《住宅室内装饰装修管理办法》要求,装修管理的内容与程序一般如下:

1. 申报登记

业主和使用人在装修活动开始前,应向承接物业项目的物业服务企业申报登记,待物业服务企业审核批准后方可进行装修施工。申报登记时,应向物业服务企业提供下列材料:

①房屋所有权证(或者证明其合法权益的有效凭证)。

②申请人身份证件。

③装饰装修方案。

④变动建筑主体或者承重结构的,需提交原设计单位或者具有相应资质等级的设计单位提出的设计方案。住宅室内装饰装修超过设计标准或者规范增加楼面荷载的,需提交原设计单位或者具有相应资质等级的设计单位提出设计方案。

⑤搭建建筑物、构筑物;改变住宅外立面,在非承重外墙上开门、窗的,需提交城市规划行政主管部门批准文件。拆改供暖管道和设施的,需提交供暖管理单位批准文件。拆改燃气管道和设施的,需提交燃气管理单位批准文件。

⑥改动卫生间、厨房间防水层的,应当按照防水标准制订施工方案,并作闭水试验。

⑦装修工程量较大,需经消防部门审批的,提交消防部门批准文件。

⑧委托装饰装修企业施工的,装饰装修企业应具有相应资质等级,需提供该企业相关资质证书的复印件。

⑨非业主的住宅使用人,还需提供业主同意装饰装修的书面证明。

2. 审批申报

物业服务企业接到业主和使用人的装修申报材料后,要认真审核其全部材料,尤其是要仔细审核装饰装修方案有无违规、有无安全隐患,待核查无误后,方可批准。这一程序的主要内容有:

(1)装修申报的审核。审核装修申报要依据《住宅室内装饰装修管理办法》《住宅装饰装修工程施工规范》《建筑装饰装修工程施工质量验收规范》《住宅室内装饰装修工程质量验收规范》等进行,主要内容包括:

①检查装修方案是否有对房屋结构、外墙立面、共用设施设备的改动、破坏。

②检查装修方案是否有严重的消防及其他安全隐患。

③是否有其他违章违规情况。

④安全协议书。

（2）装修申报的批准。在确认装修方案没有对建筑安全、共用设施设备及房屋外观造成不良影响后,给予批准。

（3）告知注意事项。物业服务企业应当将房屋室内装饰装修工程的禁止行为和注意事项告知业主和使用人及其委托的装饰装修企业。

（4）签订住宅室内装饰装修管理服务协议。业主和使用人,或者业主、使用人和装饰装修企业,应当与物业服务企业签订住宅室内装饰装修管理服务协议。住宅室内装饰装修管理服务协议一般包括下列内容:①装饰装修工程的实施内容;②装饰装修工程的实施期限;③允许施工的时间;④废弃物的清运与处置;⑤住宅外立面设施及防盗窗的安装要求;⑥禁止行为和注意事项;⑦管理服务费用;⑧违约责任;⑨其他需要约定的事项。

3. 装修施工管理

装修施工过程中,物业服务企业应当按照住宅室内装饰装修管理服务协议实施管理,发现业主和使用人或者装饰装修企业有违章违规行为的,应当立即制止;已造成事实后果或者拒不改正的,应当及时报告有关部门依法处理;违反住宅室内装饰装修管理服务协议的,追究违约责任。

施工管理中主要管理内容有:

（1）禁止的装修行为。住宅室内装饰装修活动,禁止下列行为:

①未经原设计单位或者具有相应资质等级的设计单位提出设计方案,变动建筑主体和承重结构;

②将没有防水要求的房间或者阳台改为卫生间、厨房间;

③扩大承重墙上原有的门窗尺寸,拆除连接阳台的砖、混凝土墙体;

④损坏房屋原有节能设施,降低节能效果;

⑤其他影响建筑结构和使用安全的行为。

（2）装修时间。装饰装修企业从事住宅室内装饰装修活动,应当严格遵守规定的装饰装修施工时间。装修时间应根据各地不同作息时间、季节变换以及习惯习俗等综合确定。装修时间包括一般装修时间、特殊装修时间和装修期。

①一般装修时间是指除节假日之外的正常时间。一般装修时间各地不同季节有不同规定,如北方某些地区规定作业时间及噪声施工时间为:

作业时间:7:00—12:00　　13:00—20:00

拆打时间:8:00—11:30　　14:00—18:30

②特殊装修时间是指节假日休息时间。为保障其他业主的休息和正常生产生活秩序,一般节假日原则上不允许装修。特殊情况需要装修,时间上应视具体情况相应缩短装修时间,重大节假日(如元旦、春节、劳动节、国庆节)不得进行施工装修。

③装修期是指从装修开始到完结的时间,一般情况下不超过3个月。

（3）装修材料和设备的管理。装修材料和设备在装修管理中需从以下几个方面加强管理:

①核对是否为经审批同意的材料和设备。

②住宅室内装饰装修工程使用的材料和设备必须符合国家标准,有质量检验合格证明和有中文标识的产品名称、规格、型号及生产厂厂名、厂址等。禁止使用国家明令淘汰的建筑装饰装修材料和设备。

③装修材料须封装不漏,按物业服务企业指定地点堆放;装修材料要及时搬入室内,不得堆放在户门外或公共场所。

④对于有特别要求的材料或设备按照规定办理相应手续。

(4)环境质量管理。装修期间因使用材料、作业方式等因素,会对物业环境和业主及使用人的工作生活产生一定的影响,甚至会造成环保、安全等方面的隐患,因此,物业服务企业一定要加强环境质量管理。

①住宅室内装饰装修过程中所形成的各种固体、可燃液体等废物,需袋装处理,封装不漏。应当按照规定的位置、方式和时间堆放和清运,一般由物业服务企业统一清运。

②严禁违反规定将各种固体、可燃液体等废物堆放于住宅垃圾道、楼道、户门外或公共场所。

③严禁高空抛物,违者予以处罚,并由肇事者承担由此引致的全部责任。

④装饰装修企业遵守规定的装饰装修施工时间,降低施工噪音,减少环境污染。

(5)施工管理。施工管理涉及施工安全、施工操作、施工标准和新增项目等内容。

①检查装修项目是否为核查过的项目。

②检查新增项目是否经过审核批准。如没履行申报手续,需指导业主和使用人及时申报。

③施工现场使用工具设备是否合格可靠、无安全隐患,工具设备操作是否符合安全要求。严禁使用煤气罐、电炉、碘钨灯等。

④施工期间,如要使用电气焊或动用明火时,须配备防火设备,应遵守国家有关消防管理规定,要向物业公司提出申请,批准后方可使用。

⑤检查施工人员的现场操作是否符合施工规范要求,如埋入墙体的电线是否穿管,是否用合格的套管,是否破坏了墙、梁等。

⑥装饰装修企业应严格遵守有关装修规定,如业主要求违章装修时,应解释说明,不予装修。

⑦装饰装修企业施工负责人要保证各楼层公共设施完好。出现任何问题时,施工负责人应及时与物业服务企业联系,双方协商解决,不得擅自做主。

(6)装修施工人员的管理。装修工人的来源有极大的不确定性,施工过程中的自我约束不足,物业装修管理中应要求装修施工人员佩戴施工标牌(识),严格施工人员的出入管理,杜绝物业区域装修期间的不安全问题和无序化状态。

①施工单位应在装修前将装修施工人员的资料申报到物业服务企业,并办理出入证。

②装修施工人员凭证出入项目辖区。出入证实行专人专证,专户专用,不得涂改或转借。

③装修施工人员不得串户装修,不得侵扰其他业主,不得从事招揽生意等与本户装修不相关之行为,不得在楼道内闲逛或在其他楼层里停留。

④装修施工人员留宿须经业主和使用人、装饰装修企业、物业服务企业三方同意,并办理暂住手续后方可留宿。

⑤装饰装修企业的电工、焊工等特殊工种应持证上岗,严格遵守安全操作规程。

⑥施工现场禁止吸烟。

4.装修工程的验收

装饰装修工程竣工后,物业服务企业应按照装饰装修管理服务协议进行现场检查,协同业主和使用人按照住宅室内装饰装修合同、国家相关质量标准进行验收。对违反法律、法规和装饰装修管理服务协议的,应当要求业主和使用人、装饰装修企业纠正,并将检查记录存档;必要时,可追究违约责任。

三、物业装修管理的法律责任

1.业主和使用人的法律责任

业主和使用人在装修过程中,应承担一定的法律责任。

(1)业主和使用人在住宅室内装饰装修工程开工前,应当向物业服务企业或者房屋管理机构(以下简称物业管理单位)申报登记,并与物业服务企业签订住宅室内装饰装修管理服务协议。

使用人对住宅室内进行装饰装修,应当取得业主的书面同意。业主和使用人对住宅进行装饰装修前,应当告知邻里。

(2)业主和使用人不得拒绝和阻碍物业服务企业依据住宅室内装饰装修管理服务协议的约定,对住宅室内装饰装修活动的监督检查。

(3)业主和使用人委托企业对住宅室内进行装饰装修的,装饰装修工程竣工后,空气质量应当符合国家有关标准。装修人可以委托有资格的检测单位对空气质量进行检测。检测不合格的,装饰装修企业应当返工,并由责任人承担相应损失。

(4)业主和使用人委托企业承接其装饰装修工程的,应当选择具有相应资质等级的装饰装修企业并与装饰装修企业签订住宅室内装饰装修书面合同,明确双方的权利和义务。

(5)因住宅室内装饰装修活动造成相邻住宅的管道堵塞、渗漏水、停水停电、物品毁坏等,业主和使用人应当负责修复和赔偿;属于装饰装修企业责任的,业主和使用人可以向装饰装修企业追偿。

(6)业主和使用人擅自拆改供暖、燃气管道和设施造成损失的,由业主和使用人负责赔偿,城市房地产行政主管部门可责令其改正,并处500元以上1000元以下的罚款。

(7)业主和使用人因住宅室内装饰装修活动侵占公共空间,对公共部位和设施造成损害的,由城市房地产行政主管部门责令改正,造成损失的,依法承担赔偿责任。

(8)业主和使用人未申报登记进行住宅室内装饰装修活动的,城市房地产行政主管部门可责令其改正,并处500元以上1000元以下的罚款。

(9)业主和使用人将住宅室内装饰装修工程委托给不具有相应资质等级企业的,由城市房地产行政主管部门责令改正,并处500元以上1000元以下的罚款。

(10)业主和使用人将没有防水要求的房间或者阳台改为卫生间、厨房间的,或者拆除连接阳台的砖、混凝土墙体的,城市房地产行政主管部门可责令其改正,并处500元以上1000元以下的罚款。

(11)业主和使用人未经原设计单位或者具有相应资质等级的设计单位提出设计方案,擅自超过设计标准或者规范增加楼面荷载的,城市房地产行政主管部门可责令其改正,并处500元以上1000元以下的罚款。

(12)业主和使用人在住宅室内装饰装修活动中搭建建筑物、构筑物的,或者擅自改变住宅外立面、在非承重外墙上开门、窗,未经城市规划行政主管部门批准的,由城市规划行政主管部门按照《中华人民共和国城乡规划法》及相关法规的规定处罚。

(13)业主和使用人违反《建设工程质量管理条例》的,由建设行政主管部门按照有关规定处罚。

(14)业主和使用人违规堆放、使用、清运易燃装饰材料,家庭居室装饰装修所形成的各种废弃物不按照有关部门指定的位置、方式和时间进行堆放及清运的,业主委员会和物业服务企业可予以制止、批评教育、责令限期改正。

(15)业主和使用人从楼上向地面或由垃圾道、下水道抛弃因装饰装修居室而产生的废弃物及其他物品的,业主委员会和物业服务企业可予以制止、批评教育、责令限期改正。

(16)业主和使用人在装修施工时不遵守装饰装修施工时间,不降低施工噪音,不减少环境污染的,业主委员会和物业服务企业可予以制止、批评教育、责令限期改正。

(17)业主和使用人有其他影响相邻居民正常生活、违反家庭装饰装修法律规定的行为的,业主委员会和物业服务企业可予以制止、批评教育、责令限期改正。

对于业主和使用人在进行室内装饰装修时如有违法违规行为,由业主委员会和物业服务企业予以制止、批评教育、责令限期改正。如果造成损失的,违法违规业主和使用人应当赔偿损失。业主和使用人不服从以上处理的,可按照有关法律和管理规约等提请有关部门处理。因装饰装修房屋发生纠纷,当事人可以向房屋所在地的房地产行政主管部门申请调解,调解不成可向人民法院起诉。造成重大人身伤亡和财产损失,构成犯罪的,还应按照刑法承担相应的刑事法律责任。

2. 装饰装修企业的法律责任

装饰装修企业在装饰装修施工中应承担一定的法律责任。

(1)装饰装修企业承接住宅室内装饰装修工程,必须经建设行政主管部门资质审查,取得相应的建筑业企业资质证书,并在其资质等级许可的范围内承揽工程。

(2)装饰装修企业应当与业主和使用人签订住宅室内装饰装修书面合同,明确双方的权利和义务。

(3)装饰装修企业必须按照工程建设强制性标准和其他技术标准施工,不得偷工减料,确保装饰装修工程质量。

(4)装饰装修企业从事住宅室内装饰装修活动,应当遵守施工安全操作规程,按照规定采取必要的安全防护和消防措施,不得擅自动用明火和进行焊接作业,保证作业人员和周围住房及财产的安全。

(5)装修人和装饰装修企业从事住宅室内装饰装修活动,不得侵占公共空间,不得损害公共部位和设施。

(6)装饰装修企业从事住宅室内装饰装修活动,应当严格遵守规定的装饰装修施工时间,降低施工噪音,减少环境污染。

(7)装饰装修企业对在装饰装修过程中所形成的各种固体、可燃液体等废物,应当按照规定的位置、方式和时间堆放和清运。严禁违反规定将各种固体、可燃液体等废物堆放于住宅垃圾道、楼道或者其他地方。

(8)装饰装修企业在装饰装修工程竣工验收合格后,应当出具住宅室内装饰装修质量保修书;装饰装修企业负责采购装饰装修材料及设备的,应当向业主提交说明书、保修单和环保说明书。在正常使用条件下,住宅室内装饰装修工程的最低保修期限为二年,有防水要求的厨房、卫生间和外墙面的防渗漏为五年。保修期自住宅室内装饰装修工程竣工验收合格之日起计算。

（9）装饰装修企业将没有防水要求的房间或者阳台改为卫生间、厨房间的，或者拆除连接阳台的砖、混凝土墙体的，城市房地产行政主管部门可责令其改正，并处1000元以上10000元以下的罚款。

（10）装饰装修企业损坏房屋原有节能设施或者降低节能效果的，城市房地产行政主管部门可责令其改正，并处1000元以上5000元以下的罚款。

（11）装饰装修企业未经原设计单位或者具有相应资质等级的设计单位提出设计方案，擅自超过设计标准或者规范增加楼面荷载的，城市房地产行政主管部门可责令其改正，并处1000元以上10000元以下的罚款。

（12）装饰装修企业未经城市规划行政主管部门批准，在住宅室内装饰装修活动中搭建建筑物、构筑物的，或者擅自改变住宅外立面、在非承重外墙上开门、窗的，由城市规划行政主管部门按照《中华人民共和国城乡规划法》及相关法规的规定处罚。

（13）装饰装修企业违反《建设工程质量管理条例》的，由建设行政主管部门按照有关规定处罚。

（14）装饰装修企业自行采购或者向装修人推荐使用不符合国家标准的装饰装修材料，造成空气污染超标的，由城市房地产行政主管部门责令改正，造成损失的，依法承担赔偿责任。

（15）装饰装修企业违反国家有关安全生产规定和安全生产技术规程，不按照规定采取必要的安全防护和消防措施，擅自动用明火作业和进行焊接作业的，或者对建筑安全事故隐患不采取措施予以消除的，由建设行政主管部门责令改正，并处1000元以上10000元以下的罚款；情节严重的，责令停业整顿，并处10000元以上30000元以下的罚款；造成重大安全事故的，降低资质等级或者吊销资质证书。

住宅室内装饰装修工程发生纠纷的，业主和使用人可以与装饰装修企业协商或者调解解决；不愿协商、调解或者协商、调解不成的，可以依法申请仲裁或者向人民法院起诉。装饰装修企业违反装饰装修规定，造成重大人身伤亡和财产损失，构成犯罪的，还应按照刑法承担相应的刑事法律责任。

3. 物业服务企业的法律责任

在装饰装修管理过程中，物业服务企业应承担一定的法律责任。

（1）物业服务企业应当将住宅室内装饰装修工程的禁止行为和注意事项告知装修人和装修人委托的装饰装修企业。

（2）物业服务企业应当按照装饰装修管理服务协议进行现场检查，对违反法律、法规和装饰装修管理服务协议的，应当要求业主和使用人、装饰装修企业纠正，并将检查记录存档。对已造成事实后果或者拒不改正的，应当及时报告有关部门依法处理。对业主和使用人或者装饰装修企业违反住宅室内装饰装修管理服务协议的，追究违约责任。

（3）禁止物业服务企业向业主和使用人指派装饰装修企业或者强行推销装饰装修材料。

（4）物业服务企业发现业主和使用人或者装饰装修企业有违法违规行为不及时向有关部门报告的，由房地产行政主管部门给予警告，可处装饰装修管理服务协议约定的装饰装修管理服务费2至3倍的罚款。

4. 行政部门工作人员的法律责任

有关部门接到物业服务企业关于业主和使用人或者装饰装修企业有违反《住宅室内装饰装修管理办法》行为的报告后，应当及时到现场检查核实，依法处理。接到物业服务企业对业主和使用人或者装饰装修企业违法行为的报告后,未及时处理,玩忽职守的,依法给予行政处分。

对于物业装饰装修过程中的违法行为,情节严重构成犯罪的,还应由司法机关依法追究刑事责任。

【案例 8 - 2】

业主违法装修房屋造成他人损失案

李四是某高档住宅区的业主,住在 20 楼。李四在海外生活多年,对卫生设施要求很高。由于李四家卫生间较小,李四于是别出心裁地将北卧室改为浴室,并安装了一个三角大浴缸。李四在装修浴室时,由于采取的防水措施不当,致使台盆金属软管断裂漏水,浴缸外溢,积水渗漏到楼下的张三家中。从 2015 年起,已发生了 3 次漏水事件。张三提出意见后,李四也对浴室进行了修理,但仍没有恢复北房间的卧室功能。近期再次发生的漏水事件,致张三家客厅的西墙北角、北卧室屋顶和墙面及窗帘等多处受损。物业服务企业向李四发出了整改通知,李四置之不理。张三无奈,只得将李四告上了法庭。

法院认为,房屋设计功能不同,设计要求也不同,尤其是厨房和卫生间,地面须加设特殊的防水层以免渗漏。李四在没有防水层的部位安装洁具,给相邻方造成隐患。《物业管理条例》《住宅室内装饰装修管理办法》等规定,禁止擅自改变房屋及配套设施等。李四的行为侵害了张三的合法权益。法院判决李四在规定期限内拆除安装在北卧室的卫浴设施,重新粉刷墙面、铺设地板,恢复卧室的设计用途,并负责修复张三家的受损部位,赔偿损失。

案例评析

《物业管理条例》第五十二条规定:"业主需要装饰装修房屋的,应当事先告知物业服务企业。物业服务企业应当将房屋装饰装修中的禁止行为和注意事项告知业主。"业主作为物业专有部门的所有人,原则上有权利处分自己的专有部分的物业,当然包括装饰装修物业的权利。但是由于专有物业部分与其他业主的专有部分及共用部分紧密结合或者相邻,业主进行装饰装修时会影响到其他业主的利益。因此法律规定业主在装饰装修时应当遵循一定的原则,禁止一系列严重影响其他业主利益的行为。

李四的行为违反了有关法规的规定。《住宅室内装饰装修管理办法》第三十三条规定:"因住宅室内装饰装修活动造成相邻住宅的管道堵塞、渗漏水、停水停电、物品损坏等,装修人应当负责修复和赔偿;属于装饰装修企业负责的,装修人可以向装饰装修企业追偿。装修人擅自拆改供暖、燃气管道和设施造成损失的,由装修人负责赔偿。"《住宅室内装饰装修管理办法》第五条规定,住宅室内装饰装修活动,禁止将没有防水要求的房间或者阳台改为卫生间、厨房间;第三十八条还规定,将没有防水要求的房间或者阳台改为卫生间、厨房间的,或者拆除连接阳台的砖、混凝土墙体的,对装修人处 500 元以上 1000 元以下的罚款,对装饰装修企业处 1000 元以上 1 万元以下的罚款。因此,李四不但应依法承担恢复原状、赔偿损失的民事责任,还应依法接受行政处罚。

关于物业服务企业的责任。《物业管理条例》第四十五条第一款规定:"对物业管理服务区域内违反有关治安、环卫、物业装饰装修和使用等方面法律、法规规定的行为,物业服务企业应当制止,并及时向有关行政部门报告。"第五十二条第二款规定:"物业服务企业应当将房屋装饰装修的禁止行为和注意事项告知业主。"这是为物业服务企业设定的一项义务。本案中,如果物业服务企业没有尽到这方面的以义务,就应当承担相关的责任。《住宅室内装饰装修管理办法》第四十二条规定:"物业管理单位发现装修人或者装饰装修企业有违反本办法规定的行为不及时向有关部门报告的,由房地产行政部门给予警告,可处装饰装修管理服务协议约定装饰装修管理服务费的2至3倍的罚款。"《物业管理条例》第三十五条第二款也规定:"物业服务企业未能履行物业服务合同约定,导致业主人身、财产安全受到损害的,应当依法承担相应的法律责任。"

如何界定特定管理企业是否履行了合同呢?通常来讲,如果物业服务企业已按照合同的约定尽到自己的责任且不存在管理上的缺陷,则物业服务企业不应承担责任;相反如果物业服务企业存在明显的过错,则应当承担未履行合同或者履行合同存在瑕疵的赔偿责任。

但是,我们必须注意到,物业服务企业毕竟是一个民事主体而非行政管理机关,作为民事主体的物业服务企业不具有行政权力,因而物业服务企业不可能采取任何强制措施,它所能做的仅仅是发现了问题,及时向业主及施工单位提出意见,或者向有关行政管理部门报告,而不能直接采取有效的行政制裁手段。当然,如果物业服务企业根本没有履行监督管理义务,没有能够及时发现问题并提出建议也没有及时向有关部门报告,物业服务企业则应承担相应的责任。

学习单元三　物业设备设施管理法津制度

一、物业设备设施管理概述

(一)物业设备设施管理的概念和特点

1.物业设备设施

物业设备设施是指附属于房屋建筑的各类设备的总称,它是构成房屋建筑实体的不可分割的有机组成部分,是发挥物业功能和实现物业价值的物质基础和必要条件。房屋设备之所以属于房屋建筑实体不可分割的有机组成部分,是因为在现代城市里,没有水、电、煤等附属设备配套的房屋建筑,不能算是完整的房屋;同时,设备设施的不配套,或配套的设施、设备相对落后,也会降低房屋的使用价值和价值。因此,从法律意义上来说,房屋的设备和设施,是属于构成房屋所有权的不可分割的定着物(固置物)。

2.物业设备设施管理

物业设施设备管理是物业服务企业的工程管理人员通过熟悉和掌握设施设备的原理性能,对其进行保养维修,使之能够保持最佳运行状态,有效地发挥效用,从而为业主和客户提供一个安全、高效、舒适的环境。

物业设施设备管理工作是物业管理活动的重要基础。物业设备设施管理水平,直接决定房屋设施设备功能是否正常,影响到人们的生活、工作活动。因此,物业工程管理人员必须熟悉和掌握房屋设施设备,通过维修和保养,保持所有的物业设施设备处于良好的技术状态,并尽可能地减少人力和能源、材料的消耗,有效地发挥其使用功能,延长其使用寿命,以达到保证人们生活、工作正常需要、促进物业保值增值的目的。

3.物业设备设施管理的特点

由于物业设备设施自身具有价值高、技术含量高、使用频率高等特点,导致物业设备设施管理具有以下特点：

(1)设备设施投资大导致设备维修成本高。在房屋建筑中,物业设备设施一次性投资大、成本高,且因使用而发生有形损耗,以及由于技术进步导致更新频繁发生的无形损耗,致使物业设备设施使用年限较短,导致物业设备的维修更新间隔期的缩短,致使维修更新成本增加。

(2)维修技术要求高。由于物业设备设施专业化程度越来越高,要求灵敏程度和精确程度较高,在物业设备设施维修管理中,对维修技术的要求自然不断提高。而维修工作的质量会直接影响设备设施在运行中的技术性能的正常发挥,因此,必须配备专业技术人员,才能保证维修质量。

(3)随机性与计划性相结合、集中维修与分散维修相结合。物业设备设施因平时使用不当或其他突发事故等原因,往往是突然发生故障,这就使物业设备设施的维修有很强的随机性,事先很难确定故障究竟何时以何种程度发生。但物业设备设施又都有一定的使用寿命和大修更新周期,因此,物业设备的维修又有很强的计划性,可以制订物业设备维修更新计划,有计划地确定维修保养次序、期限和日期。此外,物业设备日常的维护保养、零星维修和突发性抢修是分散进行的,而大修更新又往往是集中地按计划进行的,因此,物业设备的维修又具有集中维修与分散维修相结合的特点。

(二)物业设备设施的分类

物业设备设施是根据业主和使用人的要求、物业的使用用途来设置的。通常,我们对物业设备设施做如下的分类。

1.给排水系统

(1)给水设备。房屋的给水设备是指房屋建筑内部附属设备中的生活给水、设备用水、消防给水等工程设施的总称。它的主要任务是为业主和使用人提供符合标准的生活用水,主要由贮水池(箱)、给水泵、给水管网、水表等组成。

(2)排水设备。房屋的排水设备是指房屋设备中用来排除生活污水和屋面雨雪水的部分,它包括排水管道、通气管、清通设备、抽升设备、室外排水管道等。

(3)房屋卫生设备。房屋卫生设备是指房屋建筑内部附属的卫生器具,包括洗脸盆、浴盆、大便器、小便器等。

(4)消防设备。房屋的消防设备是指房屋设备中用来灭火的消防供水设备、设施。它包括消防水池或水箱、消防泵、消火栓、消防水管道等设备。

(5)房屋热水供应设备。房屋的热水供应设备是指房屋设备中为人们提供生活用热水的设备。它包括水加热器、给水泵、热水管道、热水表、淋浴器等。

2.电器系统

(1)物业供电设备。物业供电设备是指物业附属设备中的供电部分,包括供电线路、变配电装置、高低压电器等。

(2)物业的弱电设备。物业弱电设备指物业附属设备中的弱电设备部分,主要包括物业小区的安防系统、火灾自动报警与联动控制系统、通信与有线电视系统、建筑智能化系统等。

(3)房屋的电梯设备。电梯设备指物业附属设备中的载运人或物品的一种升降设备,是高层建筑中不可缺少的垂直运输工具。常用电梯主要包括机房、轿厢、井道等部分。

(4)电气照明系统。物业小区电气照明设备主要是指小区内的各种照明用的设备,主要包括照明供电线路及照明器具。

3.供暖、空调、通风系统

(1)采暖设备。采暖设备是指房屋设备中用来在冬季为房屋提供热量的部分。它包括锅炉、循环泵、散热器等设备。室内采暖系统有很多形式,按热媒不同,可分为热水采暖系统、蒸汽采暖系统。一般民用建筑大多采用热水采暖系统。

(2)空调设备。空调设备是指在建筑内部为满足人的生理感受或生产过程的需要,而提供的一个人工环境的设备。一般的中央空调设备包括冷水机组、水泵、空调机组、风机、冷却塔、风机盘管等设备。

(3)通风设备。通风设备是指在建筑内部保证房间空气流动,同时能排出有害气体的设备。一般包括风机、通风管道、风口及一些空气净化设备。

(4)燃气设备。房屋的燃气设备包括燃气灶、燃气表、燃气管道、天然气管网等。

(三)物业设备设施管理的内容

物业设备设施管理工作,一般由物业服务企业工程设备部门主管负责。物业设备设施管理主要包括物业设备设施使用管理、物业设备设施安全管理、物业设备设施技术档案管理、物业设备设施维修管理。以上内容可以归为两大部分,即由物业设备设施使用管理、物业设备设施安全管理、物业设备设施技术档案管理组成的物业设备设施运行管理和物业设备设施维修管理。

物业设备设施运行管理和物业设备设施维修管理既可统一管理,也可分别管理。统一管理就是由物业服务企业全面负责物业设备设施运行管理和物业设备设施维修管理;分别管理就是物业服务企业只全面负责房屋设备设施运行管理,将物业设备设施维修管理委托给专业维修企业负责。

(1)物业设备设施使用管理。设施设备使用管理主要通过制定、实施一系列规章制度来实现。设备设施使用管理制度主要有设备运行值班制度、设备保养制度、交接班制度、设备操作使用人员的岗位责任制。

物业设备设施根据使用时间的不同,可分为日常使用设备(如给排水、供电、电梯等)、季节性使用设备(如供暖供冷设备)、紧急情况下使用设备(如消防、自动报警设备)等,各类设备都要制定相应的设备运行使用制度。

(2)物业设备设施维修管理。物业设备设施维修管理的内容包括设备的定期检查制度、日常保养制度、维修制度、维修质量标准、维修人员管理制度等。

(3)物业设备设施安全管理。物业设备设施安全管理的内容包括国家对安全性能要求较高的设备设施实行合格证制度,要求维修人员参加学习培训考核后的持证上岗制度,以及消防通道管理、电梯安全使用管理等。同时要制定相应的管理制度,确保使用安全。

(4)物业物业设备设施技术档案资料管理。设施设备技术档案资料管理是设备的基础资料管理,内容包括建立设备的登记卡片、技术档案、工作档案、维修档案等。

(四)物业设备设施维修工程的分类

为了保证物业设备设施的正常运作,必须对各种物业设施设备进行保养与维修。

1.物业设备设施保养的分类

物业设施设备的保养是指物业服务企业和供电、供水、供气等单位对设备所进行的常规性检查、养护、维修等工作。通常采用三级保养制,即日常维护保养、一级保养和二级保养。

（1）日常维护保养是指设备操作人员所进行的经常性的保养工作。主要包括定期检查、清洁保养，发现小故障及时排除，及时做好维护工作并进行必要记录等。

（2）一级保养是由设备操作人员与维修人员按计划进行保养维修工作。主要包括对设备的某些局部进行解体清洗，按照设备磨损规律进行定期保养。

（3）二级保养是指设备维修人员对设备进行全面清洗、部分解体检查和局部修理、更换或修复磨损零件，使设备达到完好状态。

（4）设备点检是指根据要求利用检测仪器、设备或人的感觉器官，对某些关键部位进行的检查。

2. 物业设备设施维修的分类

物业设备设施的维修是通过修复或更换零件、排除故障、恢复设施设备原有功能所进行的技术活动。房屋设备设施维修根据设备设施破损程度可分为：

（1）零星维修工程。零星维修工程是指对设备进行日常的保养、检修及为排除运作故障而进行局部修理。

（2）中修工程。中修工程是指对设备进行正常的和定期全面检修、对设备部分解体修理和更换少量磨损零部件，保证能恢复和达到应有的标准和技术要求，使设备正常运转。更换率为10%～30%。

（3）大修工程。大修工程是指对房屋设备定期进行全面检修，对设备要进行全部解体，更换主要部件或修理不合格零部件，使设备基本恢复原有性能，更换率一般不超过30%。

（4）设备更新和技术改造。设备更新和技术改造是指设备使用一定年限后，技术性能落后，效率低、耗能大或污染日益严重，需要更新设备，提高和改善技术性能。

（5）故障维修。通常是房屋设备在使用过程中发生突发性故障而停止，检修人员采取紧急修理措施，排除故障，使设备恢复功能。

二、物业设备设施管理标准

根据建设部颁布的《全国物业管理示范住宅小区标准及评分细则》《全国物业管理示范大厦标准及评分细则》《全国物业管理示范工业区标准及评分细则》，以及中国物业管理协会关于印发《普通住宅小区物业管理服务等级标准（试行）》的相关规定，物业设备设施管理应根据物业类型不同，分别达到以下标准。

（一）住宅小区房屋设备管理标准

1. 全国物业管理示范住宅小区标准

（1）共用配套设施完好，无随意改变用途。

（2）共用设施设备运行、使用及维护按规定要求有记录，无事故隐患，专业技术人员和维护人员严格遵守操作规程与保养规范。

（3）室外共用管线统一入地或入公共管道，无架空管线，无碍观瞻。

（4）排水、排污管道通畅，无堵塞外溢现象。

（5）道路通畅，路面平整；井盖无缺损、无丢失，路面井盖不影响车辆和行人通行。

（6）供水设备运行正常，设施完好、无渗漏、无污染；二次生活用水有严格的保障措施，水质符合卫生标准；制订停水及事故处理方案。

（7）制订供电系统管理措施并严格执行,记录完整;供电设备运行正常,配电室管理符合规定路灯、楼道灯等公共照明设备完好。

（8）电梯按规定或约定时间运行,安全设施齐全,无安全事故,轿厢、井道保持清洁;电梯机房通风、照明良好;制订出现故障后的应急处理方案。

（9）三北地区,冬季供暖室内温度不低于16℃。

（10）物业服务企业的管理人员和专业技术人员持证上岗;员工统一着装,佩戴明显标志。

（11）物业服务企业应用计算机、智能化设备等现代化管理手段,提高管理效率。

（12）房屋及其共用设施设备档案资料齐全,分类成册,管理完善,查阅方便。包括房屋总平面图,地下管网图,房屋数量、种类、用途分类统计成册,房屋及共用设施设备大中修记录,共用设施设备的设计安装图纸资料和台账。

（13）建立住用户档案、房屋及其配套设施权属清册,查阅方便。

（14）建立24小时值班制度,设立服务电话,接受业主和使用人对物业管理服务报修、求助、建议、问询、质疑、投诉等各类信息的收集和反馈,并及时处理,有回访制度和记录。

（15）小区物业管理建立健全各项管理制度、各岗位工作标准,并制定具体的落实措施和考核办法。

2.普通住宅小区物业管理服务等级标准

（1）一级。

①对共用设施设备进行日常管理和维修养护（依法应由专业部门负责的除外）。

②建立共用设施设备档案（设备台账）,设施设备的运行、检查、维修、保养等记录齐全。

③设施设备标志齐全、规范,责任人明确;操作维护人员严格执行设施设备操作规程及保养规范;设施设备运行正常。

④对共用设施设备定期组织巡查,作好巡查记录,需要维修,属于小修范围的,及时组织修复;属于大、中修范围或者需要更新改造的,及时编制维修、更新改造计划和住房专项维修资金使用计划,向业主大会或业主委员会提出报告与建议,根据业主大会的决定,组织维修或者更新改造。

⑤载人电梯24小时正常运行。

⑥消防设施设备完好,可随时启用;消防通道畅通。

⑦设备房保持整洁、通风,无跑、冒、滴、漏和鼠害现象。

⑧小区道路平整,主要道路及停车场交通标志齐全、规范。

⑨路灯、楼道灯完好率不低于95%。

⑩容易危及人身安全的设施设备有明显警示标志和防范措施;对可能发生的各种突发设备故障有应急方案。

（2）二级。

①对共用设施设备进行日常管理和维修养护（依法应由专业部门负责的除外）。

②建立共用设施设备档案（设备台账）,设施设备的运行、检查、维修、保养等记录齐全。

③设施设备标志齐全、规范,责任人明确;操作维护人员严格执行设施设备操作规程及保养规范;设施设备运行正常。

④对共用设施设备定期组织巡查,作好巡查记录,需要维修,属于小修范围的,及时组织修复;属于大、中修范围或者需要更新改造的,及时编制维修、更新改造计划和住房专项维修资金

使用计划,向业主大会或业主委员会提出报告与建议,根据业主大会的决定,组织维修或者更新改造。

⑤载人电梯早 6 点至晚 12 点正常运行。

⑥消防设施设备完好,可随时启用;消防通道畅通。

⑦设备房保持整洁、通风,无跑、冒、滴、漏和鼠害现象。

⑧小区主要道路及停车场交通标志齐全。

⑨路灯、楼道灯完好率不低于 90%。

⑩容易危及人身安全的设施设备有明显警示标志和防范措施;对可能发生的各种突发设备故障有应急方案。

(3)三级。

①对共用设施设备进行日常管理和维修养护(依法应由专业部门负责的除外)。

②建立共用设施设备档案(设备台账),设施设备的运行、检修等记录齐全。

③操作维护人员严格执行设施设备操作规程及保养规范;设施设备运行正常。

④对共用设施设备定期组织巡查,作好巡查记录,需要维修,属于小修范围的,及时组织修复;属于大、中修范围或者需要更新改造的,及时编制维修、更新改造计划和住房专项维修资金使用计划,向业主大会或业主委员会提出报告与建议,根据业主大会的决定,组织维修或者更新改造。

⑤载人电梯早 6 点至晚 12 点正常运行。

⑥消防设施设备完好,可随时启用;消防通道畅通。

⑦路灯、楼道灯完好率不低于 80%。

⑧容易危及人身安全的设施设备有明显警示标志和防范措施;对可能发生的各种突发设备故障有应急方案。

(二)大厦房屋设备管理标准

1.综合要求

(1)制定设备安全运行、岗位责任制、定期巡回检查、维护保养、运行记录管理、维修档案等管理制度,并严格执行。

(2)设备及机房环境整洁,无杂物、灰尘、无鼠、虫害发生,机房环境符合设备要求。

(3)配备所需专业技术人员,严格执行操作规程。

(4)设备良好,运行正常,一年内无重大管理责任事故。

2.供电系统

(1)保证正常供电,限电、停电有明确的审批权限并按规定时间通知住用户。

(2)制订临时用电管理措施与停电应急处理措施并严格执行。

(3)备用应急发电机可随时起用。

3.弱电系统

(1)按工作标准规定时间排除故障,保证各弱电系统正常工作。

(2)监控系统等智能化设施设备运行正常,有记录并按规定期限保存。

4.消防系统

(1)消防控制中心 24 小时值班,消防系统设施设备齐全、完好无损,可随时起用。

(2)消防管理人员掌握消防设施设备的使用方法并能及时处理各种问题。

(3)组织开展消防法规及消防知识的宣传教育,明确各区域防火责任人。

(4)订有突发火灾的应急方案,设立消防疏散示意图,照明设施、引路标志完好,紧急疏散通道畅通。

(5)无火灾安全隐患。

5.电梯系统

(1)电梯准用证、年检合格证、维修保养合同完备。

(2)电梯按规定或约定时间运行,安全设施齐全,通风、照明及附属设施完好。

(3)轿厢、井道、机房保持清洁。

(4)电梯由专业队伍维修保养,维修、保养人员持证上岗。

(5)运行出现故障后,维修人员应在规定时间内到达现场维修。

(6)运行出现险情后,应有排除险情的应急处理措施。

6.给排水系统

(1)建立大厦用水、供水管理制度,积极协助用户安排合理的用水和节水计划。

(2)设备、阀门、管道工作无常,无跑、冒、滴、漏。

(3)按规定对二次供水蓄水池设施设备进行清洁、清毒;二次供水卫生许可证、水质化验单、操作人员健康合格证齐全;水池、水箱清洁卫生,无二次污染。

(4)高压水泵、水池、水箱有严格的管理措施,水池、水箱周围无污染隐患。

(5)限水、停水按规定时间通知住用户。

(6)排水系统通畅,汛期道路无积水,地下室、车库、设备房无积水、浸泡发生。

(7)遇有事故,维修人员在规定时间内进行抢修,无大面积跑水、泛水、长时间停水现象。

(8)制订事故应急处理方案。

7.空调系统

(1)中央空调系统运行正常,水塔运行正常且噪音不超标,无严重滴漏水现象。

(2)中央空调系统出现运行故障后,维修人员在规定时间内到达现场维修。

(3)制订中央空调发生故障应急处理方案。

8.供暖供气系统

(1)锅炉供暖设备、煤气设备、燃气设备完好,运行正常。

(2)管道、阀门无跑、冒、滴、漏现象及事故隐患。

(3)北方地区冬季供暖居室内温度不得低于 16℃。

9.共用设施管理

(1)共用配套服务设施完好,无随意改变用途。

(2)共用管线统一下地或入公共管道,无架空管线,无碍观瞻。

(3)道路、楼道、大堂等公共照明完好。

(4)大厦范围内的道路通畅,路面平坦。

10.其他

(1)大厦物业管理建立健全各项管理制度、各岗位工作标准,并制定具体的落实措施和考核办法。

(2)物业服务企业的管理人员和专业技术人员持证上岗;员工统一着装,佩戴明显标志,工作规范,作风严谨。

(3)物业服务企业应用计算机、智能化设备等现代化管理手段,提高管理效率。

(4)房屋及其共用设施设备档案资料齐全,分类成册,管理完善,查阅方便。包括房屋总平面图,地下管网图,房屋数量、种类、用途分类统计成册,房屋及共用设施设备大中修记录,共用设施设备的设计安装图纸资料和台账。

(5)建立住用户档案、房屋及其配套设施权属清册,查阅方便。

(6)建立24小时值班制度,设立服务电话,接受业主和使用人对物业管理服务报修、求助、建议、问询、质疑、投诉等各类信息的收集和反馈,并及时处理,有回访制度和记录。

(三)工业区房屋设备管理标准

1.综合要求

(1)制订设备安全运行、岗位责任制、定期巡回检查、维护保养、运行记录管理、维修档案等管理制度,并严格执行。

(2)设备及机房环境整洁,无杂物、灰尘、无鼠、虫害发生,机房环境符合设备要求。

(3)配备所需各种专业技术人员。

(4)设备良好,运行正常,一年内无重大管理责任事故。

2.供电系统

(1)保证正常供电,限电、停电有明确的审批权限并按规定时间通知住用户。

(2)制订临时用电管理措施与停电应急处理措施并严格执行。

(3)备用应急发电机可随时起用。

3.弱电系统

(1)按工作标准规定时间排除故障,保证各弱电系统正常工作。

(2)监控系统等智能化设施设备运行正常,有记录并按规定期限保存。

4.消防系统

(1)消防控制中心24小时值班,消防系统设施设备齐全、完好无损,可随时起用。

(2)消防管理人员掌握消防设施设备的使用方法并能及时处理各种问题。

(3)组织开展消防法规及消防知识的宣传教育,明确各区域防火责任人。

(4)订有突发火灾应急方案,在明显处设立消防疏散示意图,照明设施、引路标志完好,紧急疏散通道畅通无阻。

(5)工业厂房装修需报消防部门审批。对装修过程严格监管,装修完成后经消防部门验收合格方可使用。

(6)区内无火灾安全隐患,督促各用户与消防管理部门签订消防责任书。

(7)集体宿舍消防、用电有严格的管理规定,室内电线、插座安装规范,无安全隐患。

5.电梯系统

(1)电梯准用证、年检合格证、维修保养合同完备。

(2)电梯按规定时间运行,安全设施齐全,通风、照明及附属设施完好,轿厢、井道、机房保持整洁。

(3)电梯由专业队伍维修保养;维修、操作人员持证上岗;货运电梯由专人管理操作,严禁超载;客梯严禁载货。

(4)运行出现故障后,维修人员应在规定时间内到达现场维修。

(5)运行出现险情后,应有排除险情的应急处理措施。

6. 给排水系统

(1)建立工业区用水、供水管理制度,积极协助用户安排合理的用水和节水计划。

(2)设备、阀门、管道工作正常,无跑冒滴漏。

(3)按规定对二次供水蓄水池设施设备进行清洁、消毒;二次供水卫生许可证、水质化验单、操作人员健康合格证齐全;水池、水箱清洁卫生,无二次污染。

(4)高压水泵、水池、水箱有严格的管理措施,水池、水箱周围无污染隐患。

(5)限水、停水按规定时间通知业主和使用人。

(6)排水系统通畅,汛期道路无积水,地下室、车库、设备房无积水、浸泡发生。

(7)遇有事故,维修人员在规定时间内进行抢修,无大面积跑水、泛水、长时间停水现象;制订事故应急处理方案。

7. 空调系统

(1)中央空调系统运行正常,水塔运行正常且噪音不超标,无严重滴漏水现象。

(2)中央空调系统出现运行故障后,维修人员在规定时间内到达现场维修。

(3)制订中央空调发生故障应急处理方案。

8. 供暖供气系统

(1)锅炉供暖设备、煤气设备、燃气设备完好,运行正常;北方地区冬季供暖居室内温度不得低于16℃。

(2)管道、阀门无跑冒滴漏现象及事故隐患。

9. 共用设施管理

(1)共用配套设施完好,无随意改变用途。

(2)共用管线统一下地或入公共管道,无架空管线,无碍观瞻。

(3)道路、楼道、大堂等公共照明完好。

(4)工业区范围内的道路通畅,路面平坦。

10. 其他

(1)工业区物业管理建立健全各项管理制度、各岗位工作标准,并制定具体的落实措施和考核办法。

(2)物业服务企业的管理人员和专业技术人员持证上岗;员工统一着装,佩戴明显标志,工作规范、作风严谨。

(3)物业服务企业应用计算机、智能化设备等现代化管理手段,提高管理效率。

(4)房屋及其共用设施设备档案资料齐全,分类成册,管理完善,查阅方便。包括房屋总平面图,地下管网图,房屋数量、种类、用途分类统计成册,房屋及共用设施设备大中修记录,共用设施设备的设计安装图纸资料和台账。

(5)建立业主及使用人档案、房屋及其配套设施权属清册,查阅方便。

(6)建立24小时值班制度,设立服务电话、接受业主和使用人对物业管理服务报修、求助、建议、问询、质疑、投诉等各类信息的收集和反馈,并及时处理,有回访制度和记录。

上述标准是物业服务企业设备设施管理工作应实现的基本管理目标,但在物业管理实践中,对具体的设备设施的维修养护还设有具体的维修养护技术标准要求,一般都是按照具体的设备设施设计规范或标准执行,由于其涉及专业技术知识,这里就不加赘述了。

【案例 8-3】

因排水管道不畅,而使业主室内受损的责任由谁承担

光明小区 A 楼 1108 室由被告张三承租,1008 室由原告王二承租。因被告 B 物业服务公司未在该号楼顶平台落水管道进口处按规范要求设置防护网,被鸟钻进管道内筑巢,致使管道堵塞。被告张三在装潢 1108 室房屋时,未经 B 物业公司同意擅自将 1108 室阳台处的排水口封死。一天,遭遇大雨,因落水管道堵塞,雨水从楼顶落水管道接口处流进 1108 室阳台,因该阳台排水口已封死,积水无法排出,沿 1108 室周围墙角渗入 1008 室,致使原告王二装潢的地板等物受损。原告王二要求赔偿,但因被告张三与 B 物业服务公司相互推诿,原告王二遂诉讼至法院。

案例评析

《中华人民共和国民法通则》第八十三条规定:"不动产的相邻各方,应当按照有利生产、方便生活、团结互助、公平合理的精神,正确处理截水、排水、通行、通风、采光等方面的相邻关系。给相邻方造成妨碍或者损失的,应当停止侵害,排除妨碍,赔偿损失。"第一百零六条规定:"公民、法人违反合同或者不履行其他义务的,应当承担民事责任。公民、法人由于过错侵害国家的、集体的财产,侵害他人财产、人身的,应当承担民事责任。"

《中华人民共和国物权法》第八十三条规定:"业主应当遵守法律、法规以及管理规约。业主大会和业主委员会,对任意弃置垃圾、排放污染物或者噪声、违反规定饲养动物、违章搭建、侵占通道、拒付物业费等损害他人合法权益的行为,有权依照法律、法规以及管理规约,要求行为人停止侵害、消除危险、排除妨碍、赔偿损失。业主对侵害自己合法权益的行为,可以依法向人民法院提起诉讼。"第八十四条规定:"不动产的相邻权利人应当按照有利生产、方便生活、团结互助、公平合理的原则,正确处理相邻关系。"第八十六条规定:"不动产权利人应当为相邻权利人用水、排水提供必要的便利。"

《物业管理条例》第三十五条规定:"物业服务企业应当按照物业服务合同的约定,提供相应的服务。物业服务企业未能履行物业服务合同的约定,导致业主人身、财产安全受到损害的,应当依法承担相应的法律责任。"第四十九条第一款规定:"物业管理区域内按照规划建设的公共建筑和共用设施,不得改变用途。"第五十二条规定:"业主需要装饰装修房屋的,应当事先告知物业服务企业。物业服务企业应当将房屋装饰装修中的禁止行为和注意事项告知业主。"

法院经审理判定:

(1)B 物业服务公司管理不善,未按规范要求对房屋楼顶平台落水管道进行定期检查、防护和疏通,致使雨水受堵后溢进原告王二承租的房屋内,造成原告财产损失,对此,B 物业服务公司应承担主要责任。

(2)张三未经 B 物业服务公司同意,擅自将其承租房屋阳台处排水管道口封死,使阳台的积水无法从排水管及时排出,加重了原告的财产损害。为此,张三对原告的财产损害也应承担一定的责任。

学习单元四 房屋维修养护管理的法津规定

一、房屋维修养护管理概述

(一)房屋维修养护管理的概念和特点

1.房屋维修养护管理的概念

房屋维修养护是指对已建成的房屋进行翻修、大修、中修、小修、综合维修和维护保养。

房屋维修养护管理是为做好房屋维修养护工作而进行的计划、组织、控制、协调等管理过程,房屋维修养护管理的范围主要是建筑物的共有部分,其目的是为了保持、恢复或提高房屋的安全性,延长房屋的使用寿命,改善或改变房屋的使用功能。

2.房屋维修养护管理的特点

房屋维修管理具有维修的限制性、独特的技术性和维修量大面广且零星分散等三个特点。

这是因为房屋维修养护管理受原有房屋条件、环境的限制,只能在原有房屋基础上进行,与新建同类房屋建筑施工过程相比,维修设计与施工都只能在一定范围内进行,维修技术不仅包括建筑工程专业及相关专业的技术,还包括独特的设计和施工操作技能。另外,因为房屋处于不同周期时,房屋的损坏部分损坏程度不同,发生损坏的时间不同,采取的维修工程种类、技术措施不同。因此,房屋维修养护管理具有上述三个特点。

(二)房屋维修养护管理的内容

1.房屋质量管理

房屋质量管理是指物业服务企业定期和不定期对房屋的完损情况进行检查,评定房屋完损等级,随时掌握所管房屋的质量状况和分布,组织对危险房屋的鉴定,并确定解危方法等方面的管理工作。

2.房屋维修计划管理

房屋维修计划管理是指物业服务企业根据物业辖区内房屋完损的实际情况以及各类房屋的建筑、设备、设施的保养、维修、更新周期等制订切实可行的房屋维修计划,拟订维修方案;有计划地组织房屋按年轮修;分配年度维修资金、审核维修方案和工程预决算等方面的管理工作。

3.房屋维修施工管理

房屋维修施工管理是指物业服务企业按照一定施工程序、施工质量标准和技术经济要求,运用科学的方法对房屋维修施工过程中的各项工作进行有效的、科学的管理工作。

4.房屋维修质量管理

房屋维修质量管理是指物业服务企业根据《建设工程质量管理条例》及《房屋修缮工程质量检验评定标准》等,为强化维修工程的质量监督、检查、验收与评定,完善维修工程的质量保修制度等方面的管理工作。

5.房屋维修资料管理

房屋维修资料管理是指物业服务企业为保证在制订房屋维修计划,确定房屋维修、改建等方案,实施房屋维修工程时的科学准确、针对有效而进行的房屋建筑档案资料的管理工作。

二、房屋质量管理

(一)房屋完损情况的查勘鉴定

《房屋修缮技术管理规定》规定,房屋查勘鉴定,即房屋完损情况的查勘鉴定,是经营管理单位掌握所管房屋完损状况的基础工作,是拟订房屋修缮设计或修缮方案、编制房屋修缮计划的依据。房屋查勘鉴定的负责人,必须是取得职称的或有专业的技术人员,各类房屋的查勘鉴定均按《房屋完损等级评定标准》的规定进行。查勘鉴定负责人,若因工作失职而造成事故的,要承担责任。房屋查勘鉴定分为定期查勘鉴定、季节性查勘鉴定和工程查勘鉴定三类。

定期查勘鉴定,即每隔1～3年对所管房屋进行一次逐幢普查,全面掌握完损状况。季节性查勘鉴定,即根据当地气候特征(雨季、台汛、大雪、山洪等)着重对危险房、严重损坏房进行检查,及时抢险解危。工程查勘鉴定,即对需修项目,提出具体意见,确定单位工程修缮方案,其中包括房屋经过中修、大修、翻修和综合维修竣工验收以后,重新检查,评定完损等级;接管新建房屋后,要进行检查,评定完损等级。

定期或季节性查勘鉴定,均由基层房屋经营管理单位组织实施,上级管理部门抽查或复查。工程查勘鉴定,由经营管理人员填写报告表,若因未填报而发生事故的,经营管理人员要承担责任。

另外,当发生需改变房屋使用功能时;房屋可能发生局部或整体坍塌时;房屋需改建、扩建或加层时;毗邻房屋出现破损,产权双方对破损原因有异议时等情况,必须先作技术鉴定。

(二)房屋完损等级的评定

1.房屋完损等级

房屋完损等级是指对现有房屋的完好或损坏程度划分等级,即划分现有房屋的质量等级。按照《房屋完损等级评定标准》规定,根据各类房屋的结构、装修、设备等组成部分的完好、损坏程度,房屋完损等级分成五类。

(1)完好房。完好房是指正规房屋结构完好,屋面或板缝不漏水,装修和设备完好、齐全,管道畅通,现状良好,使用正常,虽有陈旧现象或个别分项在允许值之内的轻微损毁,但不影响居住安全和正常使用,经过小修即可恢复的房屋。

(2)基本完好房。基本完好房是指房屋结构基本完好牢固,少量构部件有稍超允许值的轻微损坏,但已稳定,屋面或板缝局部渗漏,装修和设备有个别零部件有影响使用的破损,但通过维修可以恢复使用功能的房屋。

(3)一般损坏房。一般损坏房是指房屋局部结构构件有变形、裂缝、腐蚀或老化,强度不足,屋面或板缝局部漏雨,装修局部有破损,油漆涂料老化,设备管道不够畅通,水卫电、照明、管线等器具和零部件有部分老化、损坏和残缺,需要进行中修或局部大修的更换部件的房屋。

(4)严重损坏房。严重损坏房是指严重失修的房屋,部分结构构件有明显或严重倾斜、开裂、变形或强度不足,个别构件已处于危险状态,屋面或板缝严重漏雨,设备陈旧不齐全,管道严重堵塞,水卫电、照明、管线器具和零件残缺及严重毁损,需要局部整修、更新等大修的房屋。

(5)危险房。危险房是指房屋承重结构已属危险构件,主体构件强度严重不足,稳定性很差,丧失承载能力,随时有倒塌的可能,采用局部加固的修理仍不能保证安全的房屋,已丧失维修价值的房屋,因结构严重毁损需要拆除、翻修的整幢房屋。

2.房屋完损等级的评定

房屋完损等级评定时,应根据房屋结构的分类、房屋完损标准的项目划分,依据适用的房屋完损等级评定方法进行评定。

(1)房屋结构的分类。《房屋完损等级评定标准》将房屋按常用结构分成下列几类:

①钢筋混凝土结构。承重的主要结构是用钢筋混凝土建造的。

②混合结构。承重的主要结构是用钢筋混凝土和砖木建造的。

③砖木结构。承重的主要结构是用砖木建造的。

④其他结构。承重的主要结构是用竹木、砖石、土建造的简易房屋。

(2)房屋完损标准的项目划分。《房屋完损等级评定标准》根据各类房屋的结构、装修、设备等组成部分的各个项目的完好、损坏程度来划分房屋完损状况,这些项目包括 3 个组成部分,14 个分项,它们具体是:房屋的结构组成部分分为五个分项:①基础、承重构件、非承重墙、屋面和楼地面;②房屋的装修组成部分分为五个分项:门窗、外抹灰、内抹灰、顶棚和细木装修;③房屋的设备组成部分分为四个分项:水卫、电照、暖气及特种设备(如消防栓、避雷装置等)。

(3)房屋完损等级评定方法。《房屋完损等级评定标准》按房屋结构的分类,规定了钢筋混凝土结构、混合结构、砖木结构房屋与其他结构房屋两类评定方法。

①钢筋混凝土结构、混合结构、砖木结构房屋完损等级评定方法。

a.完好房。凡符合下列条件之一者可评为完好房:

第一,结构、装修、设备部分各项完损程度符合完好标准。

第二,在装修、设备部分中有一、二项完损程度符合基本完好的标准,其余符合基本完好以上的标准。

b.基本完好房。凡符合下列条件之一者可评为基本完好房:

第一,结构、装修、设备部分各项完损程度符合基本完好标准。

第二,在装修、设备部分中有一、二项完损程度符合一般损坏标准,其余符合基本完好以上的标准。

第三,结构部分除基础、承重构件、屋面外,可有一项和装修或设备部分中的一项符合一般损坏标准,其余符合基本完好以上标准。

c.损坏房。凡符合下列条件之一者可评为一般损坏房:

第一,结构、装修、设备部分各项完损程度符合一般损坏的标准。

第二,在装修、设备部分中有一、二项完损程度符合严重损坏以上标准,其余符合一般损坏以上的标准。

第三,结构部分除基础、承重构件、屋面外,可有一项和装修或设备部分中的一项完损程度符合严重损坏的标准,其余符合一般损坏以上的标准。

d.严重损坏房。凡符合下列条件之一者可评为严重损坏房:

第一,结构、装修、设备部分各项完损程度符合严重损坏标准。

第二,在结构、装修、设备部分中有少数项目完损程度符合一般损坏标准,其余符合严重损坏的标准。

②其他结构房屋完损等级评定方法。

a.结构、装修、设备部分各项完损程度符合完好标准的,可评为完好房。

b.结构、装修、设备部分各项完好程度符合基本完好标准,或者有少量项目完好程度符合完好标准的,可评为基本完好房。

c.结构、装修、设备部分各项完损程度符合一般损坏标准,或者有少量项目完损程度符合基本完好标准的,可评为一般损坏房。

d.结构、装修、设备部分各项完损程度符合严重损坏标准,或者有少量项目完损程度符合一般损坏标准的,可评为严重损坏房。

3.房屋完损等级评定的要求

对房屋完损等级的评定,应严格按照《房屋完损等级评定标准》第三部分"房屋完损标准"执行,逐项进行核定。具体评定时,还应考虑以下几个方面的问题:

(1)在评定出结构、装修、设备等组成部分的各项完损程度的基础上,要对整栋房屋的完损情况进行综合评定。

（2）要以实际完损程度为依据评定，不能以年代来代替标准，也不能以原设计标准代替完损等级。

（3）要掌握好评定等级的决定因素和标准，即认真对待结构部分的完损程度的评定，这是决定房屋完损等级的主要条件。

（4）评定房屋完损等级时，若超过规定允许的下降分项的范围时，则整幢房屋完损等级可下降一个等级，但不能下降到危险房屋的等级。

（5）评定严重损坏房屋时，结构、装修、设备等各分项的完损程度不能下降到危险房屋的标准。

（6）在评定房屋完损等级时，对于重要房屋或断面明显不足的构件，必要时要经过复核或测试才能确定完损程度。

（三）危险房屋的鉴定与处理

对危险房屋的鉴定与处理，应按照国家建设部 2004 年修改的《城市危险房屋管理规定》和《危险房屋鉴定标准》（JGJ 125—2016）执行。

1.危险房屋的鉴定

危险房屋在《城市危险房屋管理规定》中被明确定义为"系指结构已严重损坏或承重构件已属危险构件，随时有可能丧失结构稳定和承载能力，不能保证居住和使用安全的房屋。"

《城市危险房屋管理规定》规定，县级以上地方人民政府房地产行政主管部门负责本辖区的城市危险房屋管理工作，市、县人民政府房地产行政主管部门设立房屋安全鉴定机构（以下简称鉴定机构），负责房屋的安全鉴定，并统一启用"房屋安全鉴定专用章"。进行安全鉴定，必须有两名以上鉴定人员参加。对特殊复杂的鉴定项目，鉴定机构可另外聘请专业人员或邀请有关部门派员参与鉴定。

（1）危险房屋的鉴定程序。根据《城市危险房屋管理规定》和《危险房屋鉴定标准》的规定，鉴定机构进行房屋安全鉴定应按下列程序进行：

①受理申请。根据申请人要求，确定房屋危险性鉴定内容和范围。

②初始调查。摸清房屋的历史和现状。

③现场查勘、测试、记录各种损坏数据和状况。

④检测验算，整理技术资料。

⑤全面分析，论证定性，作出综合判断，提出处理意见。

⑥签发鉴定文书。

（2）危险房屋的评定方法。房屋危险性鉴定应根据地基危险性状态和基础及上部结构的危险性等级按下列两阶段进行综合评定：第一阶段为地基危险性鉴定，评定房屋地基的危险性状态；第二阶段为基础及上部结构危险性鉴定，综合评定房屋的危险性等级。基础及上部结构危险性鉴定应按下列三层次进行：第一层次为构件危险性鉴定，其等级评定为危险构件和非危险构件两类。第二层次为楼层危险性鉴定，其等级评定为 A_u、B_u、C_u、D_u 四个等级。第三层次为房屋危险性鉴定，其等级评定为 A、B、C、D 四个等级。

房屋危险性鉴定应根据被鉴定房屋的构造特点和承重体系的种类，按其危险程度和影响范围，依照《危险房屋鉴定标准》第四部分"地基危险性鉴定"、第五部分"构件危险性鉴定"和第六部门"房屋危险性鉴定"具体标准进行鉴定。

(3)危险房屋的等级划分。按照《危险房屋鉴定标准》的规定,危险房屋的等级划分分为房屋基础及楼层危险性鉴定和房屋危险性鉴定,各四个等级。

①房屋基础及楼层危险性鉴定,划分为四个等级:

A_u 级:无危险点。

B_u 级:有危险点。

C_u 级:局部危险。

D_u 级:整体危险。

②房屋危险性鉴定,划分为四个等级:

A 级:无危险构件,房屋结构能满足安全使用要求。

B 级:个别结构构件被评定为危险构件,但不影响主体结构安全,基本能满足安全使用要求。

C 级:部分承重结构不能满足安全使用要求,房屋局部处于危险状态,构成局部危房。

D 级:承重结构已不能满足安全使用要求,房屋整体处于危险状态,构成整幢危房。

(4)危险房屋的评定原则。

①房屋危险性鉴定应以房屋的地基、基础及上部结构构件的危险性程度判定为基础,结合下列因素进行全面分析和综合判断:各危险构件的损伤程度;危险构件在整幢房屋中的重要性、数量和比例;危险构件在相互间的关联作用及对房屋整体稳定性的影响;周围环境、使用情况和人为因素对房屋结构整体的影响;房屋结构的可修复性。

②在地基、基础、上部结构构件危险性的判断上,应考虑其危险关联度。当构件危险性呈关联状态时,应联系结构的关联性判定其影响范围。

③房屋危险性等级应进行两阶段鉴定。在第一阶段地基危险性鉴定中,当地基评定为危险状态时,应将整幢房屋评定为 D 级整幢危房;当地基评定为非危险状态时,应在第二阶段鉴定中,综合评定房屋基础及上部结构(含地下室)的状况后作出判断。

④对传力体系简单的两层及两层以下房屋,可根据危险构件影响范围直接评定其危险性等级。

2.危险房屋的处理

根据《城市危险房屋管理规定》规定,对被鉴定为危险房屋的,一般可分为以下四类进行处理:

(1)观察使用。适用于采取适当安全技术措施后,尚能短期使用,但需继续观察的房屋。

(2)处理使用。适用于采取适当技术措施后,可解除危险的房屋。

(3)停止使用。适用于已无修缮价值,暂时不便拆除,又不危及相邻建筑和影响他人安全的房屋。

(4)整体拆除。适用于整幢危险且无修缮价值,需立即拆除的房屋。

3.对危险房屋的治理

根据《城市危险房屋管理规定》规定,房屋所有人对被鉴定为危险房屋的,负有治理的责任与义务。

(1)房屋所有人应定期对其房屋进行安全检查。在暴风、雨雪季节,房屋所有人应作好排险解危的各项准备。房屋所有人对危险房屋能解危的,要及时解危;解危暂时有困难的,应采取安全措施。

（2）房屋所有人对经鉴定的危险房屋，必须按照鉴定机构的处理建议，及时加固或修缮治理；如房屋所有人拒不按照处理建议修缮治理，或使用人有阻碍行为的，房地产行政主管部门有权指定有关部门代修，或采取其他强制措施，发生的费用由责任人承担。

（3）异产毗连危险房屋的各所有人，应按照国家对异产毗连房屋的有关规定，共同履行治理责任。拒不承担责任的，由房屋所在地房地产行政主管部门调处；当事人不服的，可向当地人民法院起诉。

（4）房屋所有人进行抢险解危需要办理各项手续时，各有关部门应给予支持，及时办理，以免因延误时间发生事故。经鉴定机构鉴定为危险房屋，并需要拆除重建时，有关部门应酌情给予政策优惠。

（5）治理私有危险房屋，房屋所有人确有经济困难无力治理时，其所在单位可给予借贷；如系出租房屋，可以和承租人合资治理，承租人付出的修缮费用可以折抵租金或由出租人分期偿还。

4. 法律责任

根据《城市危险房屋管理规定》，房屋所有人、房屋使用人、行为人、鉴定机构对危险房屋的鉴定、治理承担以下法律责任。

（1）因下列原因造成事故的，房屋所有人应承担民事或行政责任：

①有险不查或损坏不修；

②经鉴定机构鉴定为危险房屋而未采取有效的解危措施。

（2）因下列原因造成事故的，使用人、行为人应承担民事责任：

①使用人擅自改变房屋结构、构件、设备或使用性质；

②使用人阻碍房屋所有人对危险房屋采取解危措施；

③行为人由于施工、堆物、碰撞等行为危及房屋。

（3）有下列情况的，鉴定机构应承担民事或行政责任：

①因故意把非危险房屋鉴定为危险房屋而造成损失；

②因过失把危险房屋鉴定为非危险房屋，并在有效时限内发生事故；

③因拖延鉴定时间而发生事故。

（4）有以上三类行为，给他人造成生命财产损失，已构成犯罪的，由司法机关依法追究刑事责任。

三、房屋修缮管理

根据《房屋修缮技术管理规定》，各类房屋均应按设计功能使用，用户应遵守有关使用规定；经营管理单位应对所管房屋的使用状况进行监督，并加强日常维护。因此，房屋修缮管理是物业服务企业应尽的义务。

《房屋修缮范围和标准》规定，房的修缮必须贯彻充分利用、经济合理、牢固实用的原则，以不断提高房屋完好率，逐步改善住用条件。

房屋修缮管理包括房屋修缮计划管理、房屋修缮施工管理、房屋修缮质量管理、房屋修缮资料管理等内容。

（一）房屋修缮管理的修缮范围

根据《中华人民共和国物权法》第八十二条"物业服务企业或者其他管理人根据业主的委

托管理建筑区划内的建筑物及其附属设施,并接受业主的监督。"的规定,以及《物业管理条例》第二条有关物业管理的定义,物业管理的管理对象是对业主共有部分的管理,业主的专有部分不是物业管理的管理对象。

根据《物业服务收费管理办法》第十一条规定:"物业共用部位、共用设施设备的大修、中修和更新、改造费用,应当通过专项维修资金予以列支,不得计入物业服务支出或者物业服务成本。"《住宅专项维修资金管理办法》第十八条规定:"住宅专项维修资金应当专项用于住宅共用部位、共用设施设备保修期满后的维修和更新、改造,不得挪作他用。"物业服务企业实施房屋修缮管理时,对物业共有部位(包括建筑物共有部分和住宅小区内共有部分)的修缮,使用的是住宅专项维修资金;业主专有部分的修缮,费用由业主承担;因业主和使用人造成的共有部分受损,费用也由业主和使用人承担。

《房屋修缮范围和标准》规定,房屋的修缮,均应按照租赁法的规定或租赁合同的约定办理。但业主和使用人因使用不当、超载或其他过失引起的损坏,应由业主和使用人负责赔修;业主和使用人因特殊需要对房屋或它的装修、设备进行增、搭、拆、扩、改时,必须报经营管理单位鉴定同意,除有单项协议专门规定者外,其费用由业主和使用人自理;因擅自在房基附近挖掘而引起的损坏,业主和使用人应负责修复。

市政污水(雨水)管道及处理装置、道路及桥涵、房屋进户水电表之外的管道线路、燃气管道及灶具、城墙、危崖、滑坡、保坎、人防设施等的修缮,由各专业管理部门负责。

房屋修缮时,应注意做到:与抗震设防相结合;与白蚁防治相结合;与预防火灾相结合;与抗洪防风相结合;与防范雷击相结合。在确保居住安全及财力物力可能的条件下,应逐步改善居住条件。

(二)房屋修缮工程的分类

根据《房屋修缮范围和标准》的规定,修缮工程按照房屋完损状况,分为翻修、大修、中修、小修和综合维修。

1.翻修工程

凡需全部拆除、另行设计、重新建造的工程为翻修工程。翻修工程应尽量利用旧料,其费用应低于该建筑物同类结构的新建造价。翻修后的房屋必须符合完好房屋标准的要求。翻修工程主要适用于:主体结构严重损坏,丧失正常使用功能,有倒塌危险的房屋;因自然灾害破坏严重,不能再继续使用的房屋;地处陡峭易滑坡地区的房屋,或地势低洼长期积水无法排出地区的房屋;无修缮价值的房屋;基本建设规划范围内需要拆迁恢复的房屋。

2.大修工程

凡需牵动或拆换部分主体构件,但不需全部拆除的工程为大修工程。大修工程一次费用在该建筑物同类结构新建造价的 25% 以上。大修后的房屋必须符合基本完好或完好标准的要求。大修工程主要适用于严重损坏房屋。

3.中修工程

凡需牵动或拆换少量主体构件,但保持原房的规模和结构的工程为中修工程。中修工程一次费用在该建筑物同类结构新建造价的 20% 以下。中修后的房屋 70% 以上必须符合基本完好或完好的要求。中修工程主要适用于一般损坏房屋。

4.小修工程

凡以及时修复小损小坏,保持房屋原来完损等级为目的的日常养护工程为小修工程。小修工程的综合年均费用为所管房屋现时造价的1%以下。

5.综合维修工程

凡成片多幢(大楼为单幢)大、中、小修一次性应修尽修的工程为综合维修工程。综合维修工程一次费用应在该片(幢)建筑物同类结构新建造价的20%以上。综合维修后的房屋必须符合基本完好或完好标准的要求。综合维修的竣工面积数量在统计时进入大修工程。

(三)房屋修缮计划管理

1.房屋修缮计划管理的含义

房屋修缮计划管理是物业服务企业对所管房屋开展维修活动的事先安排。房屋修缮计划管理的内容主要包括在一定时期内有关房屋修缮的计划目标、实施方案和相应的保证性措施。

2.房屋修缮计划管理的目的

房屋修缮计划管理的目的是为了加强房屋经营管理单位的修缮技术管理,合理使用修缮资金,延长房屋及其设备的使用年限,实现房屋的正常使用,确保住用安全。其主要任务是:监督房屋的合理使用,防止房屋结构、设备的过早损耗或损坏,维护房屋和设备的完整,提高完好率;对房屋查勘鉴定后,根据《房屋修缮范围和标准》的规定,进行修缮设计或制订修缮方案,确定修缮项目;建立房屋技术档案,掌握房屋完损状况;贯彻技术责任制,明确技术职责。

3.房屋修缮计划内容

房屋修缮计划内容包括房屋结构类型、修缮面积、修缮分类、修缮费用和计划期内房屋完好率、危房率等。它由房屋修缮施工计划和房屋修缮辅助计划组成。其中房屋修缮施工计划是物业服务公司房屋修缮计划的主导和核心,是编制其他计划的依据。维修施工计划必须反映计划期内所需维修房屋的名称、维修部位及维修性质、规模(建筑面积和实物工期量)、投资额、各项工程开竣工日期、施工任务的分配方式(自营维修或外包维修)、维修项目进度表及维修项目施工技术方案等。

《房屋修缮技术管理规定》规定,在房屋查勘鉴定后,按照完损情况,分别轻重缓急、有计划地进行房屋维护或修缮。房屋修缮计划管理的制订,应根据国家房屋修缮政策及标准对维修工作的要求,根据房屋损坏情况及用户的实际需要,在调查研究及分析预测的基础上,制订房屋修缮计划,确定合理的房屋修缮周期、维修范围和维修方案;明确各级管理人员的职责,保证维修工作在预先拟定的内容、步骤和投资标准内进行,严格控制投资标准,合理安排人力、物力和财力,并在执行计划中做好调节和综合平衡工作;做好房屋修缮计划的综合平衡和优化工作,保证重点工程,统筹安排,最优地使用企业的资源,提高综合经济效益;在组织维修计划的实施过程中,通过控制和协调手段,消除执行过程中的薄弱环节及不协调因素,保证生产有节奏、有秩序地进行;作好执行情况的检查、统计和分析,总结经验和教训,及时反馈、及时调整和改进,不断提高计划管理水平。

(1)房屋修缮的计划目标是指物业服务企业在计划期内改善房屋完损状况和使用条件的总目标。它包括计划期内必须完成的维修工作的数量、质量和效益等方面的标准。其中维修工作的数量是指在计划时期内预期对所需维修的房屋、房屋的部位、维修工作的内容及相应的实物工程量和工作量的一种规定。维修工作质量是指对计划期内所需维修的房屋的质量要求。维修工作效益是指维修成果与成本的关系,具体反映在维修工程成本、劳动生产率及维修工程工期等效益指标上。

(2)房屋修缮计划的实施方案,是指为实现维修计划目标而采取的工作方法和步骤。实施方案的内容包括计划期内维修工作的时间安排、实施维修工作的方式、维修工程的技术方案及组织措施等内容。

根据《房屋修缮技术管理规定》的规定,物业服务企业在进行修缮设计或修缮方案时,工程查勘必须按照《房屋修缮范围和标准》进行修缮设计或制订修缮方案,并应充分听取业主和使用人意见,使修缮设计或修缮方案尽趋合理、可行;根据修缮工程的特点,房屋经营管理单位可组织一定的技术力量,承担制订修缮方案(含部件更换设计)的任务,但较大的翻修工程的设计,必须由经审查批准领有设计证书的单位承担。

修缮方案应包括:房屋平面示意图(含部件更换设计),并要注明坐落及与周围建筑物的关系;应修项目(含改善要求)、数量、主要用料及旧料利用要求;工程预(概)算。

修缮设计的要求按有关规定办理。凡翻修工程的设计必须具备批准的计划文件;技术鉴定书;城市规划部门批准的红线(定点)图;修建标准及使用功能要求;城市水、暖、气、电的管线等资料。

对此,《民用房屋修缮工程施工规程(CJJ/T 53—93)》还规定,房屋修缮工程施工,应按查勘设计编制施工组织设计或制订施工方案,合理利用旧料,缩短工期,尽量减少对业主和使用人的干扰,并在修缮施工前,应对现有房屋的结构和修缮部位进行复查,发现不安全的结构和构件,应及时采取技术处理措施,确保安全。受修缮施工影响的相邻设施和房屋,应先做妥善处理。发现房屋现状与查勘设计不符或出现异常情况时,应与查勘设计部门研究修改设计后,方可施工。修缮施工中,应按有关标准规定进行隐蔽工程质量验收后,方可进入下一工序施工。房屋修缮工程施工及防火、防爆、防毒、防尘、防污染、劳动保护等应符合国家现行有关标准的规定。

(3)房屋修缮计划的保证性措施,是指为确保维修计划目标及相应实施方案的实现而作的辅助性计划。其内容包括房屋修缮资金使用计划、物资供应计划、劳动力计划及技术支持计划等。

房屋修缮辅助计划属于支持、保证性计划,它为确保完成房屋修缮施工计划创造条件。其内容主要包括:

①房屋修缮施工力量计划。它包括临时工、合同工的招聘计划,自有工人的组织及供应计划,各维修班组(或施工项目部)任务的安排,外包工程的招投标计划等。

②房屋修缮材料供应计划。它包括材料、器材的采购、运输、储存计划等。

③房屋修缮机具供应计划。它包括机具的购置、维修、更新计划等。

④房屋修缮技术支持计划。它包括技术人员的组织与配备、技术制度的制定、施工安全措施等。

⑤房屋修缮资金使用计划。它包括资金的需要量预测、资金筹措、资金使用计划等。

⑥房屋修缮成本及利润计划。它包括成本预测、成本目标确定、成本控制、成本核算以及预期实现利润额计划等。

(四)房屋修缮施工管理

对房屋的维修施工,在施工队伍的组织上,一般有两种形式。一是物业服务企业自己拥有维修队伍来进行维修工程的施工;二是物业服务企业对房屋修缮工程实行招标,以承包的方式将房屋维修养护工作或房屋修缮工程委托给专业维修施工企业。通常,物业服务企业会根据自身技术力量条件,按照修缮工程的分类,小修工程由自己负责,中修工程、大修工程、翻修工程和综合维修工程通过招标承包给专业维修施工企业。

物业服务企业无论采取哪种房屋修缮施工组织形式,其管理主要内容基本一致,但自己组织的形式要比招标委托的形式简单。这里以房屋修缮工程招标委托专业维修施工企业为例,介绍房屋修缮施工管理的内容。

根据《房屋修缮工程施工管理规定(试行)》《房屋修缮技术管理规定》的规定,房屋修缮施工管理有以下内容。

1. 招标委托

物业服务企业通过招标方式选聘专业维修施工企业委托承包房屋修缮工程,与中标企业签订承发包工程合同,以建立它们之间的经济关系,明确各自的经济责任。工程合同一般应包括:承包方式、工程范围、施工工期、开竣工日期、工程造价、工程质量、技术资料及物资供应、结算方式、工期提前或延误的奖罚条款、保修办法及各自应承担的其他经济技术责任。合同一经签订,即具有法律效力。如需改变,应经双方协商一致;协商不一致时,主管部门有权仲裁;仲裁不服,在规定期限内,可诉请人民法院审理。

2. 编制施工计划

专业维修施工企业与物业服务企业签订承发包工程合同后,按照最佳经济流程的要求,自行编制并实施工程施工综合进度计划。在编制工程施工综合进度计划时,对物业服务企业提出的有特殊时限要求的工程,应优先安排施工。

房屋修缮工程应区别不同规模、技术要求的繁简程度,分别编制施工组织设计、一般工程施工方案或小型工程施工说明。编制施工组织设计、一般工程施工方案或小型工程施工说明,做到:

(1)按照经营管理单位提出的修缮设计或修缮方案的要求,进行调查研究,选定施工方案。

(2)合理安排施工顺序,组织平行流水、立体交叉作业,缩短工期。

(3)在保证质量的前提下,合理地充分利用旧料。

(4)做到冬季、雨季施工有措施安排,现场充分利用旧有建筑物,减少临时设施。

(5)保证工程质量、安全生产、文明施工。

3. 施工组织与准备

施工组织设计、一般工程施工方案或小型工程施工说明等一经确定,生产、计划、技术、物资供应、劳动工资和附属加工等部门必须围绕上述设计、方案或说明作出相应安排。

工程开工前,专业维修施工企业应熟悉修缮设计或修缮方案并参与经营管理单位组织的技术交底和图纸会审。物业服务企业应邀集有关单位或人员,向专业维修施工企业进行技术交底,作出交底记录或纪要。双方将在审查中提出的问题、解决的措施等,做好会议记录或纪要。

技术交底和图纸会审的主要内容有:

(1)设计、方案、图纸和说明是否符合有关技术规定。

(2)修缮设计或修缮方案是否合理,图纸和说明是否清楚,土建和设备是否配套,尺寸和标高有无差错。

(3)新旧建筑与相邻建筑、地上建筑与地下构筑物之间有无矛盾。

(4)技术装备条件是否可行,能否保证工程质量与安全生产。

4.施工调度与现场管理

经技术交底后,物业服务企业应指派专人(甲方代表)与专业维修施工企业建立固定联系,监督修缮设计或修缮方案的实施,负责文明施工,自始至终负责到底。

(1)施工调度是以工程综合进度计划为基础的综合性管理,其主要任务是:

①检查、监督计划和合同的执行情况,进行人力、物力的综合平衡,促进生产活动。

②及时解决施工现场出现的矛盾,搞好协作配合。

③组织好运输、劳动保护、天气预报、防寒降温等工作。

(2)现场管理是以施工组织设计、一般工程施工方案或小型工程施工说明为依据的施工现场进行的经常性管理,其主要任务是:

①修建或利用各项临时设施,组织安排施工衔接及料具进出场,节约施工用地。

②按计划拆除旧建筑,排除障碍物,清运渣土等。

③注意生产与住用安全,在拆除旧建筑时,处理好毗邻建筑物或构筑物的关系,做好施工防护标志。

5.安全管理

房屋修缮施工管理应高度重视安全生产。安全检查机构或人员必须认真执行安全生产的法律法规,经常对现场作业进行安全检查,组织职工学习安全生产操作规程,认真处理重大安全事故,总结推广安全生产的先进经验。新工人未经安全操作的培训,不得上岗。

(五)房屋修缮质量管理

房屋维修质量管理是为保证和提高维修工程质量,为下道工序负责而进行的一系列管理工作,其特点是一种一次性的动态过程。所谓动态管理过程,指的是维修施工项目管理的对象、内容和重点,都随着工程的进展而变化,而且某一阶段工程质量的好坏,是建立在前一阶段质量管理工作基础之上的。由于施工项目质量管理的一次性,所以要求领导素质高,组织管理严格,操作精心。

根据《房屋修缮工程施工管理规定(试行)》《房屋修缮技术管理规定》的规定,为保证房屋修缮质量,专业维修施工企业应分别设立质量及安全监督、检查机构,分别配备质量及安全检查人员。质量监督、检查机构或人员必须坚持标准,参与编制,确保工程质量的技术措施并监督实施,指导执行操作规程;对不按设计要求施工、不遵守施工规定和操作规程的,有权制止。

1.房屋修缮质量管理的要求

根据《房屋修缮工程施工管理规定(试行)》《房屋修缮技术管理规定》的规定,房屋修缮质量管理应做到:

(1)房屋修缮质量管理应实行自检、互检和交接检的三检制度,对地下工程和隐蔽工程,特别是基础和结构的关键部位,一定要经过检查合格,作好原始记录,办理签证手续,才能进入下一道工序。

(2)发生质量事故要按有关规定及时上报,对重大事故要查清发生原因,提出防范措施,开展质量教育;对因工作失职或违反操作规程造成质量事故的直接责任人,要根据情节,赔偿经济损失或追究责任。甲方代表应向本企业技术负责人及时报告,并联系有关部门,配合专业维修施工企业认真查处。

(3)修缮工程的质量检验与评定按《房屋修缮工程质量检验评定标准》执行。

(4)对已交验的工程要实行质量回访,按合同规定负责保修;在保修期内,因施工原因而造成的返工,不另收费用。

2.房屋修缮质量管理的内容

根据《房屋修缮工程施工管理规定(试行)》《房屋修缮技术管理规定》的规定,房屋修缮质量管理内容主要有:

(1)专业维修施工企业在工程隐蔽前要通知物业服务企业验签。否则,不得掩埋。专业维修施工企业若不通知并未经物业服务企业验签而自行掩埋隐蔽工程造成损失时,专业维修施工企业应负直接责任;物业服务企业在接到专业维修施工企业通知后,不按规定期限验签而造成损失时,物业服务企业应负直接责任。

(2)若修缮设计或修缮方案与现场实际有出入,或因施工技术条件、材料规格、质量等不能满足要求时,专业维修施工企业应及早提出,经制订修缮方案或进行修缮设计的单位同意签证并发给变更通知书以后,方可变更施工。

从修缮工程特点出发,凡不改变原修缮设计或修缮方案(结构不降低)和不提高使用功能及用料标准的条件下,在征得甲方代表同意鉴证后,可酌情增减变更项目,其允许幅度为:大中修和综合维修工程在预(概)算造价10%以内;翻修工程在预(概)算造价5%以内。

(3)设计、方案、图纸和说明经审确定后,不得任意修改。在施工过程中,如发现差错,或因施工条件、材料规格、品种、质量不能完全满足要求时,必须严格执行技术核定和设计变更签证制度,并均应具有文字记录,归入工程技术档案,作为工程验收的依据。

(4)对材料、成品、半成品的检验。凡有出厂证明或检验报告单的,原则上不需检验,但对性能容易变化,或由于运输影响、储藏过期可能变质的,仍须经过检验,在确认合格后方能使用;凡现浇混凝土结构、预制构件、砌筑砂浆必须按规定作试块检验;对成品、半成品要严加检验,不合格的,预制加工单位不准出厂,修缮施工单位不准使用;要充分利用旧料,但必须满足工程质量的要求。

(5)各种试验、检验、测量仪器和量具等,必须做好定期和使用前的检修、校验工作。

(6)房屋的各种附属设备在安装前必须检查、测试,作出记录,妥善保管。

3.房屋修缮工程验收

房屋修缮工程竣工交验必须符合房屋修缮工程竣工交验的条件和质量评定标准,才能通知有关部门进行竣工验收。合格签证后才能交付使用。

(1)房屋修缮工程交验的标准是符合修缮设计或修缮方案的要求,满足合同的规定;符合《房屋修缮工程质量检验评定标准》,凡不符合的,应进行返修直到符合规定的标准;技术资料和原始记录齐全、完整准确、窗明、地净、路通、场地清,具备使用条件;水、暖、卫、气、电等设备调试运行正常,烟道、沟管畅通。

各种技术资料有:

①专业维修施工企业应根据各地城市建设的档案管理的有关规定,对施工技术资料进行分类整理,装订成册。一部分资料移交物业服务企业,一部分资料自留归档。

②竣工图整理。凡按图施工的工程应以原有施工图作竣工图,工程变更不大的可利用原有施工图修正即可,对于变更较大的工程,必须重新绘制竣工图。竣工图必须加盖竣工图签,经复核无误,施工负责人签字后方能归档。

(2)房屋修缮工程验收的依据主要是:①项目批准文件;②工程合同;③维修设计图纸或维修方案说明;④工程变更通知书;⑤技术交底记录或纪要;⑥隐蔽工程验收记录;⑦材料、构件检验及设备调试等资料。

(3)维修工程质量交验标准是维修工程的分项、分部工程必须达到《房屋修缮工程质量检验评定标准》中规定的合格标准和合同规定的质量要求;维修工程中的主要项目,如钢筋强度、水泥标号、混凝土工程和砌筑砂浆等,均应符合《房屋修缮工程质量检验评定标准》中规定的全部要求;观感质量评定得分合格率不低于95%。

(4)一般大、中、翻修工程竣工交验标准是必须达到维修方案的全部要求,并完成合同规定的各项维修内容;维修工程的施工文件和技术资料准备齐全,装订成册;维修的分部、分项工程必须达到《房屋修缮工程质量检验评定标准》所规定的合格标准;观感质量评定得分合格率不低于95%。维修单位通过自检达到以上条件和标准后,才能通知房屋管理机构进行竣工交验。

(5)房屋修缮工程验收的组织。物业服务企业在接到专业维修施工企业验收通知后,应及时组织设计或方案制订人员、甲方代表、房屋管理技术负责人及专业维修施工企业进行交工验收。因施工质量不合格需返工时,应限期修复,经复验合格办理验收签证。工程检验合格,应评定质量等级,并由物业服务企业签证;凡不符合质量标准的,应返工,返工合格后给签证。

在房屋修缮工程验收时,还应签订保修协议。房屋修缮工程保修期限一般为大、中修工程半年,翻修工程为1年。

【案例 8-4】

户内维修责任应由谁来承担

赵四买了一套商品房,住进去后,各项设施使用和运行状况良好。但两年后,赵四发现卫生间的水龙头开始出现漏水现象。由于滴漏并不严重,并没有引起赵四一家足够的注意。直到有一天他妻子发现紧邻卫生间的卧室墙面已经被水浸了,墙身发霉,乳胶漆剥落。赵四来到物业管理处,要求管理处无偿为其维修水龙头及墙身。那么,赵四要物业服务企业来承担维修的要求合理吗?

案例评析

赵四的要求并不合理。

首先,根据《中华人民共和国物权法》第八十二条、《物业管理条例》第二条、《物业服务收费管理办法》第十一条有关规定,物业管理是对业主共有部分的管理,业主的专有部分不是物业管理的对象。根据《住宅专项维修资金管理办法》第三条规定,赵四卫生间的水龙头及墙身不属于房屋建筑共有部分,是他的专有部分。在《物业服务合同》中一般都明确规定,业主委托给物业服务企业的,是房屋建筑共有部位和共用设施设备的维修、养护和管理,业主和使用人单元内的维修不属于房屋建筑的共有部位或共用设施设备,因此其维修不应由物业服务企业来承担。

其次,按照《房屋建筑工程质量保修办法》第七条规定,在正常使用下,给排水管道的最低保修期为2年。赵四在使用2年后发现水龙头漏水,已经过了保修期,水龙头也应自行维修更换。

所以,赵四家的水龙头及墙身应该自行维修,不能要求管理处无偿为其维修水龙头及墙身。如果业主和使用人不能自行维修,物业服务企业可以为业主和使用人提供有偿的维修服务。

学习单元五　物业安全管理法律制度

一、物业安全管理概述

1.物业安全管理的概念

物业安全管理指物业服务公司采取各种措施、手段,保证业主和业主使用人的人身、财产安全,维持正常生活和工作秩序的一种管理行为,这也是物业管理工作最基础的工作之一。物业安全管理包括"防"与"保"两个方面:"防"是预防灾害性、伤害性事故发生;"保"是通过各种措施对万一发生的事故进行妥善处理。"防"是防灾,"保"是减灾。两者相辅相成,缺一不可。

物业安全管理作为一项职业性的服务工作,是介入公安机关职责和社会自我防范之间的一种专业保安工作,较之于社会治安管理的这两种形式(公安机关和社会自我防范)具有补充的性质,具有补充国家安全警力不足、减轻国家财政负担及工作职责范围针对性的优点。

物业安全管理的目的,是要保证和维持业主和使用者有一个安全舒适的工作、生活环境,以提高生活质量和工作效率。

2.物业安全管理的内容

物业安全管理的主要内容包括治安管理、消防管理以及车辆道路管理3个方面。

(1)治安管理。

①对物业区域内违反《中华人民共和国治安管理处罚法》的行为进行制止,并报公安机关处理。如非法携带枪支弹药、非法侵入他人住宅,偷盗他人财物等。

②对于物业区域内妨碍他人正常生活的行为进行禁止。如发出噪音、污染,乱扔杂物,搭建各类违章建筑、流动摊贩扰民等。

(2)消防管理。其内容主要是预防和控制火灾的发生,如防火安全宣传,及时扑灭火灾,消防器材的保养和维修等。

(3)车辆交通管理。主要是搞好车辆停放和交通安全管理,保证车辆和行人的安全。

3.物业安全管理的原则

物业安全管理的主要指导思想是贯彻"预防为主"的原则,建立健全完备的组织机构,选用先进的设备设施,选派有责任心和专业技能的人员,最大限度地杜绝或减少各类事件的发生。各类事件发生时,要根据预案统一指挥、统一组织,采取有效手段和措施,将人员伤亡和经济损失控制在最低点。

物业安全管理的原则是:

(1)思想落实的原则。即安全第一,物业服务企业要加强学习和宣传教育,使员工、业主和使用人能从思想上真正重视起物业安全管理,懂得规定和要求,自觉遵守,主动配合,共同搞好物业安全管理工作。

(2)组织落实的原则。物业服务企业要建立物业安全管理机构,负责物业安全管理的具体领导、组织和协调,各部门分工要具体明确。

(3)人员落实的原则。物业服务企业要安排主要领导负责物业安全管理工作,选派得力人员具体负责,配备足够的经过专业岗位培训的具体岗位人员。

（4）制度落实的原则。物业服务企业要根据国家的有关政策法规、规定和要求,结合自己所管物业的实际情况,制定出切实可行的安全管理的制度和办法,并坚决组织贯彻执行。

（5）装备落实的原则。要配备专门的、现代化的安全管理设备设施,以增强安全管理的安全系数与效率,为业主和使用人的人身和财产的安全创造良好环境。

二、物业安全管理法律规定

目前,我国在物业安全管理方面还没有专门的规定和标准,但各地房地产主管部门、物业服务企业在物业安全管理实践中,主要根据《中华人民共和国治安管理处罚法》、《中华人民共和国突发事件应对法》、《中华人民共和国消防法》、《中华人民共和国道路交通安全法》、国务院颁布的《城市市容和环境卫生管理条例》以及公安部颁布的《机关、团体、企业、事业单位消防安全管理规定》和《建筑工程消防监督审核管理规定》等制定物业安全管理制度,规范物业安全管理行为。

1.物业治安管理法律规定

根据《中华人民共和国治安管理处罚法》,物业服务企业在进行物业秩序维护管理时,针对以下情况,应配合社区组织、公安机关等部门,积极进行劝阻,控制事态并履行报告义务。

（1）醉酒的人在醉酒状态中,对本人有危险或者对他人的人身、财产或者公共安全有威胁的,应当对其采取保护性措施约束至酒醒。

（2）扰乱机关、团体、企业、事业单位秩序,致使工作、生产、营业、医疗、教学、科研不能正常进行的行为。

（3）破坏依法进行的选举秩序的行为。

（4）散布谣言,谎报险情、疫情、警情或者以其他方法故意扰乱公共秩序的行为。

（5）投放虚假的爆炸性、毒害性、放射性、腐蚀性物质或者传染病病原体等危险物质扰乱公共秩序的行为。

（6）扬言实施放火、爆炸、投放危险物质扰乱公共秩序的行为。

（7）结伙斗殴、伤害他人的行为。

（8）追逐、拦截他人的行为。

（9）强拿硬要或者任意损毁、占用公私财物的行为。

（10）其他寻衅滋事行为的行为。

（11）未经批准,安装、使用电网的,或者安装、使用电网不符合安全规定的的行为。

（12）在车辆、行人通行的地方施工,对沟井坎穴不设覆盖物、防围和警示标志的,或者故意损毁、移动覆盖物、防围和警示标志的行为。

（13）盗窃、损毁路面井盖、照明等公共设施的行为。

（14）猥亵他人;猥亵智力残疾人、精神病人、不满十四周岁的人的行为;在公共场所故意裸露身体,情节恶劣的行为。

（15）在公共场所停放尸体或者因停放尸体影响他人正常生活、工作秩序,不听劝阻的行为。

（16）在公共场所拉客招嫖的行为;引诱、容留、介绍他人卖淫的。

（17）饲养动物,干扰他人正常生活的行为;放任动物恐吓他人的行为;驱使动物伤害他人的行为。

2.物业消防管理法律规定

根据《机关、团体、企业、事业单位消防安全管理规定》和《建筑工程消防监督审核管理规定》,物业服务企业在进行物业消防管理时,针对以下情况,应配合消防部门,积极进行劝阻,履行下列消防安全职责。

(1)制定消防安全制度、消防安全操作规程。

(2)实行防火安全责任制,确定本单位和所属各部门、岗位的消防安全责任人,落实建筑消防设施的管理和值班人员。

(3)对员工、业主和使用人进行消防宣传教育。

(4)组织防火检查,及时消除火灾隐患。

(5)按照国家有关规定配置消防设施和器材,设置消防安全疏散标志。

(6)保障公共消防设施、器材以及消防安全标志完好有效。

(7)保障疏散通道、安全出口畅通,消防车通道畅通。

(8)建立消防档案,确定消防安全重点部位,设置防火标志,实行严格管理。

(9)制定灭火和应急疏散预案,定期组织消防演练。

(10)监督施工现场防火安全情况,对使用明火作业的,应当按照规定事先办理审批。

(11)进行电焊、气焊等具有火灾危险的作业的人员和自动消防系统的操作人员,必须持证上岗,并严格遵守消防安全操作规程。

(12)发现火灾时,立即报警。组织力量扑救火灾,引导疏散在场群众。

(13)提请业主和使用人改建、扩建、建筑内部装修以及用途变更工程项目时,将消防设计图纸和资料送公安消防监督机构审核。经审核批准后,方可开工兴建。

(14)提请业主和使用人改建、扩建、建筑内部装修以及用途变更工程项目完成时,待公安消防监督机构对建筑工程消防验收后才能入住使用。

【案例8-5】

2016年5月26日,某工业园管理处当值安全员李某巡逻至7#员工宿舍时,突然发现5#宿舍601员工宿舍有浓烟从窗户向外冒出,李某敏感地意识到601室已发生火警(注:宿舍所属单位员工于上午集体外出活动),在这紧急关头,刻不容缓,李某即刻用对讲通知四号巡逻岗,同时快速冲向宿舍提取灭火器赶赴事发现场。四号巡逻岗在得到火警信息后,第一时间启动大门岗警铃,并用对讲通知各岗位,3分钟后,各班组人员按照管理处《义务消防队作战方案》相关流程执行,在总指挥的指挥下,全面展开灭火救援工作,在各班组通力协作下于45分后将火源扑灭。

事后,经管理处技术人员对火灾现场进行查看,初步查明引起此次火灾事故的主要原因是员工外出时未拔掉放在床铺上的小型录音机的变压器电源,变压器带电长时间工作造成线圈绝缘击穿,导致短路燃烧,继而引起床铺易燃品起火而波及周边床铺等。

本案应注意的两个问题:

(1)《中华人民共和国消防法》第四十四条明确规定任何人发现火灾时,都应当立即报警。任何单位、个人都应当无偿为报警提供便利,不得阻拦报警。严禁谎报火警。人员密集场所发生火灾,该场所的现场工作人员应当立即组织、引导在场人员疏散。任何单位发生火灾,必须立即组织力量扑救。邻近单位应当给予支援。消防队接到火警后,必须立即赶赴火场,救助遇险人员,排除险情,扑灭火灾。我国法规明文规定了在火警确认为火灾后的处理应是在第一时间报警,本案例中是物业公司竭尽全力完成灭火。但是如果在无法扑灭火灾的情况下才拨打119,事实上这样做风险太大。一是即使将火灾扑灭,物业公司投入大量的人力物力不说,如果方法不当,速度太慢,加大了损失;二是若不能及时将火扑灭,此时拨打119,延误了最佳灭火时间,消防部门将会追究物业服务公司管理不当的责任。这是本案应该注意的要点之一。

(2)另外一个关键点就是在火灾扑灭后,需要鉴定火灾事故的火灾原因和损失的时候,《中华人民共和国消防法》第五十一条规定,火灾扑灭后,公安机关消防机构有权根据需要封闭火灾现场,负责调查火灾原因,统计火灾损失。

火灾扑灭后,发生火灾的单位和相关人员应当按照公安机关消防机构的要求保护现场,接受事故调查,如实提供与火灾有关的情况。在本案处理过程中,该物业公司应按照消防法之规定请公安消防机构负责调查、核定,查明事故责任而不是由物业公司技术人员来确认。

启示与思考

(1)当上述类型事件发生前,物业公司要按照国家以及当地政府的法规明确消防设施等行业管理部门与物业公司之间应该维护或者管理服务的界限。对与属于物业公司管理服务范围的严格按照法规规定以及物业管理服务合同约定履行义务。

(2)当上述类型事件发生时。物业公司要根据国家规定以及按照符合国家规定制订预案并在已经确认为火灾发生时按照预案开展工作;同时我们在火灾整个救助过程要符合相关法规,既不能不作为而引起违约,也不能充当公安消防机构履行公安消防机构的法定责任;在处理此类案件过程中特别要注意员工安全的保护。

(3)当上述类型事件发生后,物业公司应配合公安消防机构保护现场,火灾因各类责任问题需要鉴定的,应根据国家消防法的规定由公安消防部门以及政府组织调查,认定火灾原因,核定火灾损失,查明火灾事故责任。

(4)物业公司还应按照消防预案组织消防演习保证预案启动后的运行质量,加强员工培训,提高消防意识和消防技能,加大园区消防安全宣传,促进业主对日常生活中消防安全注意事项的关注。对于消防隐患要及时地处理,消防设施设备由物业公司负责维护的应制订日常维保计划,并在消防演习中启动保证运行良好,同时建议也可以以消防安全为专业分类,制订消防安全的管理方案。

3.物业车辆交通管理法律规定

根据《中华人民共和国道路交通安全法》《停车场建设和管理暂行规定》《停车场规划设计规则(试行)》等相关规定,物业服务企业在进行物业车辆道路管理时,应履行职责,使道路交通、停车场等具备一定的基础条件,并进行管理服务。

(1)居住区的道路应满足消防、救护等车辆的通行要求。

(2)居住区内道路可分为:居住区道路、小区路、组团路和宅间小路。其道路宽度,应符合下列规定:

①居住区道路:红线宽度不宜小于20m。

②小区路:路面宽6～9m,建筑控制线之间的宽度,需敷设供热管线的不宜小于14m;无供热管线的不宜小于10m。

③组团路:路面宽3～5m;建筑控制线之间的宽度,需敷设供热管线的不宜小于10m;无供热管线的不宜小于8m。

④宅间小路:路面宽不宜小于2.5m。

⑤在多雪地区,居住区的道路应考虑堆积清扫道路积雪的面积,道路宽度可酌情放宽,但应符合当地城市规划行政主管部门的有关规定。

(3)居住区的道路路面较窄,应安排必要的排水边沟和会车位。

(4)居住区的道路车行与人行宜分开设置自成系统。

(5)居住区的主要道路至少应有两个出入口;居住区内主要道路至少应有两个方向与外围道路相连;机动车道对外出入口间距不应小于150m。沿街建筑物长度超过150m时,应设不小于4m×4m的消防车通道。人行出口间距不宜超过80m,当建筑物长度超过80m时,应在底层加设人行通道。

(6)居住区内道路与城市道路相接时,其交角不宜小于75°;当居住区内道路坡度较大时,应设缓冲段与城市道路相接。

(7)进入居住区的道路,既应方便居民出行和利于消防车、救护车的通行,又应维护院落的完整性和利于治安保卫。

(8)在居住区内公共活动中心,应设置为残疾人通行的无障碍通道。通行轮椅车的坡道宽度不应小于2.5m,纵坡不应大于2.5%。

(9)当居住区内用地坡度大于8%时,应辅以梯步解决竖向交通,并宜在梯步旁附设推行自行车的坡道。

(10)在多雪严寒的山坡地区,居住区内道路路面应考虑防滑措施;在地震设防地区,居住区内的主要道路,宜采用柔性路面。

(11)当公共交通线路引入居住区级道路时,应减少交通噪声对居民的干扰。

(12)居住区内必须配套设置居民汽车(含通勤车)停车场、停车库,并应符合下列规定:

①居民停车场、库的布置应方便居民使用,服务半径不宜大于150m;

②居民停车场、库的布置应留有必要的发展余地。

(13)机动车停车场内必须按照国家标准《道路交通标志和标线》(GB 5768—2009)设置交通标志,施划交通标线。

(14)机动车停车场的出入口应有良好的视野。出入口距离人行过街天桥、地道和桥梁、隧道引道须大于50m;距离交叉路口须大于80m。

(15)机动车停车场车位指标大于50个时,出入口不得少于2个;大于500个时,出入口不得少于3个。出入口之间的净距须大于10m,出入口宽度不得小于7m。

(16)需要利用街道、公共广场作为临时停车场地的,应征得业主委员会的同意。

(17)车辆进入居住区,应减速行驶,不得鸣笛。

(18)所有车辆必须按指定地点停放。

(19)外来车辆和临时进入车辆经许可后,才能进入临时车位停放。

(20)2.5吨以上货车或大客车不允许进入居住区乱停乱放。

(21)装有易燃、易爆、剧毒或污染品车辆不准进入居住区。

(22)不准在居住区道路学习驾车、试车。

学习单元六　物业环境管理法津制度

一、物业环境管理概述

(一)物业环境管理的概念

物业环境管理,是指物业服务企业通过制度建设、业务操作、检查监督和宣传教育等工作,在物业管理辖区内清洁、绿化生产和生活环境,控制业主和使用人损害环境质量、破坏自然资源的行为,使物业区域的环境得到经常性的净化、美化和绿化,为业主和使用人提供整洁、舒适、美化的居住和工作环境的管理活动。

(二)物业环境管理的内容

1.物业保洁管理

物业保洁管理是物业管理的一部分,主要是指对于物业管理范围内,环境、办公、居住等卫生环境的管理和维护工作的计划、执行、跟踪,对于相关人力、资源、物资和时间的有效管理和支配。物业服务公司通过宣传教育、监督治理和日常保洁工作,保护物业区域环境,防止环境污染,定时定点定人进行垃圾的分类、收集、处理和清运,通过清扫、擦拭、整理等专业性操作,维护辖区所有公共地方、公共部位的清理卫生,保持环境整洁,提高环境效益。

(1)保洁管理的内容。

①辖区内所有公共场地的清洁。它包括物业管理辖区内楼宇、住宅从顶楼到底层共用场地的清洁;垃圾的收集和清运;内共用雨污水管道的疏通;雨、污水井的检查;化粪池的检查、清掏;二次供水箱的检查、清洗等。

②强化环境卫生管理。它包括对乱丢垃圾,从楼上往下乱扔废物、杂物,废旧物品侵占共用场地,乱涂、乱画、乱张贴,污水、烟尘产生,垃圾堵塞下水道等现象大力劝阻、制止等。

③清理物业内违章搭建建筑。

④清洁卫生方面知识的宣传。

⑤物业管理辖区内市政公用设施的管理。

⑥其他有关环境清洁卫生管理的内容。

(2)保洁管理的原则。

①扫防结合,以防为主。"扫"和"防"是保持环境整洁的两个方面,"扫"是指清扫,"防"是指防治。搞好清洁卫生,首先要清扫干净,要保持下去就要靠防治。通过管理服务,纠正业主和使用人的卫生习惯,防止脏乱差现象发生。

②依法依规严格管理。在实施物业管理之初,企业就要与业主就保持的有关事项签订有关的规定和协议,对区域内的保洁提出切实可行的措施和规章,而且要求全体业主共同遵守。这些规定规范是业主和物业服务公司双方的行为准则,并通过长期的宣传教育达到深入人心。

③责任明确,分工具体。保洁本身是一个很烦琐的工作,而且工作的时间长,内容多,在管理的过程中,要保证各个环节的良好衔接,防止出现卫生区空白,要周密安排每个岗位和明确岗位职责、责任人,才能保持良好的卫生状况。

（3）保洁管理的范围。

①公共地方的保洁。这是一个平面的概念，即指物业区域内，楼宇前后左右的公共地方，包括道路、广场、空地、绿地等的清扫保洁。

②共用部位的保洁。这是一个垂直的概念，即指楼宇地层到顶层屋面上下空间的共用部位，包括楼梯、走道、电梯间、大厅、平台等的清扫保洁。

③生活垃圾的处理。这是指日常生活垃圾（包括装修垃圾）的分类收集、处理和清运。要求和督促业主和使用人按规定的地点、时间和要求，将日常垃圾倒入专用容器或者指定的垃圾收集点，不得擅自乱倒。

2.物业绿化管理

物业绿化管理包括绿地建设和绿化养护管理。

绿地建设包括新建小区绿地建设、恢复整顿绿地和提高绿地级别三方面的内容。这其中物业服务企业经常承担的是恢复整顿绿地和提高绿地级别。恢复整顿绿地主要是对原有绿地因自然或人为因素严重损坏部分进行整治和修复工作。提高绿地级别就是对原有绿地进行全面升级改造。

绿化养护管理主要是指物业服务企业经常性地对物业管理辖区内的绿地进行浇水、施肥、除草、灭虫、修剪、松土、围护等活动，以及巡视检查、保护绿地等一系列管理活动。这是物业服务企业物业绿化管理最经常性的基本工作，是物业绿化管理的工作重点。

（1）绿化管理的原则。

①生态效益的原则。绿色植物对生态的平衡具有不可替代的作用，生态效益是绿化的最直接的效益。绿化能够创造一个局部的生物多样化环境。它不仅提高绿量，而且水质、空气、声音、土壤、局部气候等都会明显改善，生态环境将得到完善的协调。

②生命效益的原则。绿化能够使人松弛神经，恢复疲惫的身心，减少由各种污染引起的疾病，还能提供高质量的休闲，有利于保护人民身心健康。

③美学效益的原则。绿色植物能将分散的建筑统一起来，使建筑物刚硬的线条变得柔和，使整个建筑群色彩丰富起来，不仅富于生态特色，富于人性色彩，而且符合美的原则。

④经济效益的原则。创造一定的条件，种植既能产生比较大的绿量又具有可观经济价值的果树、桑树、木本油科植物，甚至种植蔬菜、花卉和珍贵药用植物，发展无土农业，能创造可观的直接经济效益。

（2）绿化管理的内容。

物业绿化管理的内容包括对绿化植物及园林小品等进行养护管理、保洁、更新、修缮，使其达到改善、美化环境，保持环境生态系统的良性循环的效果。物业绿化管理除了日常绿化养护管理工作外，还包括绿化翻新改造、花木种植、环境布置、绿化有偿服务等工作。

①日常管理。绿化的日常管理包括浇水、修剪造型、施肥、中耕除草、病虫害防治、绿化保洁等。另外，日常管理中还包括园林建筑及园林小品维护、绿化标识制作、园林观赏鱼喂养等。根据不同地点的园林，室内绿化与室外绿化的质量要求及环境条件各不相同，日常管理也有比较大的差别。

②翻新改造。绿化翻新改造内容包括草坪翻新与补植、绿篱翻新补植、林下绿地改造、园林建筑小品翻新、花坛植物更换等。另外，对于一些用时令花卉摆设的花坛也应根据不同时期及节庆要求及时进行更换翻新。

③花木种植。花木种植包括苗圃花木种植及工程苗木种植。苗圃花木种植是物业服务企业为了方便绿化管理而自建花木生产基地,用于时令花卉栽培、苗木繁殖及花木复壮养护等。花场花木种植工作包括时令花卉栽培、阴生植物繁殖与栽培、苗木繁殖、撤出花木复壮养护、盆景制作等。工程苗木种植是指在绿化工程施工中按设计要求栽种绿化苗木。

④环境布置。环境布置是指节假日或喜庆等特殊场合对小区公共区域或会议场所等进行花木装饰等布置。

⑤绿化有偿服务。绿化有偿服务是利用物业服务企业所拥有的园林绿化专业人才开展针对业主、物业使用人甚至是物业管理区域外其他单位的绿化有偿服务。此服务既可方便客户,充分利用资源,又可增加收入。绿化有偿服务包括园林设计施工,绿化代管,花木出租出售,花艺装饰服务,插花及开办盆景培训班、花卉知识培训班等。

3.物业环境污染管理

物业环境污染管理是指物业服务企业通过控制业主和使用人损害环境质量、破坏自然资源的行为,调控业主和使用人与环境的关系,使物业管理辖区环境得到有效保护的一系列管理活动。

(1)物业环境污染管理的原则。

①以防为主、防治结合的原则。加强管理,控制污染源,防止新污染,并对已经发生的污染采取有效的措施进行治理。

②专业管理与业主和使用人自觉维护相结合的原则。业主和使用人有享受良好环境的权利,也有保护环境的义务。因此,要力求做到管理者与业主和使用人的相互调适。

③环境保护与资源利用相结合的原则。高效地利用资源和资源的再利用是保护环境的有效途径。

④污染者要承担相应责任的原则。只有让污染者承担治理责任、损害补偿责任等法律责任,才能更好地保护环境。

(2)物业环境污染管理的内容。

①大气污染管理。大气污染指人类活动向大气排放的各种有毒、有害气体及尘烟等污染物。

②水体污染管理。水体污染指人类活动使污染物直接或间接地排入水体;水体中滋生的有害微生物。

③固体废弃物污染管理。固体废弃物指人类活动所产生的不再需要而丢弃的固体、半固体或泥态物质。

④噪声污染管理。噪声指人类活动超过国家规定分贝标准的声音,主要有交通噪声、生产噪声和生活噪声三种。

⑤电磁波污染管理。电磁波污染指人类活动中因电器、电信等具有强大电磁波造成的污染。

二、物业环境管理法律规定和标准

(一)物业保洁管理规定和标准

多数物业服务企业采用的环境清洁卫生基本标准包括以下几方面:

(1)"五定"。即清洁卫生工作要做到定人、定地点、定时间、定任务、定质量。

(2)"六不""七净"。道路每天打扫2遍,每日保洁,达到"六不""七净"标准。"六不",即不见积水、不见积土、不见杂物、不漏收堆、不乱倒垃圾和不见人畜粪;"七净",即路面净、路沿净、人行道净、雨水净、树坑净、墙根净和废物箱净。

(3)垃圾清运及时。要采用设立垃圾桶、实行袋装垃圾的办法集中收集垃圾,当日垃圾当日清除。

(二)物业绿化管理规定和标准

各地园林主管部门、物业服务企业一般将绿化管理养护质量标准分为三级。

1.一级养护管理质量标准

①树木生长旺盛、健壮,根据植物生长习性,合理修剪整形,保持树形整齐优美,骨架均匀,树干通直。

②树木养护穴、花池、绿化带以及沿街绿地无杂草、无污物杂物,无积水,清洁卫生。

③行道树无缺株,无死树、枯枝。

④树木基本无病虫害明显症状,病虫危害能有效控制,无药害。

⑤无人为损害,无乱贴乱画乱钉乱挂乱堆乱放的现象。

⑥新植、补植行道树成活率达95%以上,保存率达98%以上。

⑦绿篱生长旺盛,修剪整齐、合理、无死株、断垄,无明显病虫害症状。

⑧草坪生长旺盛,保持青绿、平整、无杂草。高度控制在8cm左右,无裸露地面,无成片枯黄。枯黄面控制在1.5%以内。

⑨花坛、花带、花台植物生长健壮,花大艳丽,整齐有序,花期一致,开花整齐、均匀。

2.二级养护管理质量标准

①树木生长旺盛,根据植物生长习性,修剪基本合理,树形整齐美观,骨架基本均匀,树干基本通直。

②树木养护穴、花池、绿化带以及沿街绿地基本无杂草、无污物杂物,无积水,基本清洁。

③行道树无缺株,无死树、无明显枯枝。

④树木无明显病虫害严重症状,病虫危害能有效控制,无药害。

⑤无明显人为损害,无乱贴乱画、无悬挂物等现象。

⑥新植、补植行道树成活率达90%以上,保存率达98%以上。

⑦绿篱生长旺盛,修剪整齐、合理、无死株、无明显断垄,无严重病虫害症状。

⑧草坪生长旺盛、常绿。无杂草丛生,定期修剪,草高控制在8～10cm左右,无明显裸露地面,无成片枯黄。枯黄面控制在2%以内。

⑨花坛、花带定期更新,花大叶绿,及时摘除残花败叶。

3.三级养护管理质量标准

①树木生长旺盛,根据植物生长习性,修剪基本合理,树形整齐美观,骨架基本均匀,树干较通直。

②树木养护穴、花池、绿化带以及沿街绿地无杂草,无污物杂物,无积水,较清洁。

③树木基本无明显病虫害严重症状,病虫害能有效控制,无药害。

④基本无明显人为损害,无乱贴乱画、无悬挂物等现象。

⑤新植、补植行道树成活率达85%以上,保存率达95%以上。

【案例8-6】

某花园小区的园林设计曾得过景观设计大奖。但入住一年多后,业主、物业使用人为抄近路,在绿化带走出几条小道,尽管物业管理项目机构多次补种,并在小道入口处增设了爱护绿化警示标识牌及护栏,但依然收效甚微。后物业管理项目机构经过分析,了解到业主抄近道是因为原设计园路不合理,不便于业主出行。发现此问题后,物业管理项目机构采取了"疏"的方法,在已踩出"路"地面铺设石板路径,既方便了业主物业使用人,又保护了园林景观。

案例评析

小区园林设计与公园园林设计不同之处在于其十分强调"实用"。小区园林的用户是相对固定的,其活动方向也是基本固定的,在设计时必须首先考虑"方便""实用",然后才是美观。物业公司在前期介入时必须注意园林的园路分布及园林功能的合理性,提前请建设单位做好安排,避免给日后的使用带来不便。

(三)物业环境污染管理法律规定

目前,物业环境污染管理在我国还没有专门的规定和标准,但各地物业服务企业结合物业环境污染管理实际,根据《中华人民共和国环境保护法》《中华人民共和国大气污染防治法》《中华人民共和国水污染防治法》《中华人民共和国固体废物环境污染防治法》《中华人民共和国噪声污染防治法》《声环境质量标准》等,开展环境污染管理工作。

1.大气污染管理

根据《中华人民共和国大气污染防治法》,物业服务企业在物业管理辖区内,应加强以下几方面的管理:

(1)存放煤炭、煤矸石、煤渣、煤灰、砂石、灰土等物料,必须采取防燃、防尘措施,防止污染大气。

(2)向大气排放粉尘的排污单位,必须采取除尘措施。

(3)禁止焚烧沥青、油毡、橡胶、塑料、皮革、垃圾以及其他产生有毒有害烟尘和恶臭气体的物质。

(4)禁止露天焚烧秸秆、落叶等产生烟尘污染的物质。

(5)运输、装卸、贮存能够散发有毒有害气体或者粉尘物质的,必须采取密闭措施或者其他防护措施。

(6)饮食服务业的经营者必须采取措施防止油烟对附近居民的居住环境造成污染。

2.水体污染管理

根据《中华人民共和国水污染防治法》,物业服务企业在物业管理辖区内,应加强以下几方面的管理:

(1)禁止向水体排放油类、酸液、碱液或者剧毒废液。

(2)禁止在水体清洗装贮过油类或者有毒污染物的车辆和容器。

(3)含病原体的污水应当经过消毒处理;符合国家有关标准后,方可排放。

(4)禁止向水体排放、倾倒工业废渣、城镇垃圾和其他废弃物。

(5)在饮用水水源保护区内,禁止设置排污口。

(6)禁止在饮用水水源一级保护区内从事网箱养殖、旅游、游泳、垂钓或者其他可能污染饮用水水体的活动。

(7)制订有关水污染事故的应急方案,作好应急准备,并定期进行演练。

3.固体废弃物污染管理

根据《中华人民共和国固体废弃物环境污染防治法》,物业服务企业在物业管理辖区内,应加强以下几方面的管理:

(1)采取措施防止或者减少固体废物对环境的污染。

(2)禁止焚烧秸秆。

(3)生活垃圾在指定的地点放置,不得随意倾倒、抛撒或者堆放。

(4)生活垃圾应当及时清运,逐步做到分类收集和运输,并积极开展合理利用和实施无害化处置。

4.噪声污染管理

根据《中华人民共和国噪声污染防治法》及《声环境质量标准》,物业服务企业在物业管理辖区内,应加强以下几方面的管理:

(1)夜间抢修、抢险作业必须公告附近居民。

(2)机动车辆行驶必须按照规定使用声响装置。

(3)文化娱乐场所经营管理者必须采取有效措施,使其边界噪声不超过国家规定的环境噪声排放标准。

(4)禁止在商业经营活动中使用高音广播喇叭或者采用其他发出高噪声的方法招揽顾客。

(5)在商业经营活动中,经营管理者使用空调器、冷却塔等应当采取措施,使其边界噪声不超过国家规定的环境噪声排放标准。

(6)禁止任何单位、个人使用高音广播喇叭。

(7)组织娱乐、集会等活动,使用音响器材音量不能干扰周围生活环境。

(8)使用家用电器、乐器或者进行其他家庭室内娱乐活动时,应当控制音量或者采取其他有效措施,避免对周围居民造成环境噪声污染。

(9)在已竣工交付使用的住宅楼进行室内装修活动,应当限制作业时间,并采取其他有效措施,以减轻、避免对周围居民造成环境噪声污染。

【案例 8 - 7】

楼道内一摊积水没擦干,竟酿成了一场官司!家住武汉洪山区的王先生在下楼时被楼道内积水滑倒,股骨骨折。受伤的王先生一气之下将物业公司和清洁公司双双告上法庭,索赔58558元。法院认定,积水未干不属于清洁公司的责任,物业公司应独自承担赔偿责任34130.2元。

家住武汉洪山区新陶北街的王某 2017 年 2 月 18 日上午 10 时许从家中外出,当行至其住所二楼到一楼的楼梯时,王某突然脚下一滑,一头栽下楼梯,原来楼道内有一摊积水,路面湿滑。其家属迅速将其送至武汉大学附属医院急诊室检查,同月 19 日经确诊为闭合性左股骨颈骨折,遂住院进行手术。在住院期间,因病情需要王某家人为其雇请了一名护工,同年 3 月 20 日王某方才病愈出院。

为治病花去了大把费用的王某和家人愤懑不已,他们认为是小区的物业服务没有按照《物业服务合同》的约定搞好楼梯的清洁工作,致使小区内设施隐藏不安全因素。后经过调查,王某及其家人了解到小区的物业服务公司已将清洁工作承包给武汉市兴某清洁服务有限公司。因此王某要求物业和清洁公司对其遭受的身体及精神损失承担全部责任。赔偿包括精神损失费8000 元在内,共 58558 元。

近日,三方在洪山区法院接受法庭审理。庭上,小区物业公司称,清洁服务有限公司是当时的清洁施工方,理应是本案的直接责任人。而王某作为自身患有脑膜炎后遗症等疾病的残疾人,腿还没有恢复正常,在本案中自身存在过错。

法院通过调查了解到,作为诉讼第三人的清洁公司其职责为拖地等,不含冲水。而据当时情况判断,积水的形成超出清洁公司的责任范围。

另一方面,王某虽有脑膜炎后遗症,但经司法鉴定并不影响正常行走,故王某本身没有过错。最终,法院认定,王某的损害应由小区物业公司全部负责,判处赔偿护理费等共计34130.2元。王某的精神赔偿请求未得到支持。

知识链接

装修施工中的常见问题及处理

一、常见问题

(1)破坏承重墙。一般砖混结构的建筑物中,凡是预制板墙一律不能拆除或开门开窗;超过24cm以上的砖墙也属于承重墙。如果在承重墙上开门开窗,会破坏墙体的整体承重,这是不允许的。

(2)破坏墙体中的钢筋。如果把房屋结构比作人的身体的话,墙体中的钢筋就是人的筋骨。如果在埋设管线时将钢筋破坏,就会影响墙体和挡板的承受力,遇到地震,这样的楼板就容易坍塌或断裂。当然房间中的梁柱更是不能动的。

(3)拆除阳台边的配重墙。一般房间与阳台之间的墙上,都有一门一窗,这些门窗拆改问题不大,但窗以下的墙体是不能动的。这段墙叫"配重墙",它像秤砣一样起着挑起阳台的作用。拆改这墙体,会使阳台承重力下降,导致阳台下坠。

(4)改变阳台功能。通常是把没有防水要求的阳台更改为卫生间、厨房间或者封闭阳台,拆除阳台与厅之间的墙体,使之连成一厅房。这样的违章将造成:破坏外观的整体性,改变了排污、排水管道,加重阳台的负荷,造成下面漏水。

(5)破坏卫生间和厨房的防水层。这些地方的地面上都有防水层,所以在更换地面材料、重新安装卫生洁具等时,可能破坏防水层,导致楼下成"水帘洞"。重新修建防水层,必须作24小时渗水实验。实验合格才能重新使用。

(6)在管理实践中遇到的违章通病还有很多,简列如下:

①擅自开工。

②在承重墙上穿洞。

③不适当增加楼面静荷载,包括在室内砌墙、超负荷吊顶、安装大型灯具、铺设大理石地板等。

④任意刨凿、重击顶板、外墙内侧及排烟管道,不经穿管直接埋设电线或改线。

⑤破坏或者拆改厨房、厕所的地面防水层。

⑥使用不符合消防要求的装修材料。

⑦擅自改动燃气线路,安装燃气用具。

⑧空调机不按位置安装。

⑨随意改变窗台、窗框、玻璃、阳台、护栏、户门颜色、格调。

⑩随意改变阳台功能。

⑪随意封闭阳台,装防盗门、网。

⑫随意拆改墙体,改变房屋承重结构。

⑬在承重墙、梁、柱上穿孔、削薄、挖槽。

⑭私自增加线路负荷。

⑮改动上下水管道。

⑯破坏、占用公共绿篱、绿地。

⑰擅自占用公共通道、天台、屋面。

⑱擅自在室外加装灯、牌、广告等。

⑲堵塞地漏和封闭排水管道。

⑳擅自移动、堵塞消防设施,使用消防禁用品。

㉑擅自动火作业。

㉒随意丢弃装修垃圾,利用公共部位、场地加工装修材料。

㉓随意向窗外抛扔物品。

㉔未经许可随意用电梯运送装修材料(散装料和超长重料)。

㉕不按规定时间施工,制造噪音。

㉖不按规定配置灭火器。

㉗随意改装智能化系统等。

二、常见问题的处理

装修施工期间,发现违章装修的,应立即要求装修人停止违章装修,并视情况采取以下方式进行处理:

(1)批评教育,规劝改正(如不按规定时间施工等)。

(2)责令停工,出具违章整改通知单限期整改(如侵占公共场地等)。

(3)责令恢复原状(如在承重外墙面打洞)。

(4)扣留或没收工具。

(5)水电集中供应的,视情况暂停水电(如改变管线等)。

(6)要求赔偿损失或按规定罚没押金(如损坏电梯表面或其他公共设施等)。

(7)情况严重的,上报当地上级主管部门(如破坏房屋结构,拒不整改的等)。

资料来源:中国物业管理信息网(www.pmabc.com)。

情境小结

本情境主要介绍物业承接验收、装修管理、房屋修缮管理、物业设备设施管理、物业环境管理、物业安全管理等相关知识,其重点是装修管理、房屋修缮管理、物业设备设施管理、物业环境管理、物业安全管理的标准。

学习本情境,首先要了解房屋修缮管理、物业设备设施管理、物业环境管理、物业安全管理的概念和基本内容,而这其中容易混淆的是房屋修缮管理和物业设备设施管理,学习时一要弄清这两个管理的各自范围,二要弄清房屋结构的分类和物业设备设施的分类。

学习目标中要求熟知的内容,如物业设备设施的分类、房屋修缮工程的分类等,是把握本情境房屋修缮管理、物业设备设施管理知识的基础,具有一定的学习难度。学习中要注意结合相关课程,如房屋结构、房屋设备设施,观察身边的建筑状况,认真领会。

掌握房屋修缮管理、物业设备设施管理、物业环境管理、物业安全管理的标准,离不开前面要求了解、熟知的知识基础,结合校园生活环境中的具体事物和管理要求,掌握起来就会化难为易了。

学习检测

一、不定项选择题

1.《中华人民共和国环境保护法》规定,排放污染物超过国家或者地方规定的污染物排放标准的企业事业单位,依照国家规定(　　　)。

A.负责治理　　　B.申报登记　　　C.设立检测机构　　　D.缴纳超标排污费

2.《大气污染综合排放标准》规定,向大气排放污染物的,其污染物排放浓度不得超过国家和地方规定的排放标准,其中(　　　)。

A.氮氧化物污染最高允许排放浓度是 1700mg/m³

B.粉尘、烟尘最高允许排放浓度是 20mg/m³

C.二氧化硫污染最高允许排放浓度是 1200mg/m³

D.铅及其化合物的污染最高允许排放浓度是 0.9mg/m³

3.《住宅室内装饰装修管理办法》明确规定了(　　　)和有关主管部门违反有关规定的法律责任。

A.装饰装修企业　B.装修人　　　C.业主委员会　　　D.物业管理企业

4.《住宅室内装饰装修管理办法》规定,装修人不得有下列(　　　)行为。

A.改变住宅外立面　　　　　　B.拆改供暖管道和设施

C.搭建建筑物、构筑物　　　　D.拆改燃气管道和设施

5.《住宅室内装饰装修管理办法》规定,在住宅室内装饰装修活动中应禁止的行为有:(　　　)。

A.拆除连接阳台的混凝土墙体

B.将没有防水要求的房间或者阳台改为卫生间或厨房

C.扩大承重墙上原有的门窗尺寸

D.拆除连接阳台的砖墙

6.根据有关规定,房屋二次装修(　　　)。

A.不得影响邻里生活　　　　　B.不得影响毗连房屋的正常使用

C.不得将阳台改为厨房　　　　D.不得将卫生间蹲坑改为坐便

7.根据《房屋接管验收标准》,新建物业质量与使用功能主体结构的接管验收标准应达到(　　　)。

A.地基基础的沉降不得引起上部结构的开裂

B.房屋在公用部位设置屋面检修孔

C.木结构无蚁害

D.砖石结构没有明显裂缝

8.以下部门规章中,建设部已宣布废止的有(　　　)。

A.《城市房屋修缮管理规定》　　B.《建筑装饰装修管理规定》

C.《城市危险房屋管理规定》　　D.《城市公有房屋管理规定》

9.消防管理是商业场所物业管理的一项重点工作,应从以下(　　　)方面展开。

A.定期对消防设备设施进行检查维护,确保消防设备设施能随时起用

B.针对商业场所特点,完善各种消防标识配置,同时一定要保持标识的完整、清晰

C.通过有偿培训,使商业场所租户提高消防意识,熟悉灭火器等消防器材的使用方法

D.结合商业场所经营特点,指定消防员,定期或不定期地组织消防演习

10.《中华人民共和国环境保护法》规定,一切单位和个人都有保护环境的义务,并有权对污染和破坏环境的单位和个人进行(　　　　)。

A.检举　　　　　　B.控告　　　　　C.罚款　　　　　　D.处理

二、简答题

1.简述物业环境管理的概念和内容。

2.简述物业安全管理的概念和内容。

3.简述物业设备设施管理的概念和特点。

4.简述物业设备设施的分类。

5.简述房屋修缮管理的概念、范围和特点。

三、案例分析题

1.2017年7月28日夜,某项目M-401主卫阀门断裂,水大量外喷至客厅、卧室和走道。29日经过核实,业主约90平方米实木地板受到浸泡,损失约16000元。业主随即向物业服务公司提出赔偿要求,原因是7月24日物业服务中心技术员对该阀门进行过维修。

经了解,喷水原因是阀门与供水管道之间的铜接头断裂,24日该接头正是物业服务中心技术员为业主提供有偿维修服务时安装的,但该铜接头是业主自行购买的。物业服务中心技术人员认为喷水原因是铜接头质量问题,业主认为正是技术员安装不当造成铜接头断裂,业主要求经济赔偿。你认为该物业服务公司应该赔偿吗?

2.某小区的物业服务公司按规定打算清洗屋顶水箱,并向小区的业主委员会提出依据物价局的规定标准向业主收取有关费用开支。但业主委员会主任还是感到物业公司的收费太高,为节省开支,他决定自行在外找几名无任何健康证明的民工来清洗水箱。物业服务公司得知后表示反对。双方各持己见,相持不下。你认为物业服务公司的要求合理吗?

学习情境九
物业交易法律制度

学习目标

【知识目标】

1.了解房地产转让及房地产抵押的相关概念。

2.掌握房地产转让法律规定、房地产抵押法律规定。

3.了解房地产租赁的概念和基本内容;熟知地产租赁等法律规定;掌握租赁当事人的权利和义务、租赁登记的内容。

【技能目标】

1.具备进行物业租赁活动的技能。

2.熟练掌握房地产交易相关法律法规。

情境导入

"中心广场"位于上海市威海路、陕西路口,是由置地公司与上海元件五厂联合开发建设的办公楼,项目占地7961平方米,建筑面积87798.23平方米,总投资计划达人民币八亿多元,部分商品房、部分自用办公房,曾是上海浦西地区的最高建筑。经过近两年的建造,大楼土建结构已封顶,但因置地公司后续建设资金不到位,该工程被迫停建长达一年之久,项目建设陷入了僵局,置地公司被迫多方联络,意图将大楼"托盘"转让。与此同时,新民晚报社正欲建造一幢智能化大楼,作为全国晚报交流中心。经过和置地公司的全面协商,双方达成了初步的意向,即置地公司将"中心广场"在其名下的大部分面积房屋(包括地下室)按大楼土建结构封顶、外墙、内部管线、设备安装等尚未动工的现状转让给报社,转让价为人民币1.8亿余元,考虑到报社使用上的原因,由置地公司、报社、上海元件五厂三方还将重新分配楼层,原分配给上海元件五厂的部分楼层有偿置换给报社。转让后工程建设由报社负责,费用也由其承担。

但是,报社在与置地公司具体洽商转让事宜的过程中却发现了一系列的法律障碍,即:置地公司已将部分楼层抵押给银行,部分楼层预售给外商,部分楼层作为注册资本设立了大酒店,还拖欠施工单位巨额工程款,同时该大楼除大部分楼层属商品房性质外,尚有小部分楼层是非商品房性质,法律关系错综复杂。报社对此也颇感棘手。为了能够在保障自己合法权益的基础上顺利受让该大楼,并使自己在后续工程建设中起主导作用,报社公开向各律师事务所征求转让方案。

对此,你有何见解?

学习单元一 房地产转让法律规定

一、房地产转让概述

(一)房地产转让的概念

房地产转让是指房地产权利人通过买卖、赠与或者其他方式将其房地产转移给他人的行为。其他方式包括互易、继承、遗赠等。房地产转让人必须是房地产权利人,而且该权利人对房地产必须拥有处分权,如所有权人、抵押权人等。转让的对象是特定的房地产权利,包括国有土地使用权和建在国有土地上的房屋的所有权。转让时,房屋的所有权必须与土地使用权一起转让。即地产转让时,该土地上的房屋必须同时转让;房产转让时,房屋的所有权及其土地使用权一并转让。

从法律上看,房地产转让具有以下特征:

(1)房地产转让人必须是房地产权利人,而且该权利人对房地产必须拥有处分权,如所有权人、抵押权人等。

(2)房地产转让的对象是特定的房地产权利,包括:国有土地使用权和建在国有土地上的房屋的所有权。

(3)房地产转让的方式包括买卖、赠与、互易、继承、遗赠等合法方式。

(4)房地产转让时,房屋的所有权必须与土地使用权一起转让。即地产转让时,该土地上的房屋必须同时转让;房产转让时,房屋的所有权及其土地使用权一并转让。

(二)房地产转让的条件

因土地使用权取得方式的不同,房地产转让方式包括以出让方式取得土地使用权的房地产转让和以划拨方式取得土地使用权的房地产转让两种类型。

1. 以出让方式取得土地使用权的房地产转让条件

为防止用地者单纯实施土地投机、炒卖地皮、哄抬地价,《中华人民共和国城市房地产管理法》(以下简称《城市房地产管理法》)规定,以出让方式取得土地使用权的,转让房地产时,应当符合下列条件:

(1)按照出让合同约定已经支付全部土地使用权出让金,并取得土地使用权证书;

(2)按照出让合同约定进行投资开发,属于房屋建设工程的,完成开发投资总额的25%以上,属于成片开发工地的,形成工业用地或者其他建设用地条件。

出让合同的效力及于转让后继受取得土地使用权的用地者。出让合同体现着出让方(国家)与受让方(用地者)双方的意志,一经生效即具有法律效力,受让方转让其权利,不影响出让合同的继续履行,因此,《城市房地产管理法》规定,房地产转让时,土地使用权出让合同载明的权利、义务随之转移。

以出让方式取得土地使用权的,转让房地产后,其土地使用权的使用年限为原土地使用权出让合同约定的使用年限减去原土地使用者已经使用年限后的剩余年限。

出让合同中约定的土地用途,体现着国家土地规划控制方面的公法意图,基于社会公共利益的考虑必须在整个出让期限内得以实施,不得随意变更。若变更应依法履行相应手续。因此，《城市房地产管理法》规定：以出让方式取得土地使用权的，转让房地产后，受让人改变原土地使用权出让合同约定的土地用途的，必须取得原出让方和市、县人民政府城市规划行政主管部门的同意，签订土地使用权出让合同变更协议或者重新签订土地使用权出让合同，相应调整土地使用权出让金。

2.以划拨方式取得土地使用权的房地产转让条件

根据《城市房地产管理法》第四十条，《城市房地产转让管理规定》第十一条、第十二条、第十三条规定，以划拨方式取得土地使用权的，转让房地产时，按照国务院的规定，报有批准权的人民政府审批。有批准权的人民政府准予转让的，应当由受让方办理土地使用权出让手续，并依照国家有关规定缴纳土地使用权出让金。

以划拨方式取得土地使用权的，转让房地产时，属于下列情形之一的，经有批准权的人民政府批准，可以不办理土地使用权出让手续，但应当将转让房地产所获收益中的土地收益上缴国家或者作其他处理。土地收益的缴纳和处理的办法按照国务院规定办理。

①经城市规划行政主管部门批准，转让的土地用于建设《城市房地产管理法》第二十三条规定的项目的；

②私有住宅转让后仍用于居住的；

③按照国务院住房制度改革有关规定出售公有住宅的；

④同一宗土地上部分房屋转让而土地使用权不可分割转让的；

⑤转让的房地产暂时难以确定土地使用权出让用途、年限和其他条件的；

⑥根据城市规划土地使用权不宜出让的；

⑦县级以上人民政府规定暂时无法或不需要采取土地使用权出让方式的其他情形。依照上述规定缴纳土地收益或作其他处理的，应当在房地产转让合同中注明。

属于以上情形房地产再转让，需要办理出让手续、补交土地使用权出让金的，应当扣除已经缴纳的土地收益。

3.房地产不得转让的条件

《城市房地产转让管理规定》第六条规定，下列房地产，不得转让：

(1)以出让方式取得土地使用权但不符合《城市房地产管理法》第三十九条、《城市房地产转让管理规定》第十条规定的；

(2)司法机关和行政机关依法裁定，决定查封或者以其他形式限制房地产权利的；

(3)依法收回土地使用权的；

(4)共有房地产，未经其他共有人书面同意的；

(5)权属有争议的；

(6)未依法登记领取权属证书的；

(7)法律、行政法规规定禁止转让的其他情形。

(三)房地产转让的方式

1.房地产买卖

房地产买卖即转让人将房地产移转给受让人所有，受让人取得房地产产权并支付相应价款。这种行为贯彻平等、自愿、等价有偿的原则。必须注意，城市房地产买卖中的地产只能转移使用权，所有权仍属于国家。

2. 房地产赠与

城市公有房屋的所有权属于国家,使用单位或者个人不得进行赠与;土地使用权的赠与也不涉及土地所有权问题。

3. 其他合法方式

(1)以房地产作价入股、与他人成立企业法人,房地产权属发生变更的;

(2)一方提供土地使用权,另一方或者多方提供资金,合资、合作开发经营房地产,而使房地产权属发生变更的;

(3)因企业被收购、兼并或合并,房地产权属随之转移的;

(4)以房地产抵债的;

(5)法律、法规规定的其他情形。

二、房地产转让法律规定

(一)房地产转让的管理要求

1. 房地产价格评估制度

根据《城市房地产管理法》第三十三条、第三十四条规定,国家实行房地产价格评估制度,基准地价、标定地价和各类房屋的重置价格应当定期确定并公布。

房地产价格评估,应当遵循公正、公平、公开的原则,按照国家规定的技术标准和评估程序,以基准地价、标定地价和各类房屋的重置价格为基础,参照当地的市场价格进行评估。

2. 房地产成交价格申报制度

根据《城市房地产管理法》第三十五条、《城市房地产转让管理规定》第十四条规定,国家实行房地产成交价格申报制度,房地产权利人转让房地产,应当向县级以上地方人民政府规定的部门如实申报成交价格,不得瞒报或者作不实的申报。

房地产转让应当以申报的房地产成交价格作为缴纳税费的依据。成交价格明显低于正常市场价格的,以评估价格作为缴纳税费的依据。

3. 其他规定

根据《城市房地产管理法》《城市房地产转让管理规定》规定,房地产转让还应遵守以下要求:

(1)房地产转让、抵押时,房屋的所有权和该房屋占用范围内的土地使用权同时转让、抵押。

(2)以出让方式取得土地使用权的,房地产转让时,土地使用权出让合同载明的权利、义务随之转移。

(3)房地产转让,应当签订书面转让合同,合同中应当载明土地使用权取得的方式。

(4)以出让方式取得土地使用权的,转让房地产后,其土地使用权的使用年限为原土地使用权出让合同约定的使用年限减去原土地使用者已经使用年限后的剩余年限。

(5)以出让方式取得土地使用权的,转让房地产后,受让人改变原土地使用权出让合同约定的土地用途的,必须取得原出让方和市、县人民政府城市规划行政主管部门的同意,签订土地使用权出让合同变更协议或者重新签订土地使用权出让合同,相应调整土地使用权出让金。

(6)房地产转让、抵押,当事人应当依照《城市房地产管理法》第五章的规定办理权属登记。

(二)房地产转让程序

根据《城市房地产转让管理规定》第七条规定,房地产转让,应当按照下列程序办理:

(1)房地产转让当事人签订书面转让合同;

(2)房地产转让当事人在房地产转让合同签订后 90 日内持房地产权属证书、当事人的合法证明、转让合同等有关文件向房地产所在地的房地产管理部门提出申请,并申报成交价格;

(3)房地产管理部门对提供的有关文件进行审查,并在 7 日内作出是否受理申请的书面答复,7 日内未作书面答复的,视为同意受理;

(4)房地产管理部门核实申报的成交价格,并根据需要对转让的房地产进行现场查勘和评估;

(5)房地产转让当事人按照规定缴纳有关税费;

(6)房地产管理部门办理房屋权属登记手续,核发房地产权属证书。

(三)房地产转让合同

房地产转让合同是指房地产转让当事人之间签订的用于明确各方权利、义务关系的协议。房地产转让时,应当签订书面转让合同。

1.房地产转让合同的内容

根据《城市房地产转让管理规定》第八条规定,房地产转让合同应当载明下列主要内容:①双方当事人的姓名或者名称、住所;②房地产权属证书名称和编号;③房地产坐落位置、面积、四至界限;④土地宗地号、土地使用权取得的方式及年限;⑤房地产的用途或使用性质;⑥成交价格及支付方式;⑦房地产交付使用的时间;⑧违约责任;⑨双方约定的其他事项。

2.房地产转让合同生效的条件

房地产转让合同能否发生法律效力,取决于以下条件:

(1)房地产买卖双方当事人的主体资格是否合法。

首先看房地产买卖双方当事人是否具有完全民事行为能力。无民事行为能力和限制民事行为能力的公民不能直接签订房地产买卖合同,其房地产买卖行为由其法定代理人代为进行。

其次看房地产买卖双方当事人是否有权买卖房地产。非房屋所有人和土地使用者不得出卖他人的房地产,除非已经得到代理出售的权利;共有人应在得到其他共有人书面同意的情况下才有权出卖房地产。买受房地产者也须符合规定,如系单位,应出于特殊需要并得到有权机关的批准才可以购买私有房地产。

(2)房地产买卖双方当事人的意思表示是否真实。

按照《中华人民共和国民法通则》第五十八条的规定,一方以欺诈、胁迫的手段或者乘人之危,使对方在违背真实意思的情况下签订房地产买卖合同,或存在恶意串通,损害国家、集体或者第三者利益的情形,以及行为人对房地产买卖合同内容有重大误解、合同内容显失公平,为无效民事行为或撤销或变更民事行为。

(3)房地产买卖合同是否违反法律或者社会公共利益。

这一有效条件是内容合法条件,体现了房地产买卖行为的合法性特征,包括不违反法律和不违反社会公共利益等两项内容。

不违反法律,是指在房地产买卖合同中,不得有与强制性或禁止性法律规范相抵触的条款,也不得滥用授权性或任意性法律规范达到规避法律的目的。如不得转让未完成规定投资比例的土地使用权,不得转让权属有争议的房地产,不得以贱卖贵买方式转移房地产以逃避破产清算或强制执行等。根据《中华人民共和国民法通则》第六条的规定,民事活动必须遵守法律,法律没有规定的,应当遵守国家政策。因此,在法律没有规定而国家政策有规定时,违反政策规定的房地产买卖,也属于违法行为。

不违反社会公共利益,是指房地产买卖合同不得有损社会经济秩序、政治安定和道德风尚,不得有损国家、集体和公民的合法权益。凡属法律和国家政策没有规定的场合,都可以运用社会公共利益的要求准则考察房地产买卖行为的合法性。

(4)房地产转让合同的形式是否符合法律的规定。

根据《中华人民共和国民法通则》第五十六条的规定,民事法律行为可以采取书面形式、口头形式和其他形式。法律规定用特定形式的,应当依照法律规定。房地产买卖合同,依照《城市房地产管理法》的规定应当采取书面形式,并且经过房地产权属登记。

(四)商品房预售

商品房预售,又称"卖楼花",是指房地产开发企业与购房者约定,由购房者交付定金或预付款,而在未来一定日期拥有现房的房产交易行为。其实质是房屋期货买卖,买卖的只是房屋的一张期货合约。它与成品房的买卖已成为我国商品房市场中的两种主要的房屋销售形式。

商品房预售是一种附加期限的交易行为。即商品房买卖双方在合同中约定了一个期限,并把这个期限的到来作为房屋买卖权利义务发生法律效力或失去效力的根据。

商品房预售具有较强的国家干预性。由于商品房的预售不同于房屋的实质性买卖,真正的房屋交接尚未形成。国家因此加强了对商品房预售市场的规范。我国对商品房预售的条件资格及程序作了规定,而且还要求在预售合同签订后向当地房地产管理部门办理登记备案手续。

1. 商品房预售的条件

《城市房地产管理法》第四十五条规定,商品房预售应符合下列条件:

(1)已交付全部土地使用权出让金,取得土地使用权证书。

(2)持有建设工程规划许可证。

(3)按提供预售的商品房计算,开发商投入开发建设的资金应达到工程建设总投资的25%以上,并已经确定施工进度和竣工交付时间。

(4)向县级以上人民政府房产管理部门办理预售登记,取得商品房预售许可证明。

2. 商品房预售许可制度

房地产开发经营企业进行商品房预售,应当向市、县房地产管理部门办理申请预售许可,取得商品房预售许可证。未取得商品房预售许可证者,不得进行商品房预售活动。

(1)申请预售许可应提交的资料。开发企业申请预售许可,应当提交下列证件(复印件)及资料:

①商品房预售许可申请表。

②开发企业的营业执照和资质证书。

③土地使用权证、建设工程规划许可证、施工许可证。

④投入开发建设的资金占工程建设总投资的比例符合规定条件的证明。

⑤工程施工合同及关于施工进度的说明。

⑥商品房预售方案。预售方案应当说明预售商品房的位置、面积、竣工交付日期等内容,

并应当附预售商品房分层平面图。

(2)商品房预售许可办理程序。商品房预售许可依下列程序办理：

①受理。开发企业按申请预售许可应当提交的资料的规定提交有关材料,材料齐全的,房地产管理部门应当当场出具受理通知书;材料不齐的,应当当场或者5日内一次性书面告知需要补充的材料。

②审核。房地产管理部门对开发企业提供的有关材料是否符合法定条件进行审核。开发企业对所提交材料实质内容的真实性负责。

③许可。经审查,开发企业的申请符合法定条件的,房地产管理部门应当在受理之日起10日内,依法作出准予预售的行政许可书面决定,发送开发企业,并自作出决定之日起10日内向开发企业颁发、送达商品房预售许可证。

经审查,开发企业的申请不符合法定条件的,房地产管理部门应当在受理之日起10日内,依法作出不予许可的书面决定。书面决定应当说明理由,告知开发企业享有依法申请行政复议或者提起行政诉讼的权利,并送达开发企业。

商品房预售许可决定书、不予商品房预售许可决定书应当加盖房地产管理部门的行政许可专用印章,商品房预售许可证应当加盖房地产管理部门的印章。

④公示。房地产管理部门作出的准予商品房预售许可的决定,应当予以公开,公众有权查阅。

3.商品房预售合同

商品房预售合同一般包括以下内容：

(1)双方的名称、地址,法人组织必须有法定代表人签名。

(2)标的,即预售商品的位置、编号。

(3)数量,即预售商品房的数量,面积应以平方米来计算,并明确是建筑面积还是使用面积或其他面积。

(4)价款即房屋的价金,如每平方米多少元。不仅应标明单价,还应标明总价;《城市房地产管理法》虽然对商品房预售的条件和程序进行了规定,但对预售款征收的数额和期限却没有统一的规定,当事人应在合同中明确。根据规定,预收商品房预售款,在房屋开工建设时不得超过40%,待建房工作量完成一半时再收至60%,到房屋封顶可收至95%,到房屋交付使用时再全部收取。

(5)交付方式和期限,包括预售款的支付方式和房屋的交付方式。

(6)房屋使用性质,明确是住宅用房、办公用房还是经营用房或其他用房。

(7)房屋产权转移的方式、期限。

(8)违约责任。

(9)双方约定的其他条款。

4.商品房预售登记备案制度

商品房预售,预售人与承购人签订商品房预售合同,预售人应当在签约之日起30日内持商品房预售合同向县级以上人民政府房地产管理部门办理登记备案手续。

商品房预售合同登记备案手续可以委托代理人办理。委托代理人办理的,应当有书面委托书。

5.商品房预售所得款项专款专用制度

开发企业预售商品房预售所得款项,必须用于有关的工程建设,不得挪作他用,旨在保证工程建设的顺利进行,从而保护商品房预购人的正当权益。

【案例 9-1】

吴三原有的农村宅基地房屋因动迁而取得安置的产权房订房单。2012 年 12 月,吴三的女儿代表吴先生,将一套安置房屋的配额转让给乔光,并订立一份协议书,其中约定房价 27.9 万余元,如果一方违约,由违约方付 50% 的违约金等。事后,吴三收取了乔光的 29.5 万元,用于支付房价款等费用。

2014 年 6 月,吴三从房产公司拿到了这套安置房后,却与向阳签订了房地产买卖合同,将该房屋及车库以 48 万元价格又售予向阳,并办理了该房过户手续,向阳取得了房产证。期间,乔光强行入住该房后,曾以吴三拒交该房为由诉到法院,向阳作为第三人参加诉讼。经法院判决认定,向阳受让吴三的房屋所有权是善意、有偿取得,签订的房屋买卖合同合法有效。因此,2015 年 8 月,向阳以乔光强占其合法取得的房屋为由,起诉要求乔光搬离获法院支持。

2016 年 2 月,乔光在无法获得该房的情况下,以吴三故意毁约,应承担相应民事责任为由诉到法院。

在法庭上,乔光认为,在以往的诉讼中,自己要求吴三交付房屋的诉讼请求不予支持,且向阳诉求自己搬离已获法院支持,现原告已无法得到涉讼房屋,故起诉法院要求判令吴三夫妇返还已付购房款 29.5 万元;支付违约金 13.9 万余元;支付购房差价损失 29.1 万余元等。

吴三夫妇则认为,造成双方买卖不成是因乔光不愿支付超过约定面积的房款所致,是乔光违约在先,自己是在发函给乔光后才将房屋卖给别人的,乔光主张的经济损失是乔光自己造成的,故自己只同意返还购房款,违约金也过高,要求法院予以调整,对其余诉讼请求要求驳回。

在审理中,法院委托房地产估价公司,对涉讼房屋(毛坯房)在不同时间节点的市场价格进行评估,结论为平均市场价格 70 万元左右。

法院审理后认为,本案双方当事人签订的房屋转让协议合法有效,双方当事人应当遵循诚实信用原则并按照约定全面履行自己的义务。吴三在具备了履行交房义务的条件下,未能按约将房交付乔光。且吴三在未解除与乔光签订的买卖协议前提下,却将该房屋高出双方约定价格 18 万元转让给案外人,直接导致乔光无法获得此房屋,吴三的行为显属故意毁约,已构成根本性违约,对此应承担相应的民事责任。据此,法院依法作出判决。吴三夫妇返还乔光购房款 29.5 万元,支付乔光违约金 13.9 万余元,赔偿乔光经济损失 28 万元;应付乔光之款,共计 71.4 万余元。

【案例 9-2】

眼看昔日东家因房屋动迁拿到一百多万安置费,而自己户口虽在其中却分文未得,老保姆张阿姨一气之下将东家一家四口告上法庭。然而,由于本次动迁中,动迁单位对东家进行货币安置时依据的是房屋面积,而非人口,况且老保姆自二十多年前转投其他雇主后,未曾在户口所在房屋内长期居住,因此上海市第二中级人民法院日前终审驳回了张阿姨要求分割安置款的诉讼请求;在东家提出自愿给付的基础上,判决东家一次性给付张阿姨人民币 1.3 万元。

1984 年,从镇江来沪打工的张阿姨来到位于上海市福佑中路的古家做保姆。1992 年,张将自己的户口迁入古家,并领取粮油补贴。而就在同一年,古某从单位退休,张阿姨结束十多年的帮佣工作,搬出福佑中路的房屋另寻雇主。

2016年3月,古某家的房屋被纳入拆迁范围。按当时的户口登记情况,该动迁房内的户口包括古某,古某的女儿、女婿、外孙以及老保姆张阿姨。同年4月,古某的女婿代表全家与相关单位签订《拆迁补偿安置协议》,获动迁款100多万元。此后,古家按协议搬离拆迁房屋,现该房屋已被拆除。

2016年7月,张阿姨一纸诉状递到法院,认为按《拆迁补偿安置协议》,自己属于五名安置对象之一,而古某的女婿却瞒着自己领取了全部动迁款。现自己年逾古稀,双耳失聪,生活困难,故起诉要求古家返还其本人份额动迁款28.8万余元。

古家对此予以辩驳:动迁款的获得纯粹是基于"数砖头"的结果,与在户人口数无关,考虑到张阿姨曾在自家帮佣多年,自愿补偿其人民币1.3万元。

二中院审理后认为,1992年张将户籍迁入福佑中路古家,但在同年结束佣工关系后即搬离,且二十多年来并未在古家长期稳定居住。根据涉案房屋拆迁安置人口的认定标准,张阿姨并不属于政策规定的可安置人员。张阿姨向法院提供的证据,只能证明其户口一直在福佑中路房屋内,并在该房屋所属街道享受相应的低保政策,并不能证明张是房屋同住人。此外,更重要的是,在实际的安置方案中,由于古家被拆迁房屋面积较大,在户人口少,动迁单位对古家进行货币安置时依据的是房屋面积,而非人口,张的户口并没有使古家获得额外利益。故法院驳回张阿姨上诉,维持原判。

🏛 知识链接

房地产转让相关法律规定

1.《城市房地产管理法》

第二十三条规定:"土地使用权划拨,是指县级以上人民政府依法批准,在土地使用者缴纳补偿、安置等费用后将该幅土地交付其使用,或者将土地使用权无偿交付给土地使用者使用的行为。依照本法规定以划拨方式取得土地使用权的,除法律、行政法规另有规定外,没有使用期限的限制。"

第四十六条规定:"商品房预售的,商品房预购人将购买的未竣工的预售商品房再行转让的问题,由国务院规定。"

第六十六条规定:"违反本法第三十九条第一款的规定转让土地使用权的,由县级以上人民政府土地管理部门没收违法所得,可以并处罚款。"

第六十七条规定:"违反本法第四十条第一款的规定转让房地产的,由县级以上人民政府土地管理部门责令缴纳土地使用权出让金,没收违法所得,可以并处罚款。"

第六十八条规定:"违反本法第四十五条第一款的规定预售商品房的,由县级以上人民政府房产管理部门责令停止预售活动,没收违法所得,可以并处罚款。"

2.《城市房地产转让管理规定》

第十五条规定:"商品房预售按照建设部《城市商品房预售管理办法》执行。"

第十六条规定:"房地产管理部门在办理房地产转让时,其收费的项目和标准,必须经有批准权的物价部门和建设行政主管部门批准,不得擅自增加收费项目和提高收费标准。"

第十七条规定:"违反本规定第十条第一款和第十一条,未办理土地使用权出让手续,交纳土地使用权出让金的,按照《中华人民共和国城市房地产管理法》的规定进行处罚。"

第十八条规定:"房地产管理部门工作人员玩忽职守、滥用职权、徇私舞弊、索贿受贿的,依法给予行政处分;构成犯罪的,依法追究刑事责任。"

3.《城市商品房预售管理办法》

第二条规定:"本办法所称商品房预售是指房地产开发企业(以下简称开发企业)将正在建设中的房屋预先出售给承购人,由承购人支付定金或房价款的行为。"

第九条规定:"开发企业进行商品房预售,应当向承购人出示商品房预售许可证。售楼广告和说明书应当载明商品房预售许可证的批准文号。"

第十二条规定:"预售的商品房交付使用之日起90日内,承购人应当依法到房地产管理部门和市、县人民政府土地管理部门办理权属登记手续。开发企业应当予以协助,并提供必要的证明文件。由于开发企业的原因,承购人未能在房屋交付使用之日起90日内取得房屋权属证书的,除开发企业和承购人有特殊约定外,开发企业应当承担违约责任。"

第十三条规定:"开发企业未取得商品房预售许可证预售商品房的,依照《城市房地产开发经营管理条例》第三十九条的规定处罚。"

第十四条规定:"开发企业不按规定使用商品房预售款项的,由房地产管理部门责令限期纠正,并可处以违法所得3倍以下但不超过3万元的罚款。"

第十五条规定:"开发企业隐瞒有关情况、提供虚假材料,或者采用欺骗、贿赂等不正当手段取得商品房预售许可的,由房地产管理部门责令停止预售,撤销商品房预售许可,并处3万元罚款。"

学习单元二　房地产抵押法律规定

一、房地产抵押概述

(一)房地产抵押的概念

房地产抵押,是指抵押人以其合法的房地产以不转移占有的方式向抵押权人提供债务履行担保的行为。债务人不履行债务时,抵押权人有权依法以抵押的房地产拍卖所得的价款优先受偿。抵押人是指以房地产作为本人或第三人履行债务担保的企业法人、个人和其他经济组织。抵押权人是指接受房地产抵押作为履行债务担保责任的法人、个人和其他经济组织。抵押物是指由抵押人提供并经抵押权人认可的作为债务人履行债务担保的房地产。

随着中国各项经济建设的发展,尤其是房地产业的发展,房地产抵押已为越来越多的债权人(主要是银行等金融机构)所运用作为债权担保的形式。债权人基于房地产抵押而享有的权利称为房地产抵押权。房地产抵押权具有物权性和价值权性两大基本性质。

(二)房地产抵押的条件

根据物权法定主义及物权公示、公信主义,除因法律规定而直接产生的房地产抵押权外,房地产抵押权因房地产抵押合同并经登记后而设定。由于中国现行立法没有规定法定房地产抵押权,所以在中国,房地产抵押权的设定条件有二:房地产抵押合同和房地产抵押权登记。

1.房地产抵押合同

房地产抵押合同是指债务人或者第三人不移转对房地产的占有,将房地产作为债权担保而与债权人达成有明确相互权利义务关系的协议,依据此协议在债务人或第三人提供抵押的房地产上为债权人设定了抵押权,债务人或者第三人对债权人之债权承受房地产物上的担保义务。当债务人不履行债务时,债权人有权依法以拍卖该房地产的价款优先受偿。

房地产抵押合同为要式合同,抵押人和抵押权人订立房地产抵押合同,应当采用书面形式并记载法律规定的内容,主要包括:①债权人、债务人、抵押人的姓名(名称)、住址;②被担保主债权种类、数额;③债务人履行债务的期限;④房地产的名称、数量、质量、状况、所在地、所有权权属或者使用权权属;⑤抵押担保的范围;⑥当事人认为需要约定的其他事项。房地产抵押合同所记载的内容不符合法律规定要求的,当事人应当予以补正。

2. 房地产抵押权登记

房地产抵押权登记是指由主管机关依法在登记簿上就房地产上的抵押权状态予以记载。

房地产抵押权经登记后依法成立并取得物权公示、公信效力。中国立法将登记作为抵押合同的生效要件,混淆了房地产抵押合同的债权合同性质以及房地产抵押权登记的物权变动性质。房地产抵押合同是债权合同,依法成立时就应生效。而房地产抵押权登记是物权行为,是房地产抵押权成立的要件。

房地产抵押权登记由抵押当事人向法律规定的房地产抵押登记机关申请,填写并递交房地产抵押登记表,同时提交法律规定的应当提交的登记文件,主要包括主合同和房地产抵押合同以及抵押的土地使用权证书、房屋所有权证书。房地产抵押登记机关收到当事人的申请后即由负责监督职责的抵押登记部门对当事人提交的抵押登记文件的真实性、合法性予以审查,审查合格者,予以核准登记并公告。

二、房地产抵押法律规定

(一)房地产抵押权的设定

根据《城市房地产抵押管理办法》,房地产抵押权的设定有以下规定。

1. 房地产抵押不得设定的条件

属于下列情形的房地产不得抵押:

(1)权属有争议的房地产;

(2)用于教育、医疗、市政等公共福利事业的房地产;

(3)列入文物保护的建筑物和有重要纪念意义的其他建筑物;

(4)已依法公告列入拆迁范围的房地产;

(5)被依法查封、扣押、监管或者以其他形式限制的房地产;

(6)依法不得抵押的其他房地产。

2. 房地产抵押权设定的要求

(1)同一房地产设定两个以上抵押权的,抵押人应当将已经设定过的抵押情况告知抵押权人。

(2)抵押人所担保的债权不得超出其抵押物的价值。房地产抵押后,该抵押房地产的价值大于所担保债权的余额部分,可以再次抵押,但不得超出余额部分。

(3)以两宗以上房地产设定同一抵押权的,视为同一抵押房地产。但抵押当事人另有约定的除外。

(4)以在建工程已完工部分抵押的,其土地使用权随之抵押。

（5）以享受国家优惠政策购买的房地产抵押的,其抵押额以房地产权利人可以处分和收益的份额比例为限。

（6）以具有土地使用年限的房地产设定抵押的,所担保债务的履行期限不得超过土地使用权出让合同规定的使用年限减去已经使用年限后的剩余年限。

（7）以共有的房地产抵押的,抵押人应当事先征得其他共有人的书面同意。

（8）预购商品房贷款抵押的,商品房开发项目必须符合房地产转让条件并取得商品房预售许可证。

（9）以已出租的房地产抵押的,抵押人应当将租赁情况告知抵押权人,并将抵押情况告知承租人。原租赁合同继续有效。

（10）设定房地产抵押时,抵押房地产的价值可以由抵押当事人协商议定,也可以由房地产价格评估机构评估确定。

（11）抵押当事人约定对抵押房地产保险的,由抵押人为抵押的房地产投保,保险费由抵押人负担。抵押房地产投保的,抵押人应当将保险单移送抵押权人保管。在抵押期间,抵押权人为保险赔偿的第一受益人。

（12）企业、事业单位法人分立或者合并后,原抵押合同继续有效,其权利和义务由变更后的法人享有和承担。

（13）抵押人死亡、依法被宣告死亡或者被宣告失踪时,其房地产合法继承人或者代管人应当继续履行原抵押合同。

（二）房地产抵押合同的订立

根据《城市房地产管理法》《城市房地产抵押管理办法》规定,房地产抵押,抵押人和抵押权人应当签订书面抵押合同。

1.房地产抵押合同的主要内容

房地产抵押合同应当载明下列主要内容:

（1）抵押人、抵押权人的名称或者个人姓名、住所;

（2）主债权的种类、数额;

（3）抵押房地产的处所、名称、状况、建筑面积、用地面积以及四至等;

（4）抵押房地产的价值;

（5）抵押房地产的占用管理人、占用管理方式、占用管理责任以及意外损毁、灭失的责任;

（6）债务人履行债务的期限;

（7）抵押权灭失的条件;

（8）违约责任;

（9）争议解决方式;

（10）抵押合同订立的时间与地点;

（11）双方约定的其他事项。

以预购商品房贷款抵押的,还须提交生效的预购房屋合同。

2.在建工程合同的内容

以在建工程抵押的,抵押合同还应当载明以下内容:

（1）国有土地使用权证、建设用地规划许可证和建设工程规划许可证编号;

（2）已交纳的土地使用权出让金或需交纳的相当于土地使用权出让金的款额;

(3)已投入在建工程的工程款；

(4)施工进度及工程竣工日期；

(5)已完成的工作量和工程量。

(三)房地产抵押登记

根据《城市房地产抵押管理办法》规定,国家实行房地产抵押登记制度。房地产抵押登记应符合以下要求。

1.房地产抵押登记的时限

房地产抵押合同自签订之日起30日内,抵押当事人应当到房地产所在地的房地产管理部门办理房地产抵押登记。

房地产抵押合同自抵押登记之日起生效。

2.办理房地产抵押登记应提交的资料

办理房地产抵押登记,应当向登记机关交验下列文件：

(1)抵押当事人的身份证明或法人资格证明；

(2)抵押登记申请书；

(3)抵押合同；

(4)国有土地使用权证、房屋所有权证或房地产权证,共有的房屋还必须提交房屋共有权证和其他共有人同意抵押的证明；

(5)可以证明抵押人有权设定抵押权的文件与证明材料；

(6)可以证明抵押房地产价值的资料：

(7)登记机关认为必要的其他文件。

3.房地产抵押登记的审核

登记机关应当对申请人的申请进行审核。凡权属清楚、证明材料齐全的,应当在受理登记之日起7日内决定是否予以登记,对不予登记的,应当书面通知申请人。

4.房地产抵押登记的记载

房地产抵押登记审核通过后,或抵押合同发生变更或者抵押关系终止等情况时,登记机关应有所记载。

(1)以依法取得的房屋所有权证书的房地产抵押的,应当在原房屋所有权证上作他项权利记载后,由抵押人收执。并向抵押权人颁发房屋他项权证。

(2)以预售商品房或者在建工程抵押的,登记机关应当在抵押合同上作记载。抵押的房地产在抵押期间竣工的,当事人应当在抵押人领取房地产权属证书后,重新办理房地产抵押登记。

(3)抵押合同发生变更或者抵押关系终止时,抵押当事人应当在变更或者终止之日起15日内,到原登记机关办理变更或者注销抵押登记。

(4)因依法处分抵押房地产而取得土地使用权和土地建筑物、其他附着物所有权的,抵押当事人应当自处分行为生效之日起30日内,到县级以上地方人民政府房地产管理部门申请房屋所有权转移登记,并凭变更后的房屋所有权证书向同级人民政府土地管理部门申请土地使用权变更登记。

（四）抵押房地产的占用与管理

1. 抵押房地产的管理

已作抵押的房地产，由抵押人占用与管理。抵押人在抵押房地产占用与管理期间应当维护抵押房地产的安全与完好。抵押权人有权按照抵押合同的规定监督、检查抵押房地产的管理情况。

2. 抵押房地产及抵押权转让或者出租

抵押权可以随债权转让。抵押权转让时，应当签订抵押权转让合同，并办理抵押权变更登记。抵押权转让后，原抵押权人应当告知抵押人。

经抵押权人同意，抵押房地产可以转让或者出租。抵押房地产转让或者出租所得价款，应当向抵押权人提前清偿所担保的债权。超过债权数额的部分，归抵押人所有，不足部分由债务人清偿。

因国家建设需要，将已设定抵押权的房地产列入拆迁范围的，抵押人应当及时书面通知抵押权人；抵押双方可以重新设定抵押房地产，也可以依法清理债权债务，解除抵押合同。

3. 抵押房地产损毁、灭失的处理

抵押人占用与管理的房地产发生损毁、灭失的，抵押人应当及时将情况告知抵押权人，并应当采取措施防止损失的扩大。抵押的房地产因抵押人的行为造成损失使抵押房地产价值不足以作为履行债务的担保时，抵押权人有权要求抵押人重新提供或者增加担保以弥补不足。

抵押人对抵押房地产价值减少无过错的，抵押权人只能在抵押人因损害而得到的赔偿的范围内要求提供担保。抵押房地产价值未减少的部分，仍作为债务的担保。

（五）抵押房地产的处分

1. 抵押权人要求处分抵押房地产的条件

符合下列情况之一，抵押权人有权要求处分抵押的房地产：

(1)债务履行期满，抵押权人未受清偿的，债务人又未能与抵押权人达成延期履行协议的。

(2)抵押人死亡，或者被宣告死亡而无人代为履行到期债务的；或者抵押人的合法继承人、受遗赠人拒绝履行到期债务的。

(3)抵押人被依法宣告解散或者破产的。

(4)抵押人违反《城市房地产抵押管理办法》的有关规定，擅自处分抵押房地产的。

(5)抵押合同约定的其他情况。

符合上述情况之一，经抵押当事人协商可以通过拍卖等合法方式处分抵押房地产。协议不成的，抵押权人可以向人民法院提起诉讼。

2. 处分抵押房地产受偿的顺序

处分抵押房地产时，受偿顺序按以下情况安排：

(1)抵押权人处分抵押房地产时，应当事先书面通知抵押人；抵押房地产为共有或者出租的，还应当同时书面通知共有人或承租人；在同等条件下，共有人或承租人依法享有优先购买权。

(2)同一房地产设定两个以上抵押权时，以抵押登记的先后顺序受偿。

(3)处分抵押房地产时，可以依法将土地上新增的房屋与抵押财产一同处分，但对处分新增房屋所得，抵押权人无权优先受偿。

(4)以划拨方式取得的土地使用权连同地上建筑物设定的房地产抵押进行处分时,应当从处分所得的价款中缴纳相当于应当缴纳的土地使用权出让金的款额后,抵押权人方可优先受偿。

3.抵押权人中止对抵押房地产处分的条件

出现下列情况时,抵押权人可中止对抵押房地产的处分:

(1)抵押权人请求中止的;

(2)抵押人申请愿意并证明能够及时履行债务,并经抵押权人同意的;

(3)发现被拍卖抵押物有权属争议的;

(4)诉讼或仲裁中的抵押房地产;

(5)其他应当中止的情况。

4.处分抵押房地产所得金额分配分配顺序

处分抵押房地产所得金额,依下列顺序分配:

(1)支付处分抵押房地产的费用;

(2)扣除抵押房地产应缴纳的税款;

(3)偿还抵押权人债权本息及支付违约金;

(4)赔偿由债务人违反合同而对抵押权人造成的损害;

(5)剩余金额交还抵押人。

处分抵押房地产所得金额不足以支付债务和违约金、赔偿金时,抵押权人有权向债务人追索不足部分。

【案例 9 - 3】

被判获赔的购房者张三(化名)透露,2016 年 3 月 21 日,他向武汉阳光物业发展有限公司交购房款 63736 元,订购了一间门面。按规定,开发商应在 90 天内到房管部门登记,并将办理的相关证件交给张三。

90 天过去,开发商并未将相关证件交给张三。张三多次找开发商,对方都称很忙,要到年底才能办理登记。张三说,心存疑虑的他到房管部门一查,发现开发商预售给他的门面竟早就抵押给银行了。

8 月中旬,张三将开发商告到武昌区法院,请求判令开发商归还全部购房款,并赔偿一倍购房款。9 月 21 日,法院开庭审理此案。张三的代理律师贺函指出,按《中华人民共和国合同法》及《最高人民法院关于审理商品房买卖合同纠纷案件适用法律若干问题的解释》规定,卖房方故意隐瞒所售房屋已抵押,买房方可以请求卖房方承担不超过已付房屋购房款一倍的赔偿。开发商的代理律师辩称,预售给张三的房屋虽未到相关部门登记,但并未构成欺诈,不同意向原告支付赔偿。

11 月 30 日,法院下达判决。判决采用了司法解释中的最高标准,即开发商除归还张三63736 元购房款外,另赔偿张三购房款一倍的经济损失 63736 元。

【案例 9 - 4】

2014 年 11 月,郑毅准备开设一家影楼,因资金短缺,便以自有的价值 60 万元的住房为抵押,向生意伙伴刘菲借款 30 万元,当时在借款协议上约定,郑毅 3 年后归还借款本息,到期若不能归还,就将郑毅的房产变卖后优先偿还。郑毅在拿到借款后,就将其房屋的产权证交给了刘菲,但刘菲却没能按法律规定,及时办理抵押物登记手续,可能以为自己拿到房产证就可高枕无忧了。谁知事隔1年之后，郑毅便以自己的原房产证遗失为由补办了房产证，还将其房屋、影楼设备等全部卖给了张微，并同张微及时办理了房屋过户手续，而当时张微也并不知道该房屋已被抵押。郑毅在得到房款后于2017年8月因涉嫌诈骗潜逃，刘菲获悉后，以该房屋已抵押为由要求张微退房，并将郑毅和张微起诉到法院。你认为刘菲能胜诉吗？

案例评析

《中华人民共和国担保法》明确规定，以无地上定着物的土地使用权、城市房地产、乡（镇）村企业的厂房、林木、航空器、船舶、车辆、企业的设备等抵押的，应当办理抵押物登记，抵押合同自登记之日起生效，当事人未办理抵押物登记的，不得对抗第三人（《中华人民共和国担保法》第四十一条至第四十三条）。现实生活中有一些债权人，可能是对法律不太了解，也可能是一时粗心大意，对必须办理抵押物登记的而没有办理，从而不能合法有效地保护自己的正当权益，使自己遭受不应有的损失。受害的刘菲不但没能依法要回30万元借款，反而还搭进不少的诉讼费用。

法院经过审理认定，依照我国法律规定，房屋抵押应当办理抵押物登记，抵押合同自登记之日起才开始生效，由于该房屋没办理抵押登记，抵押合同还未生效，也就不能对抗第三人，即张微善意取得该房屋的所有权应予保护，刘菲要求张微退房的请求被依法驳回。

从这一案例可以看出，刘菲之所以遭遇雪上加霜，除了抵押物没及时办理登记外，法律知识欠缺，诉讼请求不当也是一个重要因素，事实决定了起诉张微退房她就必须承担相当高的败诉风险。因此，遇事一定要冷静，要三思而后行，要选择最切实有效的处理办法，否则，盲目诉讼只能使自己品尝更加酸涩的苦果。

知识链接

房地产抵押相关法律规定

1.《中华人民共和国物权法》

第一百七十九条规定："为担保债务的履行，债务人或者第三人不转移财产的占有，将该财产抵押给债权人的，债务人不履行到期债务或者发生当事人约定的实现抵押权的情形，债权人有权就该财产优先受偿。前款规定的债务人或者第三人为抵押人，债权人为抵押权人，提供担保的财产为抵押财产。"

第一百八十条规定："债务人或者第三人有权处分的下列财产可以抵押：（一）建筑物和其他土地附着物；（二）建设用地使用权；（三）以招标、拍卖、公开协商等方式取得的荒地等土地承包经营权；（四）生产设备、原材料、半成品、产品；（五）正在建造的建筑物、船舶、航空器；（六）交通运输工具；（七）法律、行政法规未禁止抵押的其他财产。抵押人可以将前款所列财产一并抵押。"

第一百八十二条规定："以建筑物抵押的，该建筑物占用范围内的建设用地使用权一并抵押。以建设用地使用权抵押的，该土地上的建筑物一并抵押。抵押人未依照前款规定一并抵押的，未抵押的财产视为一并抵押。"

第一百八十四条规定："下列财产不得抵押：（一）土地所有权；（二）耕地、宅基地、自留地、自留山等集体所有的土地使用权，但法律规定可以抵押的除外；（三）学校、幼儿园、医院等以公益为目的的事业单位、社会团体的教育设施、医疗卫生设施和其他社会公益设施；（四）所有权、使用权不明或者有争议的财产；（五）依法被查封、扣押、监管的财产；（六）法律、行政法规规定不得抵押的其他财产。

第一百八十五条规定："设立抵押权,当事人应当采取书面形式订立抵押合同。抵押合同一般包括下列条款:(一)被担保债权的种类和数额;(二)债务人履行债务的期限;(三)抵押财产的名称、数量、质量、状况、所在地、所有权归属或者使用权归属;(四)担保的范围。"

第一百八十六条规定："抵押权人在债务履行期届满前,不得与抵押人约定债务人不履行到期债务时抵押财产归债权人所有。"

第一百八十七条规定："以本法第一百八十条第一款第一项至第三项规定的财产或者第五项规定的正在建造的建筑物抵押的,应当办理抵押登记。抵押权自登记时设立。"

第一百九十条规定："订立抵押合同前抵押财产已出租的,原租赁关系不受该抵押权的影响。抵押权设立后抵押财产出租的,该租赁关系不得对抗已登记的抵押权。"

第一百九十一条规定："抵押期间,抵押人经抵押权人同意转让抵押财产的,应当将转让所得的价款向抵押权人提前清偿债务或者提存。转让的价款超过债权数额的部分归抵押人所有,不足部分由债务人清偿。抵押期间,抵押人未经抵押权人同意,不得转让抵押财产,但受让人代为清偿债务消灭抵押权的除外。"

第一百九十二条规定："抵押权不得与债权分离而单独转让或者作为其他债权的担保。债权转让的,担保该债权的抵押权一并转让,但法律另有规定或者当事人另有约定的除外。"

第一百九十三条规定："抵押人的行为足以使抵押财产价值减少的,抵押权人有权要求抵押人停止其行为。抵押财产价值减少的,抵押权人有权要求恢复抵押财产的价值,或者提供与减少的价值相应的担保。抵押人不恢复抵押财产的价值也不提供担保的,抵押权人有权要求债务人提前清偿债务。"

第一百九十四条规定："抵押权人可以放弃抵押权或者抵押权的顺位。抵押权人与抵押人可以协议变更抵押权顺位以及被担保的债权数额等内容,但抵押权的变更,未经其他抵押权人书面同意,不得对其他抵押权人产生不利影响。债务人以自己的财产设定抵押,抵押权人放弃该抵押权、抵押权顺位或者变更抵押权的,其他担保人在抵押权人丧失优先受偿权益的范围内免除担保责任,但其他担保人承诺仍然提供担保的除外。"

第一百九十五条规定："债务人不履行到期债务或者发生当事人约定的实现抵押权的情形,抵押权人可以与抵押人协议以抵押财产折价或者以拍卖、变卖该抵押财产所得的价款优先受偿。协议损害其他债权人利益的,其他债权人可以在知道或者应当知道撤销事由之日起一年内请求人民法院撤销该协议。抵押权人与抵押人未就抵押权实现方式达成协议的,抵押权人可以请求人民法院拍卖、变卖抵押财产。抵押财产折价或者变卖的,应当参照市场价格。"

第一百九十六条规定："依照本法第一百八十一条规定设定抵押的,抵押财产自下列情形之一发生时确定:(一)债务履行期届满,债权未实现;(二)抵押人被宣告破产或者被撤销;(三)当事人约定的实现抵押权的情形;(四)严重影响债权实现的其他情形。"

第一百九十七条规定："债务人不履行到期债务或者发生当事人约定的实现抵押权的情形,致使抵押财产被人民法院依法扣押的,自扣押之日起抵押权人有权收取该抵押财产的天然孳息或者法定孳息,但抵押权人未通知应当清偿法定孳息的义务人的除外。前款规定的孳息应当先充抵收取孳息的费用。"

第一百九十八条规定："抵押财产折价或者拍卖、变卖后,其价款超过债权数额的部分归抵押人所有,不足部分由债务人清偿。"

第一百九十九条规定："同一财产向两个以上债权人抵押的,拍卖、变卖抵押财产所得的价款依照下列规定清偿:(一)抵押权已登记的,按照登记的先后顺序清偿;顺序相同的,按照债权比例清偿;(二)抵押权已登记的先于未登记的受偿;(三)抵押权未登记的,按照债权比例清偿。"

第二百条规定："建设用地使用权抵押后,该土地上新增的建筑物不属于抵押财产。该建设用地使用权实现抵押权时,应当将该土地上新增的建筑物与建设用地使用权一并处分,但新增建筑物所得的价款,抵押权人无权优先受偿。"

第二百零二条规定："抵押权人应当在主债权诉讼时效期间行使抵押权;未行使的,人民法院不予保护。"

第二百零三条规定："为担保债务的履行,债务人或者第三人对一定期间内将要连续发生的债权提供担保财产的,债务人不履行到期债务或者发生当事人约定的实现抵押权的情形,抵押权人有权在最高债权额限度内就该担保财产优先受偿。最高额抵押权设立前已经存在的债权,经当事人同意,可以转入最高额抵押担保的债权范围。"

第二百零四条规定："最高额抵押担保的债权确定前,部分债权转让的,最高额抵押权不得转让,但当事人另有约定的除外。"

第二百零五条规定："最高额抵押担保的债权确定前,抵押权人与抵押人可以通过协议变更债权确定的期间、债权范围以及最高债权额,但变更的内容不得对其他抵押权人产生不利影响。"

第二百零六条规定："有下列情形之一的,抵押权人的债权确定:(一)约定的债权确定期间届满;(二)没有约定债权确定期间或者约定不明确,抵押权人或者抵押人自最高额抵押权设立之日起满二年后请求确定债权;(三)新的债权不可能发生;(四)抵押财产被查封、扣押;(五)债务人、抵押人被宣告破产或者被撤销;(六)法律规定债权确定的其他情形。"

第二百零七条规定："最高额抵押权除适用本节规定外,适用本章第一节一般抵押权的规定。"

2.《城市房地产管理法》

第五十一条规定："设定房地产抵押权的土地使用权是以划拨方式取得的,依法拍卖该房地产后,应当从拍卖所得的价款中缴纳相当于应缴纳的土地使用权出让金的款额后,抵押权人方可优先受偿。"

第五十二条规定："房地产抵押合同签订后,土地上新增的房屋不属于抵押财产。需要拍卖该抵押的房地产时,可以依法将土地上新增的房屋与抵押财产一同拍卖,但对拍卖新增房屋所得,抵押权人无权优先受偿。"

3.《城市房地产抵押管理办法》

第二条规定："凡在城市规划区国有土地范围内从事房地产抵押活动的,应当遵守本办法。地上无房屋(包括建筑物、构筑物及在建工程)的国有土地使用权设定抵押的,不适用本办法。"

第二十九条规定："抵押权人要求抵押房地产保险的,以及要求在房地产抵押后限制抵押人出租、转让抵押房地产或者改变抵押房地产用途的,抵押当事人应当在抵押合同中载明。"

第四十八条规定："抵押人隐瞒抵押的房地产存在共有、产权争议或者被查封、扣押等情况的,抵押人应当承担由此产生的法律责任。"

第四十九条规定："抵押人擅自以出售、出租、交换、赠与或者以其他方式处分抵押房地产的,其行为无效;造成第三人损失的,由抵押人予以赔偿。"

第五十条规定:"抵押当事人因履行抵押合同或者处分抵押房地产发生争议的,可以协商解决;协商不成的,抵押当事人可以根据双方达成的仲裁协议向仲裁机构申请仲裁;没有仲裁协议的,也可以直接向人民法院提起诉讼。"

第五十一条规定:"因国家建设需要,将已设定抵押权的房地产列入拆迁范围时,抵押人违反前述第三十八条的规定,不依法清理债务,也不重新设定抵押房地产的,抵押权人可以向人民法院提起诉讼。"

第五十二条规定:"登记机关工作人员玩忽职守、滥用职权,或者利用职务上的便利,索取他人财物,或者非法收受他人财物为他人谋取利益的,依法给予行政处分;构成犯罪的,依法追究刑事责任。"

学习单元三 房地产租赁法律规定

一、房地产租赁概述

1.房地产租赁的概念

房地产租赁是指出租人将土地使用权同地上建筑物、其他附着物或房屋出租给承租人使用,由承租人向出租人支付租金的行为。

房地产租赁属于财产租赁的一种,其基本特征是:

(1)房地产租赁是双务、有偿、诺成、要式的民事法律行为。租赁的成立,以双方当事人意思表示达成一致为准,不需实际交付房地产,此为"诺成";承租人取得房地产的使用权,必须按照法律规定或者双方约定向出租人交纳租金,此为"有偿",这一点使房地产租赁与房地产借用(或称使用借贷)相区别;出租人负有按约定将房地产交付承租人使用的义务,承租人负有按约定向出租人交付租金的义务,此为"双务",这一点使之与房地产赠与相区别;房地产租赁一般应采取书面租赁合同形式,并且须经有关行政管理部门(包括地产管理部门和房产管理部门)登记,此为"要式"。

(2)房地产租赁中的出租人必须是对特定的房地产享有所有权或使用权的人,即必须享有进行出租的处分权能。承租人取得的只能是房地产的使用权,而不是所有权,这一特征使之与房地产买卖相区别。

(3)房地产租赁的标的是特定的房地产,包括地产和房产。在我国,目前地产租赁只存在国有土地使用权租赁这一种形式,房产租赁形式则相对较多。

(4)房地产租赁具有期限性。期限的长短依法律规定或当事人约定,如国有土地使用权租赁期限就受到法律规定的国有土地使用权出让期限制约,私房租赁期限则一般由双方当事人自行约定。

"租赁权的物权化"是现代房地产租赁的发展趋势和显著特点。现代各个国家和地区的民法为了保护承租人的利益,稳定社会生活秩序,而赋予承租人基于租赁合同而取得的债权——租赁权以物权的效力。例如《日本民法典》第 605 条明确规定不动产的承租权登记后成为物权;《德国民法典》规定承租人的先买权。

2.房地产租赁的条件

房屋出租的条件,概括起来主要有以下几点:

(1)有合法的房屋产权证件;

(2)房屋为共有产权的,有共有人同意租赁的证明;

(3)将住宅或其他用房改作经营用房出租的,应提交规划和房管部门同意的证明;

(4)将房管部门直管公房内的场地出租的,应提交经房管部门同意的证明;

(5)住宅用房的租赁,应当执行国家和房屋所在城市人民政府规定的租赁政策;

(6)房屋能正常使用。

3.房地产租赁的原则

(1)房屋租赁当事人应当遵循自愿、平等、互利的原则。

(2)公民、法人或其他组织对享有所有权的房屋和国家授权管理和经营的房屋可以依法出租。

(3)承租人经出租人同意,可以依照《商品房屋租赁管理办法》将承租房屋转租。

(4)住宅用房的租赁,应当执行国家的房屋所在地城市人民政府规定的租赁政策。

(5)租用房屋从事生产、经营活动的,由租赁双方协商议定租金和其他租赁条款。

4.租赁当事人的权利和义务

根据《商品房租赁管理办法》规定,房屋租赁当事人按照租赁合同的约定,享有权利,并承担相应的义务。

(1)出租住房的,应当以原设计的房间为最小出租单位,人均租住建筑面积不得低于当地人民政府规定的最低标准。厨房、卫生间、阳台和地下储藏室不得出租供人员居住。

(2)出租人应当按照合同约定履行房屋的维修义务并确保房屋和室内设施安全。未及时修复损坏的房屋,影响承租人正常使用的,应当按照约定承担赔偿责任或者减少租金。房屋租赁合同期内,出租人不得单方面随意提高租金水平。

(3)承租人应当按照合同约定的租赁用途和使用要求合理使用房屋,不得擅自改动房屋承重结构和拆改室内设施,不得损害其他业主和使用人的合法权益。承租人因使用不当等原因造成承租房屋和设施损坏的,承租人应当负责修复或者承担赔偿责任。

(4)承租人转租房屋的,应当经出租人书面同意。承租人未经出租人书面同意转租的,出租人可以解除租赁合同,收回房屋并要求承租人赔偿损失。

(5)房屋租赁期间内,因赠与、析产、继承或者买卖转让房屋的,原房屋租赁合同继续有效。承租人在房屋租赁期间死亡的,与其生前共同居住的人可以按照原租赁合同租赁该房屋。

(6)房屋租赁期间出租人出售租赁房屋的,应当在出售前合理期限内通知承租人,承租人在同等条件下有优先购买权。

(7)房屋租赁合同订立后三十日内,房屋租赁当事人应当到租赁房屋所在地直辖市、市、县人民政府建设(房地产)主管部门办理房屋租赁登记备案。

(8)房屋租赁登记备案内容发生变化、续租或者租赁终止的,当事人应当在三十日内,到原租赁登记备案的部门办理房屋租赁登记备案的变更、延续或者注销手续。

二、房地产租赁相关法律规定

1.租赁合同

根据《城市房地产管理法》第五十四条规定,房屋租赁,出租人和承租人应当签订书面租赁合同,约定租赁期限、租赁用途、租赁价格、修缮责任等条款,以及双方的其他权利和义务,并向房产管理部门登记备案。

根据《商品房屋租赁管理办法》规定,房屋租赁当事人签订的书面租赁合同应当具备以下条款:①房屋租赁当事人的姓名(名称)和住所;②房屋的坐落、面积、结构、附属设施,家具和家电等室内设施状况;③租金和押金数额、支付方式;④租赁用途和房屋使用要求;⑤房屋和室内设施的安全性能;⑥租赁期限;⑦房屋维修责任;⑧物业服务、水、电、燃气等相关费用的缴纳;⑨争议解决办法和违约责任;⑩其他约定。

2.租赁登记

根据《商品房屋租赁管理办法》规定,房屋租赁实行登记备案制度。签订、变更、终止租赁合同的,当事人应当向房屋所在地直辖市、市、县人民政府房地产管理部门登记备案。

(1)租赁登记的期限。房屋租赁合同订立后三十日内,房屋租赁当事人应当到租赁房屋所在地直辖市、市、县人民政府建设(房地产)主管部门办理房屋租赁登记备案。

(2)申请房屋租赁登记备案应提交的文件。办理房屋租赁登记备案,房屋租赁当事人应当提交下列材料:①房屋租赁合同;②房屋租赁当事人身份证明;③房屋所有权证书或者其他合法权属证明;④直辖市、市、县人民政府建设(房地产)主管部门规定的其他材料。

(3)房屋租赁登记备案证明的开具。对符合下列要求的,直辖市、市、县人民政府建设(房地产)主管部门应当在三个工作日内办理房屋租赁登记备案,向租赁当事人开具房屋租赁登记备案证明:①申请人提交的申请材料齐全并且符合法定形式;②出租人与房屋所有权证书或者其他合法权属证明记载的主体一致;③不属于《商品房屋租赁管理办法》第六条规定不得出租的房屋。

房屋租赁登记备案证明应当载明出租人的姓名或者名称、承租人的姓名或者名称、有效身份证件种类和号码,出租房屋的坐落、租赁用途、租金数额、租赁期限等。

【案例 9-5】

房屋租赁期间,承租人未经出租人同意私自将房屋转租给他人,结果是"赔了夫人又折兵"。7 月 31 日,湖北省京山县人民法院审理了一起房屋租赁合同纠纷案件,一审判决被告与第三人的房屋转租合同无效,并解除原、被告签订的房屋租赁合同。

2017 年 2 月 17 日,原告钱思与被告郭昊签订房屋租赁合同,约定钱思将坐落于京山县天宇休闲广场一门面租赁给郭昊,租赁期限从 2017 年 3 月 20 日至 2023 年 3 月 19 日,租金按年交付,前三年为每年 53800 元,后三年为每年 56800 元。合同签订时,被告向原告支付第一年的房租 33800 元,剩余的房租 20000 元和水电押金 2000 元原告同意被告在 2017 年 6 月 30 日以前付清。

郭昊承租后自己经营一部分店面,将另外大部分店面于 2017 年 5 月 4 日转租给了第三人李华经营。2017 年 5 月 28 日,郭昊以书面形式用特快专递告知原告门面转租。同年 5 月 31

日,原告钱思也用书面形式通知被告郭昊,告知被告门面不得转租。后原、被告经协商未果,原告起诉至法院,诉请确认被告与第三人的转租合同无效并解除原、被告的租赁合同。

被告郭昊辩称,合同约定转租门面只需通知原告,并不需要征得原告的同意。在2017年5月3日,被告已口头通知了原告转租门面,5月27日又书面通知了原告。因此不同意终止与原告的合同,与第三人的转租合同也应继续有效。

一审法院审理认为,租赁合同是出租人将租赁物交付承租人使用、收益,承租人支付租金的合同。出租人应当按照约定将租赁物交付承租人,承租人应当按照约定支付租金。承租人未经出租人同意转租的,出租人可以解除合同。本案被告郭昊未征得原告钱思的同意私自将承租的门面转租给第三人李华,被告与第三人签订的转租合同无效。原告为此要求解除与被告郭昊之间的房屋租赁合同本院予以支持。被告提出合同约定转租只要通知了原告即可与法相悖,法律明确规定转租须征得出租人同意。且被告转租在前,通知原告在后。被告提出在2017年5月3日口头通知了原告转租事宜,因无证据证实不予支持。据此,法院作出上述判决。

【案例9-6】

某市房屋为国有资产,由房地产管理所管理,2016年2月后,该房由房地产开发公司管理。现房由何园租用,租金1200元。房地产开发公司开发房地产缺少资金,2017年4月1日拍卖该房屋。政府通知房地产开发公司,拍卖的房屋属于规划内要拆迁的房屋,不能出卖。4月8日,张飞和房地产开发公司私成买卖的协议,但房屋产权人没有盖章。张飞向开发公司交付购房款18万元。开发公司准备拆迁时,房屋承租人何园向开发公司申请优先购买权。8月7日,该房屋左右的所有建筑物全部被拆除,该房已成危房。何园被迫中止租赁而迁出该房。10月25日,张飞诉至人民法院,要求认定房屋买卖关系有效,并要求赔偿损失。根据以上案情回答下列问题:

(1)何园是否可以申请优先购买权?

(2)县人民法院如何审理此案?

案例评析

(1)在国有资产管理局没有明确授权的情况下,房地产开发公司对其管理的房屋没有处分权,除非得到县国有资产管理局的认可,否则,该房屋买卖协议无效,原告不能依无效合同而取得房屋的所有权。

根据《国有土地上房屋征收与补偿条例》,在拆迁范围内的有关房屋的买卖、租赁、抵押等经营活动的行为应当冻结。而在本案中,房地产开发公司拍卖给张飞时,该房产已被列入城建规划内要拆迁。房屋管理人已违反了《国有土地上房屋征收与补偿条例》,该合同无效。

(2)何园不可以申请优先购买权。因为,虽然现行法律规定"买卖不破租赁",但是那是在出售人有权出售该房屋的情形下。

知识链接

房地产租赁相关法律规定

1.《中华人民共和国合同法》

第六十一条规定:"合同生效后,当事人就质量、价款或者报酬、履行地点等内容没有约定或者约定不明确的，可以协议补充；不能达成补充协议的，按照合同有关条款或者交易习惯确定。"

第二百一十二条规定："租赁合同是出租人将租赁物交付承租人使用、收益，承租人支付租金的合同。"

第二百一十三条规定："租赁合同的内容包括租赁物的名称、数量、用途、租赁期限、租金及其支付期限和方式、租赁物维修等条款。"

第二百一十四条规定："租赁期限不得超过二十年。超过二十年的，超过部分无效。租赁期间届满，当事人可以续订租赁合同，但约定的租赁期限自续订之日起不得超过二十年。"

第二百一十五条规定："租赁期限六个月以上的，应当采用书面形式。当事人未采用书面形式的，视为不定期租赁。"

第二百一十六条规定："出租人应当按照约定将租赁物交付承租人，并在租赁期间保持租赁物符合约定的用途。"

第二百一十七条规定："承租人应当按照约定的方法使用租赁物。对租赁物的使用方法没有约定或者约定不明确，依照本法第六十一条的规定仍不能确定的，应当按照租赁物的性质使用。"

第二百一十八条规定："承租人按照约定的方法或者租赁物的性质使用租赁物，致使租赁物受到损耗的，不承担损害赔偿责任。"

第二百一十九条规定："承租人未按照约定的方法或者租赁物的性质使用租赁物，致使租赁物受到损失的，出租人可以解除合同并要求赔偿损失。"

第二百二十条规定："出租人应当履行租赁物的维修义务，但当事人另有约定的除外。"

第二百二十一条规定："承租人在租赁物需要维修时可以要求出租人在合理期限内维修。出租人未履行维修义务的，承租人可以自行维修，维修费用由出租人负担。因维修租赁物影响承租人使用的，应当相应减少租金或者延长租期。"

第二百二十二条规定："承租人应当妥善保管租赁物，因保管不善造成租赁物毁损、灭失的，应当承担损害赔偿责任。"

第二百二十三条规定："承租人经出租人同意，可以对租赁物进行改善或者增设他物。承租人未经出租人同意，对租赁物进行改善或者增设他物的，出租人可以要求承租人恢复原状或者赔偿损失。"

第二百二十四条规定："承租人经出租人同意，可以将租赁物转租给第三人。承租人转租的，承租人与出租人之间的租赁合同继续有效，第三人对租赁物造成损失的，承租人应当赔偿损失。承租人未经出租人同意转租的，出租人可以解除合同。"

第二百二十五条规定："在租赁期间因占有、使用租赁物获得的收益，归承租人所有，但当事人另有约定的除外。"

第二百二十六条规定："承租人应当按照约定的期限支付租金。对支付期限没有约定或者约定不明确，依照本法第六十一条的规定仍不能确定，租赁期间不满一年的，应当在租赁期间届满时支付；租赁期间一年以上的，应当在每届满一年时支付，剩余期间不满一年的，应当在租赁期间届满时支付。"

第二百二十七条规定："承租人无正当理由未支付或者迟延支付租金的，出租人可以要求承租人在合理期限内支付。承租人逾期不支付的,出租人可以解除合同。"

第二百二十八条规定:"因第三人主张权利,致使承租人不能对租赁物使用、收益的,承租人可以要求减少租金或者不支付租金。第三人主张权利的,承租人应当及时通知出租人。"

第二百二十九条规定:"租赁物在租赁期间发生所有权变动的,不影响租赁合同的效力。"

第二百三十条规定:"出租人出卖租赁房屋的,应当在出卖之前的合理期限内通知承租人,承租人享有以同等条件优先购买的权利。"

第二百三十一条规定:"因不可归责于承租人的事由,致使租赁物部分或者全部毁损、灭失的,承租人可以要求减少租金或者不支付租金;因租赁物部分或者全部毁损、灭失,致使不能实现合同目的的,承租人可以解除合同。"

第二百三十二条规定:"当事人对租赁期限没有约定或者约定不明确,依照本法第六十一条的规定仍不能确定的,视为不定期租赁。当事人可以随时解除合同,但出租人解除合同应当在合理期限之前通知承租人。"

第二百三十三条规定:"租赁物危及承租人的安全或者健康的,即使承租人订立合同时明知该租赁物质量不合格,承租人仍然可以随时解除合同。"

第二百三十四条规定:"承租人在房屋租赁期间死亡的,与其生前共同居住的人可以按照原租赁合同租赁该房屋。"

第二百三十五条规定:"租赁期间届满,承租人应当返还租赁物。返还的租赁物应当符合按照约定或者租赁物的性质使用后的状态。"

第二百三十六条规定:"租赁期间届满,承租人继续使用租赁物,出租人没有提出异议的,原租赁合同继续有效,但租赁期限为不定期。"

2.《城市房地产管理法》

第五十五条规定:"住宅用房的租赁,应当执行国家和房屋所在城市人民政府规定的租赁政策。租用房屋从事生产、经营活动的,由租赁双方协商议定租金和其他租赁条款。"

第五十六条规定:"以营利为目的,房屋所有权人将以划拨方式取得使用权的国有土地上建成的房屋出租的,应当将租金中所含土地收益上缴国家。具体办法由国务院规定。"

3.《商品房租赁管理办法》

第六条规定:"有下列情形之一的房屋不得出租:(一)属于违法建筑的;(二)不符合安全、防灾等工程建设强制性标准的;(三)违反规定改变房屋使用性质的;(四)法律、法规规定禁止出租的其他情形。"

第八条规定:"出租住房的,应当以原设计的房间为最小出租单位,人均租住建筑面积不得低于当地人民政府规定的最低标准。厨房、卫生间、阳台和地下储藏室不得出租供人员居住。"

第十四条规定:"房屋租赁合同订立后三十日内,房屋租赁当事人应当到租赁房屋所在地直辖市、市、县人民政府建设(房地产)主管部门办理房屋租赁登记备案。房屋租赁当事人可以书面委托他人办理房屋租赁登记备案。"

第二十一条规定:"违反本办法第六条规定的,由直辖市、市、县人民政府建设(房地产)主管部门责令限期改正,对没有违法所得的,可处以五千元以下罚款;对有违法所得的,可以处以违法所得一倍以上三倍以下,但不超过三万元的罚款。"

第二十二条规定:"违反本办法第八条规定的,由直辖市、市、县人民政府建设(房地产)主管部门责令限期改正,逾期不改正的,可处以五千元以上三万元以下罚款。"

第二十三条规定:"违反本办法第十四条第一款、第十九条规定的,由直辖市、市、县人民政府建设(房地产)主管部门责令限期改正;个人逾期不改正的,处以一千元以下罚款;单位逾期不改正的,处以一千元以上一万元以下罚款。"

第二十四条规定:"直辖市、市、县人民政府建设(房地产)主管部门对符合本办法规定的房屋租赁登记备案申请不予办理、对不符合本办法规定的房屋租赁登记备案申请予以办理,或者对房屋租赁登记备案信息管理不当,给租赁当事人造成损失的,对直接负责的主管人员和其他直接责任人员依法给予处分;构成犯罪的,依法追究刑事责任。"

情境小结

本情境主要介绍房地产、房地产转让、房地产抵押、房地产租赁等相关知识,其重点是房地产转让、房地产租赁。

学习本情境,首先通过了解房地产及相关概念、房地产法律关系等基本知识,了解房地产转让、房地产抵押、房地产租赁的概念和基本内容,对房地产概貌有所认识。通过熟读有关规定,结合实际案例,把握房地产转让、房地产抵押、房地产租赁等法律规定,从而掌握房地产转让、商品房预售条件程序、房地产抵押登记登记的记载、租赁当事人的权利和义务、租赁登记的内容。

学习检测

一、不定项选择题

1.未成年的房屋应当由( )代为申请登记。

A.祖父母　　　　B.监护人　　　　C.成年亲属　　　　D.社区

2.房地产开发企业为取得建房资金将正在建造中的建筑物自银行申请抵押贷款,应当向房屋登记机构申请( )登记。

A.一般抵押权　　B.最高额抵押权　　C.在建工程抵押权　　D.留置权

3.沈某购买某处二手房办理过户登记,审查中工作人员发现沈某的身份证与结婚证上的姓名不符,房屋登记机构首先应当( )。

A.要求申请人补充资料,并说明需要补充的事项

B.告知申请人撤回登记,并告知申请人需要撤回的原因

C.暂缓登记,并告知申请人暂缓登记的期限

D.告知申请人不予登记,并出具不予登记的决定书

4.下列抵押物权的基本特征的描述,正确的是( )。

A.物权是行政管理权　　　　　　B.物权是支配权

C.物权是财产权与人身权的结合　　D.物权是非排他性权利

5.以已出租的房地产抵押的,抵押人应将租赁情况告知( )。

A.抵押登记部门　　　　　　　　B.抵押权人

C. 租赁登记备案部门　　　　　　　D. 借款人

6.房地产抵押合同,属于(　　　)。

A. 主合同　　　B. 从合同　　　C. 债权合同　　　D. 担保合同

7.下列财产中不可以作为抵押权的客体的是(　　　)。

A. 房屋　　　　　　　　　　B. 国有土地所有权

C. 专利权中的财产权　　　　D. 名誉权

8.抵押合同一般包括(　　　)条款。

A. 被担保债权的种类和数额

B. 债务人履行债务的期限

C. 抵押财产的名称、数量、质量、状况、所在地、所有权归属或者使用权归属

D. 担保的范围

9.下列情形中,(　　　)房屋不得出租。

A. 未依法取得房屋所有权证的

B. 司法机关和行政机关依法裁定、决定查封或者以其他形式限制房地权利的

C. 共有房屋未取得共有人同意的

D. 权属有争议的

E. 属于违法建筑的

10.下列房地产可以设定抵押权的有(　　　)。

A. 国有土地上依法取得的房屋　　　　B. 以出让方式取得的土地使用权

C. 集体土地使用权　　　D. 乡村企业的厂房　　　E. 用于市政的房地产

二、简答题

1.简述房地产转让及买卖的概念。

2.简述房地产转让程序。

3.简述商品房预售条件。

4.简述房地产抵押的相关概念。

5.简述房地产租赁的概念和条件。

6.简述租赁当事人的权利和义务。

三、案例分析题

1.被告张三将自有楼房中的部分空闲房间用于出租;该楼房的楼梯均未安装护栏。2017年4月,李华(原告徐军的表妹)向被告张三承租了四楼的一间房;此后,原告徐军和妻子周灵数次到过李华的承租房内。2017年7月29日晚,周灵在李华承租房内借宿,次日凌晨五时许下楼时,不慎从楼梯上摔向地面,不治而亡。原告徐军(死者丈夫)、原告周克和朱水(死者父母)以被告张三将安全设施不全的房屋出租给他人居住而导致周灵死亡为由向法院起诉,要求被告张三赔偿死亡赔偿金、丧葬费、精神抚慰金、误工费、交通费计人民币175686元。

你认为此案应怎样判决?

2.2017年5月28日,家住客村校园路的王义向青山区消委投诉,他于2016年2月19日在广州某开发公司购买商品房一套。合同约定:2016年9月28日前交房,交房时开发商应出

具商品房竣工验收备案登记证、住宅质量保证书和住宅使用说明书,如开发商交房时不出具上述证件,购房者有权拒绝接房,由此产生的延期交房责任由开发商承担。由于开发商在约定交房时间内未完备上述手续,王义拒绝接房。之后王义多次催促开发商完备手续交房,但至今仍未落实。截至 2017 年 5 月 30 日,已延期交房 238 天,王义要求开发商按合同约定支付违约金 31289 元,被开发商拒绝,无奈之下王义向青山区消委投诉。

你认为青山区消委应如何处理此项投诉?

参考文献

[1]林德钦.物业管理法规[M].武汉:武汉理工大学出版社,2010.

[2]鲁捷.物业管理案例分析与技巧训练[M].北京:电子工业出版社,2007.

[3]鲁捷.物业管理法规[M].北京:电子工业出版社,2012.

[4]王跃国.物业管理法规[M].北京:机械工业出版社,2012.

[5]廖永明,付金平.物业管理法规[M].北京:石油工业出版社,2011

[6]袁永华.物业管理法规[M].武汉:华中科技大学出版社,2010.

[7]王怡红.物业管理法律法规[M].北京:清华大学出版社,2013.

[8]邢国威.物业管理法规与案例分析[M].北京:化学工业出版社,2012.

[9]李冠东.物业管理法律法规[M].上海:华东师范大学出版社,2008.

[10]李昌.物业管理法规[M].大连:东北财经大学出版社,2014.

[11]张连生.物业管理案例分析[M].南京:东南大学出版社,2005.

[12]王家福.物业管理条例解释[M].北京:中国物价出版社,2003.

[13]吕培进.物业管理若干法律问题探讨[D].兰州:兰州大学,2011.

[14]劳动和社会保障部中国就业培训技术指导中心.物业管理员(师)国家职业资格培训教程
[M].北京:中央广播电视大学出版社,2001.

[15]林七七.A物业管理公司业主投诉中的沟通管理研究[D].广州:暨南大学,2011.

[16]李承泽.龙城物业管理公司物业服务创新研究[D].兰州:兰州大学,2011.

[17]刘宏诚.聚焦物业管理纠纷[N].中国证券报,2003-03-31.

[18]何川.中国物业管理企业战略管理理论与实践初探[D].北京:北京林业大学,2007.

[19]张宁.物业管理企业风险管理研究[D].苏州:苏州大学,2008.

[20]陈广华,刘撰."物业管理区域"划分研究——从"物业管理区域"划分的行政案件入手[J].
华东经济管理,2009(6).

[21]霍红霞.如何构建和谐社区的物业管理——以包头市物业管理现状为个案[J].阴山学刊,
2009(4).

[22]周中元,沈瑞珠.物业管理企业在智能物业管理中面临的机遇与挑战[J].现代物业,2007
(6).

[23]孔丹.探索我国物业管理的新路子——以中山巷社区物业管理公司为例[J].福建建筑,
2007(6).

[24]黄萍.物业管理存在的问题及立法完善——评《物权法》及《物业管理条例》的有关规定
[J].行政与法,2008(1).

[25]王怡红.物业管理条例立法及实施过程中存在问题的研究——写在物业管理条例公布一
周年的日子里[J].山东省青年管理干部学院学报,2004(5).

[26]张倩.物业管理安全保障义务研究[D].开封:河南大学,2010.

[27]张颖倩.物业管理监管法律制度研究[D].郑州:郑州大学,2010.

[28]周瑞星.物业管理合同的法律问题研究[D].苏州:苏州大学,2010.

[29]徐腾飞.论前期物业管理中的业主权利保护[D].天津:天津商业大学,2011.

[30]刘芳.物业管理委托的法律思考[D].泉州:华侨大学,2006.

[31]吴世彬.从物权视角解析前期物业管理合同——以南京东渡房地产公司与中北物业管理公司物业管理纠纷为例[J].长白学刊,2008(2).

[32]规范物业管理活动 促进物业管理健康发展——刘志峰副部长在全国物业管理工作会议上的讲话(节选)[J].城市开发,2003(9).

[33]关于印发《物业管理师制度暂行规定》、《物业管理师资格考试实施办法》和《物业管理师资格认定考试办法》的通知[J].中国物业管理,2005(11).

高职高专"十三五"物业管理专业系列规划教材

（1）物业管理概论
（2）物业管理实务
（3）物业管理法规
（4）房地产经营与管理
（5）客户心理学
（6）物业财税基础
（7）物业营销
（8）物业设施设备维护与管理
（9）房屋维修与管理
（10）社区服务与管理
（11）物业统计
（12）智能建筑管理

（13）合同管理
（14）物业应用文写作
（15）物业管理招投标
（16）物业评估
（17）物业环境管理
（18）房地产开发与经营
（19）房地产经纪人
（20）房地产投资与评估
（21）园林绿化
（22）物业保险
（23）建筑识图与房屋构造

欢迎各位老师联系投稿！

联系人：李逢国
手机：15029259886　办公电话：029－82664840
电子邮件：1905020073@qq.com　lifeng198066@126.com
QQ：1905020073（加为好友时请注明"教材编写"等字样）

图书在版编目(CIP)数据

物业管理法规/赵琴主编. —西安:西安交通
大学出版社,2017.12
ISBN 978 - 7 - 5693 - 0261 - 5

Ⅰ.①物… Ⅱ.①赵… Ⅲ.①物业管理-法
规-中国-高等职业教育-教材 Ⅳ.①D922.181

中国版本图书馆 CIP 数据核字(2017)第 291288 号

书　　名	物业管理法规	
主　　编	赵　琴	
责任编辑	史菲菲	

出版发行　西安交通大学出版社
　　　　　(西安市兴庆南路 10 号　邮政编码 710049)
网　　址　http://www.xjtupress.com
电　　话　(029)82668357　82667874(发行中心)
　　　　　(029)82668315(总编办)
传　　真　(029)82668280
印　　刷　陕西时代支点印务有限公司

开　　本　787mm×1092mm　1/16　印张 14.875　字数 361 千字
版次印次　2018 年 3 月第 1 版　　2018 年 3 月第 1 次印刷
书　　号　ISBN 978 - 7 - 5693 - 0261 - 5
定　　价　36.00 元

读者购书、书店添货、如发现印装质量问题,请与本社发行中心联系、调换。
订购热线:(029)82665248　(029)82665249
投稿热线:(029)82668133
读者信箱:xj_rwjg@126.com